1991 年初，夺得世界冠军挑战者赛胜利后与父母在一起

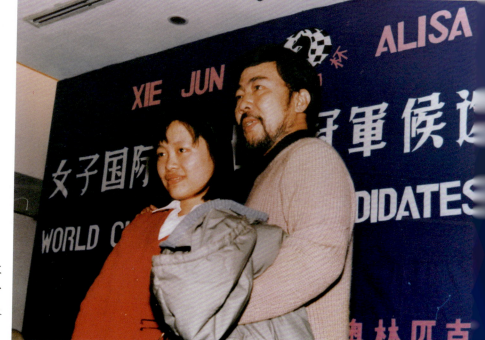

成为世界冠军挑战者后与少年时期教练张连城老师合影

■六朵金花，二十世纪中国女棋手辉煌一代

■1993年，摩纳哥，世界冠军赛期间的中国军团

■对手也是朋友，来自格鲁吉亚的女棋手曾经垄断棋坛，这道堡垒被中国女棋手冲破

■ 张海迪大姐身残
志坚，是楷模

■ 1991年，上海，
听影后刘晓庆讲
台前幕后故事

■ 与贾平凹老师合影

■训练室，棋盘、棋书、思考

■ 三棋是一家，1993年，香港，与胡荣华老师、聂卫平老师手拉手

■ 1992年，上海，与刘镇国老师和师母合影留念

■ 1996年，俄罗斯，与硕士导师田继宗教授合影留念

■1990 年，首次坐镇中国女队一台主力，参加世界奥林匹克团体赛

■ 1991 年，世界冠军赛，自信满满

■ 1999 年，莫斯科街头

■ 对手也是朋友，1992 年与老对手南斯拉夫棋手马里奇合影

■ 比赛的时候，林峰老师和叶江川老师是最揪心的观战者

■ 2000年沈阳世界杯，与棋坛老朋友、来自英国的男子国际特级大师肖特一起探讨比赛进程

■ 1991年，获得世界冠军后，到菲律宾总统府接受阿基诺夫人颁奖

■ 1998年中国女队第一次获得女子团体世界冠军，在钓鱼台国宾馆受到李铁映同志接见

■ 1999年获得中国棋坛十杰称号，
　与叶江川、刘适兰一起登台领奖

■ 1992年德国，与男子世界
　冠军卡斯帕罗夫一起领奖

■ 与丈夫吴少
彬一起

■ 野外郊游

■ 顺利通过研究生答
　辩, 获得博士学位

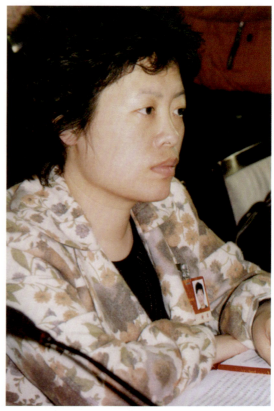

■ 担任第十一届全国
　政协委员参政议政

■ 获得 2004 年全国劳伦斯最佳非奥项目运动员

■ 三棋大战中的我，同时下国际象棋、围棋和象棋，其中我的围棋水平最差

■ 2004 年江南水乡留影

■ 2010 年担任亚运会国际象棋比赛副裁判长，与国际棋联主
席伊柳姆日诺夫和国际棋联秘书长梁志荣合影

■ 妈妈和宝宝

■ 北师大第一节课

■ 北师大教过我的历任老师：英语本科期间班主任武尊民教授，心理学博士
　期间导师张厚粲教授，我，教育学博士后期间导师顾明远教授，1991年招
　我入学的方福康校长，体育硕士期间导师田继宗教授（从左到右）

中华棋坛三巨头系列丛书

成长永无止境

棋后谢军的完美征途

谢 军〔著〕

漓江出版社

每当夜深人静，伫立窗前，任银色的月光把自己包裹起来，过去岁月的点点滴滴，总会像放电影一样印入我的脑海里。

出版序

那是两年前的七月，酷暑，北京。

天津科技出版社的一位编辑约我陪他去北京聂卫平围棋道场，商谈与聂老合作出书之事。在与当时聂老的秘书闻迎春老师的聊天中，突发灵感，觉得应该请聂老写一本自传，回忆几十年的风风雨雨和坎坎坷坷，书后附各种大赛的棋谱精评。

回津以后，几经思考，思路越来越明晰。可否把代表我国棋类事业里程碑式的人物，中国象棋棋王胡荣华、围棋棋圣聂卫平和国际象棋棋后谢军的辉煌业绩结集，出版一套"中华棋坛三巨头"丛书呢？

想起来这在当时似乎是天方夜谭。很多朋友也不看好这个项目。

两年期间，遇到了很多挫折和困难，也曾经想过放弃，但是，还是凭着对于棋类事业的热爱和执著以及不服输的倔强性格坚持到了今天！

我五岁开始学习中国象棋，小学时又向当时天津市和平区福安街小学的邓沐璜老师学会了国际象棋。此后多次代表天津市参加各类全国比赛，也有幸经常在大赛中见到三位大师级人物。1985 年从天津大学计算机系毕业后，我直接进入天津市国际象棋队，成为职业棋手。1988 年退役转行做编辑。1995 年下海，自己创办的天津市华源实业公司的主营业务还是和棋有关，承接大型体育活动和赛事、棋牌文化活动推广以及棋牌类产品的销售。因而，我对棋类项目的感情格外深厚。

感谢谢军老师对丛书从策划到成书阶段给予我的鼓励和帮助；感谢七十高龄的胡荣华老师，在社会活动繁忙的情况下，审读稿件，提供了大量的素材；感谢聂卫平老师，在身患重病之时，多次接受采访，和另一作者张晓露探讨本书中的诸多细节；感谢中国棋院领导的鼎力支持和配合；还要感谢张晓露老师，多次飞赴北京和三亚等地，进行辛勤的采访工作；更要感谢来自全国各地的基层一线棋类普及工作者以及企业家的大力支持。特别需要提出的是，漓江出版社对于此套丛书的出版功不可没，副总编辑符红霞，责任编辑张芳、谷磊等付出了极大的努力。

衷心希望这套丛书的出版对于中国的棋类乃至文化事业起到一定的作用，也希望越来越多的社会各界读者朋友通过阅读此套丛书，达到启迪智慧、激励人生之目的！

谢谢大家！

特约策划人　海德新

2015 年 8 月　天津

作者序

与棋相伴的成长之旅

棋手的生涯，是自己人生特殊的一段行程。回想 30 年的棋手岁月，从少年时懵懵懂懂接触那 32 个棋子，到黑白 64 格成为嵌入骨子里怎样也割舍不断的一份情怀，与棋相伴的道路上记载了自己的成长之旅，这段旅程的记忆中装的满满是与棋相关的人和事，有欢笑、有泪滴。

棋手的生活是由棋局的胜负构成，就算再洒脱的人，情绪也会跟着棋局变幻起起伏伏。回首棋手生涯，忘不了第一次与大师级选手较量时跃跃欲试中夹杂的胆怯，忘不了第一次出访参加国际大赛踏出国门时的兴奋，忘不了每一次重要比赛的全方位备战和临场较量时的火药味……记忆中有着属于年轻运动员的自信和张扬，也有看不到方向的迷茫和犹豫，更有一群志同道合的人，对国象这个古老而年轻的"智慧体操"的奥秘孜孜不倦地探索……

18 岁那年，自己第一次代表中国参加世界大赛。虽说 18 岁不过是一名高中生参加高考的年龄，但是在职业竞技体育领域，很多选手在这个年龄已经是久经沙场的老将了。可能正是因为出道晚的原因吧，所以即便后来自己一路过关斩将如愿登上竞技场最高领奖台，但是心底里一直觉得下棋、求学双轨并行的方式才能让自己的综合能力得到全面提升。

　　2000 年，我参加了自己棋手生涯的最后一次世界个人冠军赛，卫冕成功之后自己开始认真思考棋手之外的人生之路应该怎样继续。从 1990 年杀入世界冠军挑战者赛，十年间我参加了五次世界冠军个人赛，经历了挑战、卫冕、失利、东山再起、淘汰赛新赛制，将一个棋手可以经历的所有历程体验了个遍。对于一名 30 岁的女棋手，我知道自己的棋艺水平上升空间已经变得极为有限。这条路接着往下走，剩下的更像是再一次轮回重复。年过 30，自己已经很难做到心无旁骛只想下棋一件事，躺在冠军的功劳簿上乐享余生更不是自己的风格。既然难以找到棋局上的更高目标，不如放眼棋局之外，在其他职业领域再次启程。

棋手不是一辈子的职业，至少棋手的巅峰状态会随着年龄增长渐行渐远。

是的，我曾经幻想着自己会一辈子单纯地做个棋手，有棋相伴，人生何求？然而，现实中的生活显然不那么简单，当很多因素叠加在一起的时候，一个人想要把一生时间完全用在自己喜欢的事情上却并不容易。

多年求学经历的知识储备，为自己的职业转型增添了几分底气，但棋局之外自己感受到了更大的挑战，很多新知识、新规则、新事物、新能力都需要重新学习、适应、掌握和全面提升。毕竟，国际象棋女子世界冠军的皇冠已经成为压在箱底的一张奖状，展现在自己面前的是全新的职业领域。

对棋的感情依旧，棋手的情怀却不会因为职业方向的改变有所更改，当你用全身心去面对棋局的时候，棋盘棋子不再是固化的物体，或者一项有规则的运动项目，棋是有生命的。这种生命与生命对话，这种高山流水伴知音的感受，很幸福。说起来，棋手这种与棋局对话的幸福感受很微妙，只可意会难以言传。并且，棋手的这种与棋相伴的快乐与棋局本身的输赢并不太大，这可能也是为什么有些棋手把自己的一生都锁定在棋盘边上的原因吧。

　　棋手的生涯是人生宝贵的财富，它给我的性格留下了深深的烙印。天下事最怕认真二字，无论事情大小，唯有认真去做才能有所成。竞技体育告诉我，无论一个人在某个领域达到了什么样的冠军水准，优势都是暂时的，唯有认真做好每一个当下，才能活出最好的人生。

　　往事如昨，岁月安好！感恩，感谢！
　　人生如棋，走好每一步……

谢军

2015 年 8 月北京

Contents

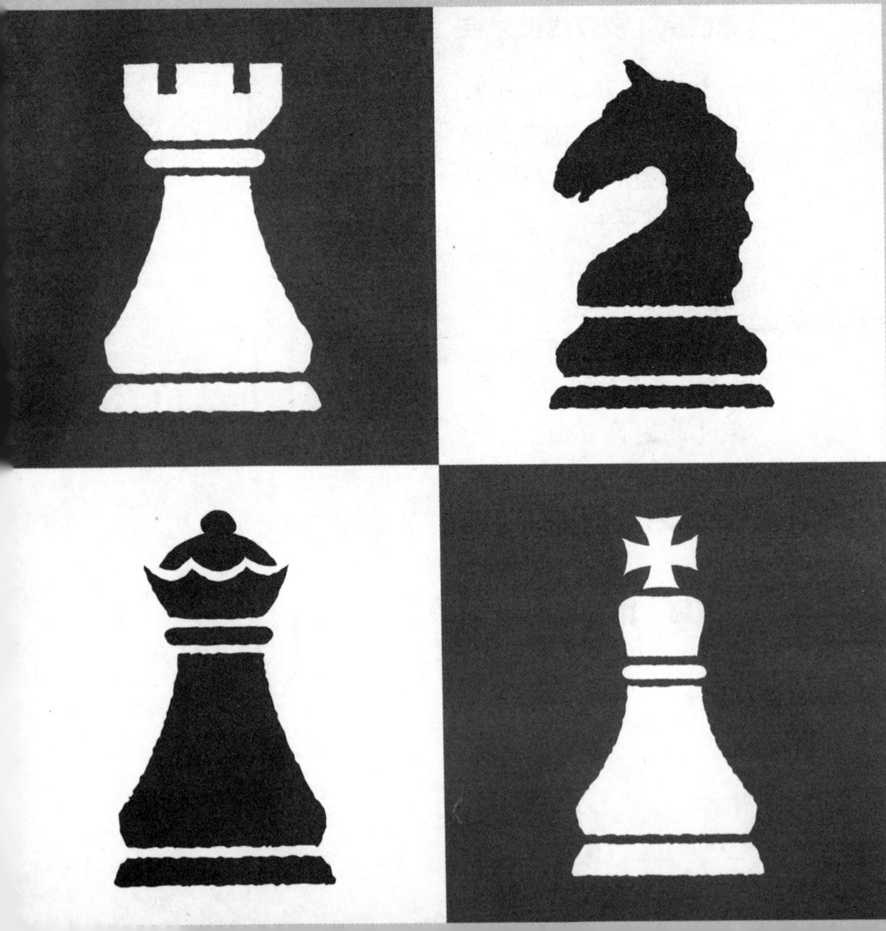

第一章

童年

让时间的镜头回溯到 20 世纪 70 年代初金秋的北京，火车站站台前，一名离预产期还差 5 天的孕妇刚从出站口迎来一位 60 多岁的老大娘，两个女人见面后又吃力地拿着各自的行李匆匆踏上另一趟开往河北保定的火车。肚子里的宝宝就是尚未降生到这个世界的我，那个挺着大肚子的孕妇是我的母亲；老大娘是我的姥姥，她是从东北老家特意赶来照顾我们的。虽然母亲马上临产，但因为父亲是一名军人无法请假离开驻地，所以母亲和姥姥一起赶到部队，免得让父亲错过初为人父的历史时刻。

1970 年 10 月 30 日，一个女婴在保定市的一家部队医院里呱呱坠地。也许父母是为了表达对人民解放军的深厚感情，或者为了纪念宝贝女儿的"特殊"出生地，反正他们根本没有考虑谢军这个名字是不是适合女孩子，就给刚出世的宝宝名字里加了一个"军"字。在部队招待所我刚满月，就和姥姥、母亲一起回到了北京。没有别的办法，母亲只有 56 天的产假，算上产前的几天和旅行用去的时间，掐头去尾，母亲已经没剩下几天时间可以完全待在家中照顾我了。

20 世纪 70 年代是华夏大地上的一段特殊时期，人们思想特别纯朴，时刻用阶级斗争武装着自己头脑中本已高度紧张的神经。那时街上无论男女老少的穿着打扮几乎都是蓝灰色调，没有什么区别。虽然计划经济体制下物资贫乏，每家每户无论吃的、用的，甚至几乎所有家用的东西都需要向商家出示票据按时定量购买，但家家的状况如此，日子倒也过得太太平平有滋有味。

父亲为我打开象棋之门

1976 年发生了很多事情，大的事件有唐山大地震、三位国家主要领导人先后逝世以及粉碎"四人帮"反革命集团；具体到我家，最大的变化是父亲从部队转业回到了地方工作，一家人终于团圆了。也就是那一年，父母给他们淘气的、精力无处释放的女儿买了一副小小的木制象棋，也许他们希望我能够通过下棋学会坐下来好好地思考。父母本来无意的举动，却从此把我领上了棋坛之路。

父亲是一个标准的棋迷，虽然他的棋艺水平让人不敢恭维，可他特别喜欢看别人下棋，然后再就对弈者双方的着法进行一番评论，并以自己看出的棋步强于实际对局发生的变化而乐此不疲。教会我下象棋之后，他看棋时更是多了一个小跟班儿的。每当夏日晚饭以后，父亲就带上我到街上看别人下棋。我呢，也跟着离开狭小闷热的居室，像父亲的小跟屁虫一样，乐颠颠地钻进人堆里凑个热闹。也不知道从哪一天起，我渐渐地看懂了棋盘上的门道；更不记得从什么时候开始，我能够伸出自己的小手到棋盘上指出对局人走出的错棋了。

所有观棋的人大都有一个通病就是喜欢起哄，围观的大人们看到我这个小姑娘对棋局品头论足还有那么一点意思，便鼓动父亲让我坐到棋盘边和对手杀上一局。起先父亲闻言还有些不好意思，连声推说自己的女儿并不太会下棋，是少不更事才斗胆在棋坛前辈面前指手画脚。而我却有股初生牛犊不怕虎的劲儿，只要有人相邀，我便衣袖一挽，兴高采烈地与对手在棋盘上杀起来，我一个才 6 岁的小毛丫头懂什么叫客气，更没有什么好怕的。

刚开始当然是输棋的时候多，不过屡战屡败更勾起我的好胜心，心里暗暗憋着劲儿，总想着什么时候能赢上一局。于是，只要看到街上有人拉开战局，我便一头钻进去看起来，反正那时我没有上幼儿园，又没有到上学的年龄，平日在家里有的是时间玩。

没过多久，我家旁边那条街上的叔叔、爷爷们就已经被我这个小不点儿"征服"了，我成了那条街上的象棋高手。那时的棋局战场经常是摆在夏日的街灯下，父亲坐在我身后，手中摇一把大蒲扇为我驱赶蚊虫，周围里三层外三层围着一群人。街坊邻居下棋时都喜欢有我这个小丫头凑个热闹，到后来只要父亲和我一出现，马上有人给我们让座，邀请我这个"小高手"指点几步。这样的"待遇"让我们父女二人颇有些扬扬自得，父亲更是以教练的身份自居，虽然他从未亲自上场杀上一盘，但他看棋的瘾头却更大了。

渐渐地，街坊邻居里已经找不到对手了。为了让自己的宝贝女儿提高棋艺水平，父亲开始想方设法四方打探，寻找可以教我下棋的老师。只要听说附近有高水平的棋手，父亲便骑上自己那辆破旧的二八自行车带着我去拜访。回家的路上往往是我们爷俩最快乐的时光，我嘴里一边吃着父亲犒劳我的冰棍，一边和父亲有滋有味地探讨刚刚下完的棋。就这样，我下棋的瘾头便在不知不觉间一点点给培养起来了，并且一发不可收。

由于自己出生的月份在 9 月之后，因此到了快 8 岁那年我才背起小书包迈进了学校大门。当时的情况是学龄的孩子多而学校的数量少，所以对小孩子入学的年龄卡得很紧，凡是 8 月 31 日之后出生的小朋友，只要不是实打实到了 7 周岁，入学也只能往后延一年。于是，我成了班里年龄偏大的学生，小学低年级课堂上的那点东西，与复杂的棋局变化相比较，简直太小儿科了。

因为学校的功课一点难不住我，所以我人在学校课堂，心思却早不知道飞到哪里去了。那时，家家的经济条件都不富裕，因此即便小孩子精力富裕，也没有条件让孩子学习书本之外的更多知识。在这样环境下长大的我，实在是有点智力过剩了，于是下棋便成了释放精力最好的事情。学校的功课没有让我感觉到压力，我一有空就扑在棋盘上，总惦记下棋时不管遇到谁，自己都能赢。父母看到女儿并没有因为下棋影响学习，也乐得让我在自己感兴趣的领域里自由发展。父亲依旧骑着他那辆破自行车带着我"走南闯北"，我们父女俩接触的人越来越多，下棋的圈子越来越大，我的棋艺水平自然也一点点得到了提高。到后来，北京酒仙桥有一个象棋下得特别棒的小女孩的消息像长了翅膀一样，在首都棋界传开了。

幸遇伯乐

我是非常幸运的，在我与棋结缘的道路上，一开始就得到了很多热心的棋界前辈无私的帮助。虽然当时我只是一个初出茅庐的小不点儿，但我还是有幸得到董齐亮、谢小然等棋界德高望重的老前辈们的亲手指点。特别是李国玉阿姨，她曾经在 20 世纪 60 年代获得过北京市象棋女子冠军，当她听说酒仙桥有一个下象棋的小女孩的消息后，在根本不知道我们家地址的情况下，居然东打听、西打听地找到我家的住处，后来又多次到家里来指导。其实，现在回过头看，我当时下棋的水平何其"业余"啊，是那些把一腔热情投注在北京棋类事业后备人才培养上的棋界前辈们的全力栽培，才使我这棵棋坛小苗苗有机会茁壮成长。

1980年"六一"儿童节的时候，北京市少年宫举办全市儿童象棋大赛，父亲特意赶去给我报了名，在那里，我赢得了有生以来的第一个比赛冠军。除了奖状之外，奖品还有一个大大的、里面带着一面椭圆镜子的淡蓝色的铅笔盒。我真是太喜欢这份奖品了，一回到家我就把它放在柜子里，很长时间都舍不得用。同年暑假，父亲又领着我参加了在北京什刹海体校举行的北京市少年象棋比赛（18岁以下组），据说我是参赛棋手中年龄最小的一个。在与众多大姐姐的较量中，虽然我倾尽全力，可是冠军还是与我擦肩而过，最后只取得了第二名。其实当时我也知道自己的水平还欠火候，但不知怎的，对别人拿冠军，我心里就是有些不服气。领完奖之后，别的棋手都跑出去玩了，我回到训练室，抱着头，盯着一道没有解出答案的习题发呆，小脸蛋上一点表情也没有。后来我听当时在场的孙耀先教练讲，他对我的表现看在眼里喜在心中，因为他从我的眼睛里看到了一股不服输的劲头，而不骄傲、不气馁正是一个棋手必备的素质。

只要一听说哪里有象棋高手，父亲便会带着我去讨教一盘。所以，小小年纪的我竟然有机会与董齐亮、谢小然等前辈在棋盘上过招。虽然那时自己年龄尚小，根本不知道这些大师的名字和英勇战绩，但我知道这些伯伯、爷爷是高手，自己好不容易才能有机会讨教一局，因此下棋时格外认真。1980年10月，我被选到了北京棋院。但，并不是继续下象棋，而是开始转学那时在我国刚刚开展的项目——国际象棋。说来有趣，我甚至连国际象棋长什么样子都不知道，就成了北京棋院的试训队员，从此我的国际象棋旅程开始了。

改学国象崭露头角

刚开始转学国际象棋时，我并不是十分情愿，毕竟自己的象棋水平在同龄人当中已经遥遥领先了，而国际象棋我必须一切从零开始。再者，国际象棋虽然与象棋棋理相通，但毕竟是风马牛不相及的两项智力运动。还有一个我对国际象棋兴趣不大的原因，就是那时北京棋院只有我一个人是初级水平的小棋手，棋艺水平上的差距加上平时缺少一起玩耍的小伙伴，无形中令年仅 10 岁的我成了独立大队。小孩子的自制能力可想而知，被迫放弃自己喜欢的棋种，面对不熟悉的棋盘，缺少同伴的切磋和教练的管理，加之放学之后也剩不下多少时间训练了，因此，挺长一段时间内，我一天到晚总想玩，一点没有心思摆棋。

不过，虽然在北京棋院生活的头一年我的棋艺水平长进不大，但我在那段时间有幸观摩了一些重要的棋类赛事，目睹了棋界一代大师的风采。少年的我虽然不全懂周围发生的事情，但我渐渐明白，自己生活的北京棋院小院子虽然不大，却是北京棋界藏龙卧虎的地方。更重要的是，和这些高手的接触使我懂得，下棋是一件对抗性很强的事情，赢棋的人快乐输棋的人痛苦，要想成为高手，必须很严肃地对待棋局的每一个时刻。

当时的北京棋院还是各省市棋手互相交流棋艺最受欢迎的地方，五湖四海的年轻棋手经常是扛着铺盖卷风尘仆仆而来，我们就生活在同一个屋檐下，成了室友。位于市中心的棋院小院儿还是棋界高手出国比赛途经北京时必到的中转站，记得有一次上海的戚惊萱老师路过此地，我的教练王陛钧老师请他与我下一盘指导棋。当戚惊萱老师听到要让一个皇后的要求后一脸的大惑不解："棋盘上少一个皇后怎么下？"但最后他还是取得了"战斗"的胜利。

在北京棋院生活了一年之后，棋院的领导也意识到，把我这么一个初级水平的小不点儿与专业水准的棋手安排在一起训练收获不大，于是我被转到北京什刹海体校学习训练。幸亏当年我还是个什么都不懂的小孩子，根本没有想过从市队到体校是降格了，11 岁的我开开心心地离开棋院来到体校，开始了一段新的生活。

在体校，我的生活一下子充实起来，那里有很多和我同龄的具有运动特长的孩子，还有每天给我开"小灶"的张连城教练。从棋院刚转到体校的时候，我还是训练班上年龄最小的一员，棋艺水平也落后于其他棋手。不过，张教练似乎特别看好我这个迟入门的弟子，不仅对我的训练安排特别关照，而且要求也比其他队员严格。没过多久，我的棋艺水平就赶上了其他小伙伴，仅仅不到一年的时间，在 1982 年夏天的北京市运动会比赛中，我就获得了国际象棋成人组的个人冠军。那可是我有史以来取得的第一个国际象棋比赛的冠军呀，兴奋之情可想而知。此时的我已经完全被国际象棋黑白 64 格迷住了，随着棋艺水平的提高，我对国际象棋也越来越喜欢。取得了北京市冠军之后，我最大的理想就是能够快快长大，同时我还给自己立下一个目标——争取早日在全国比赛中下出好成绩。

可成长的道路并不总是一帆风顺，虽然 1984 年我就闯入了全国女子个人赛前六名，成为最年轻的国家大师；1986 年就通过选拔赛入选了国家集训队，1987 年就成为国内技术等级分最高的女棋手，1988 年就成为中国女队主力阵容参加世界奥林匹克团体赛，但是我却迟迟不能取得一个有分量的比赛冠军。明明有实力对全国冠军发起冲击，但每年的比赛结果都与全国冠军擦肩而过。冠军离自己是那么近，却仿佛又很远。那层窗户纸就差一点点便能捅破，却总也找不到问题所在，因而很长时间里我都处于一种波动的状态。

到了 1989 年，终于到了破茧成蝶的时刻。当年，我获得了全国女子个人冠军，并取得了国家青年冠军赛男女混合组的冠军。两个冠军奖杯揽入怀中之后，我感觉与以往相比，自己下棋的境界取得了实质性的突破。

孤身闯南洋

1990 年 3 月，我和彭肇勤获得女子世界冠军个人锦标赛亚洲区的并列冠军，获得晋级参加更高一级别的区际赛资格。很快，国际棋联的抽签分组结果出来了：彭肇勤参加苏联赛区的比赛，我参加马来西亚赛区的比赛。原本，临行前定好了选派我在少体校时的教练张连城老师一同前往，谁知快出发时，张教练的爱人因病住院，这时再去琢磨临时换人的事情已来不及了。

得知自己将会一个人出国参赛的时候，我的心里"咯噔"吓了一跳，从来没有过自己出国比赛的经历，又是这么重要的赛事，一个人，能对付得了吗？不过，很快我性格中大大咧咧的乐天因素又开始发挥作用了：担忧那么多有什么用？反正到了赛地有吃有喝的，组委会肯定会把一切都安排好，自己安心下棋就是了。临行前，母亲千叮咛、万嘱咐帮我收拾行装，一副欲言又止的样子。对于未知的行程，我的心里当然也是七上八下的，不过为了让家里的人少担心，我故意装出一副满不在乎的样子。后来，母亲告诉我说，那天只要我表现出一点儿不想去的意思来，她都会忍不住给棋院相关领导请假的。儿行千里母担忧啊，何况这次是孤军作战，又是在遥远的异国他乡，谁知道会发生什么事情呢。

中国国际象棋协会的秘书长孙连治老师同北京棋院的王品璋老师把我送到飞机场，这样高规格的送站待遇自己还是头一次。当然，两位老师除了鼓励之外就是鼓励，似乎一点没表现出担心的样子。其实，后来想想，当年我这样一个初出茅庐的小将能够劳烦两位老师送行，不是他们放心不下又是什么呢？快进候机厅时，我还故作轻松地拉着两位老领导的衣服袖子开玩笑："我要是打进前三名晋级八强，你们可得请客！"

比赛中的一切都是未知的，自己在赛前又不是等级分排名靠前的种子选手，打进赛区的前三名谈何容易呀！所以，当时那句话我完全是当作玩笑脱口而出的。

进了机场就剩下我一个人了。办好手续之后，我在候机大厅里无聊地看着来来往往的行人，还没有离开北京，已经感觉到孤单寂寞了。我无聊地从包里拿出一本书，没看几页就听到不远处传来围棋九段聂卫平老师爽朗的笑声。再细看，原来是围棋队一行人正在热闹地谈论着什么。人群中，除了聂卫平老师之外，我还发现了一个熟悉的身影——日本著名选手，有着"宇宙流"美誉的武宫正树九段。看着一群棋界高手谈兴正欢，我越发感到自己心中原本不多的底气正在一点一点地消失。

"去找武宫正树先生签个名，锻炼一下自己。"突然，我心中冒出了这样一个念头。说来好笑，其实我并不是武宫正树先生的粉丝，但是正因为此行自己是一个人，所以我要找一件事情证明自己可以跟不认识的外国人说话。

说干就干，我拿着书快步走到武宫正树先生面前请他签名。看到突然有一个不认识的中国女孩说着蹩脚的英语过来，偏偏找自己而不是中国最著名的围棋选手聂卫平老师签名，武宫先生既开心又好奇，不由得用英语问我是否下围棋。这时，聂卫平老师看到我，开口就问："谢军，你这是上哪去呀？"

"去马来西亚参加世界大赛的区际赛。"我老老实实地答道。

可能是看到我情绪状态并不是那么好，聂老师又问道："怎么就看到你一个人呀，还有谁和你一起去？"

我只好如实回答："就我自己。"

闻听此言，曾经一人出国并遇到过麻烦的聂老师声调一下子高了八度："参加这么大的比赛，就你一个人去，这不是胡闹吗？我回去就找体委的领导去评理，简直是胡闹！"

聂老的愤愤不平一下子击中了我的软肋，眼看着就要登上飞机面对一次莫测的旅途，我开始鼻子发酸，感到眼泪即将不争气地冲出眼眶。我赶紧低声说了句："大概别人手续没办好吧！"之后便与围棋队众人礼貌道别，扭头离开。

飞机不是直飞的航班，而是要在广州过夜转机。不过，广州棋队方面负责的容坚行老师已经把相关的食宿问题都安排好了，离开北京还能见到熟悉的面孔，这对于头一次出门比赛的我而言，在心理适应方面无异于起到了很好的缓冲作用。既然已经离开北京，自己也已经接受了独闯南洋的事实，既来之则安之吧，人要学会随遇而安嘛。

广州停留一夜，第二天我顺利抵达吉隆坡。比赛安排在马来西亚的旅游胜地云顶高原的一家三星级宾馆里。随着各队参赛人马纷纷到齐，抽签之后我知道了后面比赛日程的安排，赶紧给北京方面电话通报，告知自己的房间号和电话号码。国际电话的费用好贵呀，一分钟就要好几美金，根本不敢多说。三五句之后，电话款已到了规定时间，自动电脑毫不客气地关上了闸门。摸摸兜里，此行一共带了120美金，不知道后面近一个月的时间自己一个人怎么度过呢。

比赛每三轮就会安排一次休息日，我与北京棋院的王品璋老师商量好，每次休息天之前他从国内给我打电话。前三轮战罢，我以三连胜的成绩取得了开门红，但是思乡的情绪完全包围了我，每天不下棋的时候，我只有一个念头，就是想家、想哭。参加比赛的一共有18名选手，除了我之外，其他17位是清一色的欧美棋手，并且每名棋手都有伙伴陪同。苏联队还带来了队医和教练，而我呢，每天形单影只的，到哪里都是一个人，像个小可怜似的。

休息天无处可去，我就闷在房间里摆摆棋，看看书，然后哭一会儿，再发会儿呆，一天时间倒是不知不觉就过去了。比赛进入第二个阶段，又是三轮的比拼，我取得了两胜一平的成绩，尽管两轮战罢我未输一局，孤单却使我情绪越发低落。好在，下完三局棋之后，王品璋老师就会从北京打来电话，我可以发发牢骚，抱怨几句。电话的另一端，为了节约时间，王老师不得不用最快的速度给我做心理疏导工作，一而再，再而三地强调要我珍惜这千载难逢的具有良好开端的机会。王老师还鼓励我多与他人交流，不要怕自己的英语水平差，"这又不是你的母语，说得不好也没什么不好意思的"。

接下来的三局棋，我取得了两胜一负的成绩，赛程过半，我的成绩位居首席。令人开心的不仅是暂时排名居首的成绩，还有我一天天开朗起来的心情。我感觉自己正在渐入佳境，逐步适应了比赛，适应了一个人在国外战斗的生活。特别是其间输给了曾经五次获得女子世界冠军的加普林达什维利的那局棋，更让我看到了自己技术上的不足。全局被压制最终失利的经过让我大受刺激，根本没有闲心和工夫像个小姑娘那样去想家了。这是比赛，棋手应该拿出斗士的顽强和拼搏劲头才对呀。

此外，随着大家在一起相处日久，彼此间也变得熟悉起来。我也开始放下害羞怕说错的心理，敢用蹩脚的英语跟别人聊天了。苏联的领队特别逗，吃饭时候笑着对我说："谢军，别看你现在是第一，后面我们会联合起来对付你的。"

第10～12局我的战绩平平，只取得一胜一和一负的成绩，排名退居第二席，老牌冠军加普林达什维利依靠她的深厚功力，过关斩将，杀到首席。而接下来第 13~15 局我的对手却是三位非常厉害的角色：苏联的阿列克山德丽亚、古利耶丽和挪威的达赫。她们三位都是屡建战功的国际特级大师，而我自己不过才刚刚获得了国际大师的称号。硬碰硬的战斗，只有勇敢面对，才可能从欧美选手的重重包围圈中闯出来。

抱着勇士一搏的心态，我平静地走上赛场，什么变化激烈就选择什么样的棋下。结果，这三局棋中我取得了两胜一和的成绩，提前达到了晋级女子国际特级大师称号的标准。在接下来的最后两局棋比赛中，我只要再取得 1 分，就能确保进入小组前三名，晋级女子世界八强。

眼看着赛前一句戏言定的目标触手可及，我的心态反而越发平和下来。比赛倒数第二轮，我如愿取得了胜利，确保自己成功晋级。这下子，所有的累劲儿似乎一下子都涌上来了，我倒在宾馆床上一通昏睡，连王品璋老师打来的电话都没有听到。

独自一人参加马来西亚区际赛的经历让我脱胎换骨，无论在棋艺方面还是心理方面，我感觉自己都登上了一个新的台阶。

比赛结束回国后，北京棋院和天桥联社为我举行了小型的欢迎宴会，王品璋老师乐呵呵地说道："这顿饭也代表我请客了，等着八强赛你再过关，我还请客。"

那一年，王品璋老师已经快到退休年龄了，但是从事了大半辈子体育工作的老爷子还像年轻时那样"锦标"。只要我们队员有机会取胜，他一定会摇旗呐喊尽力助阵，看到我们这些年轻队员进步，王老师就开心。

第二章

登顶

21 岁的前夜，我成了历史上第七位女子国际象棋世界冠军。来自北京一个普通家庭的女孩，打破了欧美人对女子国际象棋世界冠军称号的长期统治，改变了自 1927 年赛事出现以来世界棋后与亚洲人无缘的历史，棋坛灰姑娘晋级成为漂亮公主的梦想一举成为现实。

很多年以来，国际象棋都被视为苏联的"国棋"，自从第一次世界大战结束之后，任何苏联籍之外的棋手在比赛中取得好成绩都会被视为天人。特别是女子赛场上，其他国家的女棋手甚至不敢想象有一天能打破这种垄断，成为女子个人世界冠军。其实，不要说成为冠军了，要想在比赛中赢上苏联一流女棋手一局棋都够令人振奋了，打败这个人才济济的团队集体，更像是一个太过遥远的梦。

在国际象棋女子世界冠军锦标赛的传统赛制中，要想打入决赛，成为与冠军比肩而坐的挑战者可不是件容易的事情。成为挑战者意味着你要通过层层选拔，一路过关斩将，赢取漫漫"长征路"上的最后一张门票。这个过程中，不管棋手在哪个环节稍有闪失，便会被淘汰掉。从 1990 年年初开始，我经历了分区赛、区际赛、候选人八强赛、挑战者争夺赛等 42 场慢棋常规比赛的胜利之后，终于成功现身国际象棋女子世界冠军锦标赛决赛（对抗赛）的赛场，成为一名挑战者。

1991：低调带病出征

1991 年 9 月至 10 月，国际象棋女子世界冠军锦标赛决赛在菲律宾首都马尼拉摆开战场。从分区赛开始，我参加的比赛一个比一个级别高，遇到的对手一个比一个强，说老实话，能够杀出重围成为挑战者，已经超额完成任务，大大超出自己的预期了。不过，既然自己已经肩负挑战者的使命，甭管最后这一关能不能闯过去，我都会尽最大的努力去争取。

决赛中我的对手是雄踞冠军宝座 13 年之久的、代表苏联出征的玛雅·奇布尔丹尼泽，在国际棋联公布的棋手等级分榜上，她的技术等级分是 2495，我只有 2465，玛雅以 30 分的优势领先。

赛前，没有人看好我能够挑战成功，有些话甚至说得很难听。比如苏联最权威的国际象棋杂志在赛前调查各方对比赛的预测，众多男子国际特级大师纷纷表示，"这不是一个重量级的比赛，结局不言而喻，比赛不过是个过场"。也难怪，欧洲女棋手已经称霸女子国际象棋世界冠军宝座 64 年，苏联女棋手已经独占世界棋后的头衔 43 年，突然间不知道从哪里冒出一个谁也没有听说过的中国女孩，无论按照什么样的逻辑去推测，都应该看好卫冕冠军呀！再者，玛雅·奇布尔丹尼泽多年来在女子世界冠军赛上一枝独秀风光无限，在众多其他比赛中也充分显示出了雄厚的实力，她 30 岁的年龄也正是处于棋手最成熟的阶段，已经连续 5 次蝉联世界冠军称号的她更是拥有丰富的对抗赛经验，再加上两位有着"苏联功勋教练"称号的教练为她保驾护航，无论从哪个方面来比较，对抗赛双方的实力优劣一目了然。此外，比赛规则中还有一条特别条例对挑战者不利，那就是卫冕冠军在对抗赛中拥有半分的优势。也就是说，一旦 16 局的对抗赛以 8∶8 的比分结束，卫冕冠军自动成为比赛的胜利者。在这样的一个大气候下，与实力雄厚的对手相比较，我能有什么优势可言呢？恐怕除了初生牛犊不怕虎的劲头之外，包括我自己，还真是很难想出第二条来了。

玛雅·奇布尔丹尼泽是现代女子国际象棋史上的一个传奇人物，她 17 岁便摘取了国际象棋宝殿上最尊贵的那一顶桂冠，创造了当时最年轻冠军的世界纪录。如今，一晃 13 年过去，玛雅还一直稳稳地坐在女子世界冠军的宝座上。时光似乎并未对玛雅的生活状态产生什么特别的改变，她还是一脸的单纯，笑颜如花灿烂。如果说这十三载岁月令竞技场上的玛雅有什么变化的话，那就是时间的流逝令她从最年轻的女子世界冠军变成了蝉联 5 次桂冠的一代棋后，64 格棋盘把玛雅的一举一动衬托得越发从容淡定。

记得我刚学棋时，教练就给我讲过玛雅的故事，那时我想得最多的不是自己 17 岁时也能夺世界冠军，而是希望自己在 17 岁时到国际赛场上见到玛雅·奇布尔丹尼泽本人。

可是，即便是这个愿望我也没能实现，因为 18 岁之前，我还没有参加过计算国际等级分的正式国际比赛，能跟高鼻子、蓝眼睛的国外棋手下盘棋都不容易，哪来的大赛机会见到世界冠军真人。谁承想，20 岁出头的我却要向她发起挑战，在世界个人锦标赛决赛的赛场上与偶像一决高下。

出征之前我接受了《中国体育报》记者的采访，当被问到此行胜利机会如何，我不假思索地回答有 50% 的概率。虽然我知道这样的回答并不客观，更缺乏足够的依据，但我不想服软，更不愿让周围的人产生我信心不足的感觉。之所以敢这样回答，不过是根据简单的数学公式 $1 \div 2 = 0.5$。再来看看我的对手是如何回答这个问题的，玛雅·奇布尔丹尼泽在回答苏联著名国际象棋杂志《64 格》时表示，她只等着正常发挥水平，待比赛后回国庆功。

难怪玛雅如此自信。这个叫谢军的中国女孩子是谁？以前从来没有听说过。这个中国女棋手曾经赢取过什么重要的比赛？从来没有听说过。中国队幕后教练是否会有高人？没有任何信息显示中国队请了外教，也没有任何辉煌战绩显示中国本土教练的水平。难怪玛雅如此自信。在她能够查到的资料中，她只能看到这个中国女棋手在短短两年多的时间里从无分棋手奇迹般杀出重围，一跃变成了世界冠军挑战者。查阅以往资料，数据库中谢军参加国际比赛对局少得可怜，就冲这一点，这名中国女棋手就不太可能拥有丰富的比赛经验，技术功底应该也深不到哪里去。

有人将玛雅·奇布尔丹尼泽的赛前预判告诉我。对于玛雅和众人对比赛结果的预测，当时年仅 20 岁的我，除了心有不甘之外，还多少有几分不被别人认可的委屈感觉。凭什么呀，人家从来没有和奇布尔丹尼泽交锋过，怎么大家就一边倒地评论谢军肯定会输呢？

哎，不想那么多了，还是坚信自己拥有 50% 的获胜机会，不去被外界的评论干扰吧。要知道，大赛将至，棋手的思维越单纯越好，这样才能把有限的精力都集中在思考棋局上面。虽然在 1991 年这场对抗赛之前的我并没有多少比赛经验，更不懂如何调整好运动员赛前的心理状态，可是我知道，不能比赛还没开始就在气势上输掉一口气，一定要以敢打敢拼的状态去迎接比赛。比赛中的对局是棋手一步棋一步棋下出来的，不是靠任何局外人通过各种因素打分评选出来的，我的胸中憋着一口气，就等着比赛中在棋盘上释放出来，用行动证明自己的实力。

为此，那段时间，我在教练的指导下拼命备战，恨不得一天当两天用，恨不得把所有的时间都花在摆棋上，似乎在棋盘边多一分钟时间的备战，自己的心里感觉就会更踏实一点。不过，缺少大赛经验的我却一点没有意识到，释放精神上的压力也是赛前准备工作之一，超负荷训练的积极效果是有，但它的副作用也与之俱来，那就是我脑子里的弦绷得太紧了，心理上的压力也一点点增大。在这样持续的压力和疲劳状态下，谁也没有意识到我的身体机能抵抗力正在下降，那一年的夏天我经常生病，去门诊吃药打针不算，光急诊发烧住院治疗的经历就有两回。

要说大毛病也没有，就是感冒直接转为咽炎、扁桃体炎、支气管炎什么的，让人急不得恼不得的，病虽不严重，却担心这糟糕的身体状况持续到赛场上。

赛前一个月，本来计划着要去参加成都举办的全国个人锦标赛进行赛前演练。对于这个比赛，我期盼了很久，因为头一次可以破格参加男子组的比赛。谁知，去赛地的火车票都买好了，可是临行前一天我却突然高烧起来。频繁发作的扁桃体炎又像算好了日子一样来捣乱了。无奈，只好留在北京治疗。为了让我的体力恢复得更好些，棋院领导托关系走后门把我送进了疗养院进行休整。

一下子，日程安排变得清闲自由起来。没有教练的严格管理，疗养期间的日子过得相对松闲。平时除了摆棋之外，我就去给疗养院养的那些小动物喂食，后来园子里的羊啊、鹿啊、兔子啊等小动物一见我过去就摇尾巴。在疗养院休养期间，我从报纸上看到围棋九段国手钱宇平临阵弃权男子世界冠军赛决赛的消息，这个突发新闻对我触动很大。为什么钱宇平会选择弃权不参加比赛了呢？不会是棋手承受不住赛前压力身体垮了吧？我太清楚作为一名棋手披荆斩棘打到决赛所经历的艰辛，不是没有办法，棋手绝对不会出现决赛关头弃赛的事情。联想到自己马上也要参加争夺世界冠军的决赛，看着自己身上穿的疗养院病号服，不禁担心自己会不会出现相同的问题来。虽说自己在棋盘之外属于平常嘻嘻哈哈没心没肺的那种性格，但是大赛临头，谁知道能不能闯过心理压力这道关呢？

距离世界冠军赛正式开始前一周左右，我终于从疗养院"释放"出来。出征前总是事情最多的时候，第二天就是出发的日子了，大家都忙碌着收拾各自的行装。可是，就这么一天的工夫，我的扁桃体炎又犯了，体温一下子蹿高不下发起烧来。父母赶紧把我送去医院治疗，同时把这一情况告诉了棋院领导，害得即将随队一同出征的任玉衡大夫连忙驱车从市区赶到位于北京郊区的医院。

这是我第一次见到任玉衡大夫，他是棋院从国家体委科研所借调来的。任大夫说话带着点东北口音，黝黑面庞，不苟言笑，身材非常壮实。初次见面的我没有想到，此后的几次世锦赛，任大夫都为我的健康保驾护航，我与这个看上去态度严厉的老头儿日后相处得亲如父女。

行医几十年，任大夫以往接触到的都是体能项目的运动员。看到我赛前还病歪歪的样子，任大夫直摇头，简单询问一下病情之后，连呼没有想到平时棋手的生活起居是这么一个状况。从医院往回走的路上，任大夫批评我这个从事智力运动项目的棋手平时太不注意锻炼身体，小小年纪不知道把自己的身体状况保持到最佳状态，真到了比赛中根本无须对手发力自己就先倒下了。刚打过退烧针的我整个人昏昏沉沉的，有一句没一句地听着任大夫的批评，心中暗自反驳："明明是大赛前压力闹的抵抗能力下降，平时队里训练日程就是那么安排的，平时锻炼不锻炼跟棋手本人有什么关系呀。"

比赛开局阶段……

国际象棋在中国是一个年轻的项目，从 1978 年恢复国际棋联会员资格开始算起，仅用了短短 13 年的时间，中国便出现了世界冠军挑战者，这样的进步速度引发了世界棋坛上一场不大不小的地震。20 岁的我斗志昂扬，深知自己的身后聚集了无数期待的目光。虽不知国际象棋为何物却鼎力支持运动员为国争光的国人，同样没有多少大赛经验和辉煌国际大赛战绩的教练队伍，为棋手无条件付出的中国国际象棋协会……都是我坚强的后盾。

抵达赛地

1991 年 9 月中旬，中国代表团一行 6 人踏上了奔赴马尼拉的征程，大包小包一堆行李，除了棋书之外（那时候科技水平还远远没有今天这样发达，电脑尚未介入赛前备战，棋手比赛备战资料的主要来源是各种各样的棋书）还是棋书，任大夫还特意为我带了一大箱各式各样的药。

飞机平稳降落在马尼拉机场，即将开始的比赛渐渐变得真切起来。从下飞机的那一刻开始，我的女子世界冠军锦标赛决赛的处女航便充满了各种意想不到的"奇遇"。

还在机场，我们就感受到了此次比赛与以往的不同，中国代表团出关享受免检待遇，通过 VIP 通道进入贵宾休息室。屋子里，除了比赛组委会的官员，早有当地的媒体记者拿着大小相机、话筒等候在四周。幸亏组委会考虑周全，现场有翻译，不然整个中国代表团成员有限的英语水平根本搞不懂人家都在说什么。贵宾休息室里一通忙活总算可以走了，不用为取托运行李操心，早早有人按照行李牌号替我们把行李从机场的传送带送到去宾馆的车上。

这是我短短几个月内第二次造访马尼拉这座城市了。第一次参赛经历是在 6 月，为了提前适应环境，中国国际象棋协会特意派我参加了当地举办的一个公开赛，那次外国棋手被安排在离赛场两站地外的一家三星级酒店。提起那次比赛，我印象最深的莫过于马尼拉炎热的天气和糟糕的交通状况。不管你是选择乘的士还是公共汽车，也无论什么时间段，马尼拉随时都在堵车。后来，住在宾馆的一众棋手宁可放弃乘车步行，头顶着热带国家特有的似火骄阳，伴着令人窒息的热浪一路走去赛场，也不愿再坐车了。

不过，这次从机场去宾馆的乘车感觉可不一样，不仅车上的空调温度早已调试得令乘车人神清气爽，送我们代表团的车前方还有几辆警车开道！没过多长时间，我们就抵达了棋手下榻的宾馆——五星级酒店 Manila Hotel。

棋手生涯里第一次参加如此高级别的比赛，头一次享受让国际棋联承担棋手及代表团所有成员的一切参赛费用的待遇，这样的贵宾接待规格是我从来没有见识过的。对于

20 岁的我来说,以世界冠军挑战者身份抵达赛地之后,周边的一切都如同梦幻一般让人感到不真实,用受宠若惊来形容我当时的感受一点都不过分。巨大的反差和改变让我觉得自己突然进入另外一个世界,我对即将到来的世界冠军对抗赛更加充满好奇和期待。我知道,对于我这样一个初出茅庐的新人来说,不仅在比赛的棋盘上,前方还有很多令人意想不到的事情呢。

　　接下来的几天里,作为卫冕冠军的玛雅和挑战者的我一同参加了由菲律宾国家体委主任和马尼拉市市长共同主持的赛前新闻发布会。自己头一次见到这么高级别的官儿,头一次见到那么多的记者,头一次有人提醒我参加活动要穿正装。到马尼拉不过短短几天时间,比赛还没正式开始,已经有很多回人生的第一次令我感到新鲜。

对手代表哪个国家出战?

　　赛前双方代表团发生的最大分歧在棋手技术会议上,对方代表团团长(据说当时任格鲁吉亚的地方体委主任,有消息称当格鲁吉亚成为独立国家之后他将担任副总理的职务)提出,鉴于苏联国家面临解体,玛雅·奇布尔丹尼泽应该代表新的独立国家格鲁吉亚而不是代表即将消失的国家苏联参加比赛,并且还要求在玛雅的赛桌上悬挂格鲁吉亚国旗。面临解体?换国旗?这样的说法不仅令我们中国代表团有些迷惑,更令大赛组委会的承办者难以接受。大家都知道外交无小事,在这样一个举世瞩目的世界级大赛中,涉及任何政治方面的问题都是敏感的。如果苏联这个国家在比赛开始的时候已经宣布解体,即便对手参赛报名时所代表的是苏联,那么当国家政局发生变化之时,运动员选择新成立的独立国家参加比赛毋庸置疑。但是,面临解体是什么意思?至少说明苏联这个国家还存在,格鲁吉亚目前还只是苏联的加盟共和国,不是一个独立的国家。

　　体育就是体育,下棋就是下棋,体育比赛是运动员展示技艺的舞台,当然不会同敏感的国际政治局势纠纷联系在一起。因此,不仅赛事组织者回绝了对方代表团的请求,中方代表团也以要求对方出具相关证明才能接受的态度进行表态。

　　会议进入僵持阶段，对方代表团团长又提出，既然不能同意让玛雅·奇布尔丹尼泽完全代表尚未成立的新国家格鲁吉亚参加比赛，那么他们要求比赛时在棋桌上摆放苏联和格鲁吉亚两面国旗。两面国旗？又是个新鲜说法。国家尚未完全独立，哪里冒出来的国旗？对此说法，我方同样不能接受。最后，经过几个小时的会议，双方代表团商定：棋桌上双方棋手均不摆放国旗，棋手所代表国家的国旗图案挂在棋桌侧面的位置，具体数量由棋手自行决定。这样一来，玛雅·奇布尔丹尼泽一方如愿在苏联国旗下面放上了格鲁吉亚旗帜的图案。按照当时的政治时局状况，玛雅挂两面旗子可以解释为一面国旗，一面地方政府旗帜，这样的协调方案中方也能接受，国旗事件终于顺利解决了。

　　技术会议之后是比赛的开幕式，虽说国际象棋女子世界冠军赛决赛仅仅是两个人的较量，但开幕式规模之盛大，如同一个五彩缤纷的节日。抽签仪式上，我从马尼拉市市长夫人手中接过了一个有着浓厚菲律宾土著建筑特色的竹楼模型，打开竹楼的房顶，从模型的小屋子里拿出一个造型精美的白色棋子，这意味着首局我将执白棋迎战对手。

　　抽签结束后是精彩的大型文艺演出，其中有一个节目是台上的舞蹈演员邀请参赛棋手和教练加入他们的演出，共跳竹竿舞。这个安排事先谁也不知道，双方代表团人员纷纷摆手婉拒，谁都没有彩排尝试过竹竿舞，谁知道竹竿舞的难度有多大，弄不好就会在众人面前闹笑话。最后不知怎么回事，我这个双方代表团中年龄最小的被推了出来，被几名舞蹈演员簇拥着登上了舞台。怎么办？如果非得挣脱着走下舞台肯定让主办方扫兴，于是我干脆脱去高跟鞋，在演员的指导下，赤脚穿着裙装礼服在几根竹竿之间跳了起来。音乐节拍柔和缓慢，很快我就适应了舞蹈节拍，与台上的专业舞蹈演员配合跳了起来。谁知，看到我初步掌握了竹竿舞的技巧之后，乐曲的节奏越来越急，几根竹竿也伴随着乐曲的节拍分分合合，速度越来越快，逼得我的双脚在竹竿分合之间不停地跃起落下。没想到，头一次登台演出的我居然与专业舞蹈演员们配合得十分默契。舞蹈结束，在台下观众越来越响的掌声中，我已跳得满面通红。

　　第二天比赛就要正式开始了，这是个人世界冠军锦标赛决赛啊！对于大赛的心理压力，在此之前我想象过很多种自己可能发生的紧张情绪反应。谁知，眼看着比赛日益临近，我的情绪反而放松下来。更为神奇的是，从开幕式抽签时我的手指接触到那枚棋子的一刻起，一切不切实际的幻想似乎一下子从我的脑中消失了，比赛变得真实清晰起来。

前五盘棋一波三折

比赛最初的两盘棋，我和玛雅都走得比较谨慎，不约而同选择了平稳的开局变化，玛雅和我都需要时间了解对手，适应比赛。第三局，利用玛雅中局时子力配合上的失误，我执白棋一举攻破对方王城，首开纪录。我记得那局棋当对手示意认输的时候，自己的心情轻松无比！真开心啊，第一次参加世界冠军对抗赛就这么容易占据了比分领先优势！对手看起来很难过，自己再接再厉乘胜追击，没准对抗赛很快就下完了。世界冠军对抗赛不过如此嘛，年轻的我不由得从心里把比赛想得简单起来。

第四局，我在稍优的局面下犯了错误，残局中又没有找到正确的守和途径，被经验丰富的玛雅扳回了一局，比分重新回到同一起跑线。曾经领先却被对手追平，面对自己的低级错误，我懊恼不已，内心总也安静不下来。

看到我情绪产生了波动，代表团的领导和教练戚惊萱老师都建议我使用棋手申请暂停的权利，多休息一天，调整一下心态再开始接下来的第五局比赛。申请暂停？我想也没想过！特别是输棋之后申请暂停，那不是向对手示弱吗？再说一方棋手在整个比赛中就拥有那么少得可怜的两次暂停机会，过早地使用了，后面比赛疲劳需要休息时怎么办？尽管教练三番五次劝我及时进行休整，但我还是坚持要求按照正常日程继续比赛。

第五局棋按照原计划日程进行，这局棋轮到我执白棋。前一局失利的怒火还在我心中燃烧，我特别想在这一局中采取猛扑进攻的策略，一方面显示自己心理上的强大，另外也要把得而复失的领先优势再找回来。

对抗赛经验丰富的玛雅似乎猜透了我的心思，她没有重复前面两局的开局变化，而是采取了一个新的稳健变例走法，那意思似乎在说"这局棋我满足于和棋"。坦白地讲，对手选择的变化我以前很少在实践中遇到，根本没有什么体会。但是，凭借脑海里对这个开局的记忆印象，我知道这个局面白棋掌握了一定的空间优势，因此判断白方的计划必须进攻，勇往直前。于是，当棋局出现道路选择的时候，在稳健处理局面和猛烈进攻两种方案面前，我毫不犹豫地选择了后者。没错，一定要采取凶猛进攻的方式拿下这局，让对方看看她的中国对手不会因为前一局的失利就变得胆小了。我根本没有意识到，经验老到的玛雅之所以选择这个开局变化，目的就是引诱我冒险进攻！面对黑棋固若金汤的防守，我开始了不切实际的唐吉诃德式的盲目冲锋。这无疑是一个错误的决定，没有后续力量支持的攻势很快被对手化解，我的棋子位置逐渐处于被动，局面优势逐渐转向了黑棋。待我的攻势后劲不足的时候，玛雅开始发力！利用我棋局当中的弱点，玛雅采用简洁的着法集中火力进攻，从而一点点向前推进自己的子力，很快，黑棋的局面优势转化为胜势。

面对被自己搞得支离破碎的阵营，面对玛雅稳妥有力的进攻，白方的局势很快难以为继。五局比赛下来，对抗赛比分 3 : 2，玛雅领先。仅仅经过了两盘棋，我方的局势就从对抗赛的领先者变为落后者，再想想卫冕冠军还拥有比分打平自然获胜的优先权，等于后面的比赛我至少要多胜出两局才能赢得比赛，想到这些，我的心情更急了。

对抗赛第六局开始前，倔强的我还是拒绝申请暂停比赛，强烈要求上场。

"看看你自己的状态，怎么继续下！通知裁判长，谢军申请休战一天！"在代表团每日例行的碰头会上，戚老师第一次用严厉的口气训了我，当时我的眼泪就不争气地流了下来。

会议不得不终止，领队孙连治老师填好延迟比赛的书面申请单，找裁判长去了。大家一一离开，将我一个人留在房间里。此时，我除了哭还能干什么呢？我恨自己不争气，也埋怨大家的不信任不理解，各种念头翻来覆去，满肚子委屈。

事后证明，休战的决定是正确的，利用多出来的这个休息天，连续两局失利的阴影得到了有效的缓冲，让我及时稳住了阵脚，认清自己的急躁情绪是错误的根源。虽然我的对手玛雅经验丰富，但是在对抗赛进程当中，她同样要经受考验和煎熬。

那时候对抗赛的赛程很长，并且在每局棋过后都有一个休息天。说是休息天，但是棋手和她身后的教练班组一点放松不得，整天忙于备战下一场的比赛。比赛的时间拖得越久，棋手承受的压力也越大，所以用煎熬人来形容世界冠军对抗赛一点都不过分。曾经多次获得男子个人世界冠军的苏联棋手鲍特维尼克就曾经说过，"每次世界冠军对抗赛都令我至少折寿两年，比赛期间的精神压力让神经不够坚强的人根本无法承受"。亲身经历过了，才体会到老冠军的话一点不假。

多出来的一天休息时间，不仅我的情绪在发生变化，对手同样也会心中装满猜想，这无疑将比赛的紧张气氛消散了许多。这样的缓冲，对于比赛经验不足的我来说是非常宝贵的，及时调整好情绪，才能为后面的比赛打好基础。

中国人爱开会

从来没有人告诉我国外棋手是如何备战比赛的，但是第一次出征世界大赛的中国代表团非常强调集体作战，也就是大家有事没事聚在一起讨论。谈到中国棋手比赛期间的日程安排，曾经有外国棋手善意地开玩笑说："中国队就知道开会，共产党最会做思想工作。"这话玩笑归玩笑，代表团确实在每场比赛之后都安排开一个碰头会，通过会议的方式及时沟通大家的思想，这也是中国队参加重要比赛时一个很有积极效果的工作手段。

大多数开会的时候，领队孙连治老师唱主角儿，讲讲比赛形势和放下包袱全力以赴作战的重要性。孙老师在协会中担任着秘书长的角色，他的国际象棋水平虽然一般，但是自从 1978 年中国派队参加国际大赛，孙老师就是其中的一员。因此，孙老师在比赛过程把握和形势判断方面非常有经验，分析战况更是头头是道。以调研员身份随队出征的北京棋院院长王品璋老师与竞技体育打了一辈子交道，开会的时候他主要负责调节会议节奏，如果大家的情绪太高，王老师就泼点冷水，如果低落，便插科打诨让大家高兴起来。王老师看着我从小长大，平常有事没事的时候总要做做我的思想工作，看到我的缺点更会不留情面地敲打一番。老爷子是个典型的锦标主义，记忆里他好像总是在告诫我：运动员参加比赛最重要的就是拿冠军，亚军都是失败。仔细想想，王老师的话虽然有些偏激，但也说得句句在理，竞技体育谁能记住第二名是谁呢？会议快结束的时候，往往任玉衡大夫会补充几句如何注意调节情绪和加强身体保健方面的建议。而两位教练戚惊萱和叶江川此时一般话都不多，他们的思绪肯定还沉浸在如何帮我准备好下一盘棋的开局呢，两位教练把智慧都放在棋盘上的一招一式上了。

我刚开始开会的时候还能正襟危坐全神贯注，之后发现每次会议都是这么个流程，就觉得有些闷了。并且，上场比赛的队员就我一个人，也就是说大家谈论问题都是围绕我一个人应该怎样做来讲的，说来说去当然就觉得有点麻木了。后来我干脆想了个好办法，总算感觉会议不那么枯燥了。办法是什么呢？就是找点好东西吃，一边吃一边听会，什么也不耽误，还美其名曰有效利用时间。对此，几位老师也不反对，大赛当头，棋手能够有胃口吃东西总是有效的能量补充，谁也不计较我这样边吃边听会算不算不懂礼貌了。

自从到了马尼拉之后，很多事情令我眼界大开。甭说别的，就说各种各样的热带国家特产水果，就令我像发现了新大陆一般。20 世纪 90 年代初的北京商店里，还很难见到盛产于南方的水果呢。

椰子、火龙果、榴梿……吃了一圈下来，发现我最钟爱的还是柚子，它价格实惠，容易储藏，多吃一点又不会上火。于是，后来只要碰头会开始，我便从冰箱里拿出个柚子，一边听会一边慢条斯理地剥开皮吃起来。

比分终扳平

第六局是我在那次对抗赛中最困难的时刻。即便叫了暂停，多休息了一天，但第四、第五接连两局棋失利的阴影并没有从我心底彻底扫去。几天以来，不仅我自己，可以看出来中国代表团其他人员也没有休息好，大家都担心我能不能稳定住状态。再加上第六局我又将执黑棋后走，假如再被对手乘势拿下一城，那么落后的就不止一分，也就意味着整个对抗赛很难翻身。所以，第六局棋开始前整个中国代表团的情绪都不太高，虽然谁也没有把这句话挑明，不过很显然，大家只盼望着我能把这局棋顶下来，只要不连败比什么都强。

令人没想到的是，第六局比赛一开始，执白棋的玛雅就选择了一个特别平稳的变例，大概是她也顾忌我方在休息天的技术准备吧，因此不想选择尖锐变化，以免中了我方的埋伏。这局棋我走得小心又小心，对局弈至24回合，形成了一个完全平先的车象残棋，双方无心继续恋战，和棋。

对局和棋的结果令我的状态得到了及时的缓冲，整个人的心态也变得沉稳下来。年轻的我彻底忘记了自己曾经领先，曾经与对手在同一起跑线，稳住了阵脚，找回了足够的能量继续战斗。面对暂时落后的形势，代表团的几位领队和教练为我定下的比赛基调是客观面对现实，要与对手打持久战，寻求战机把比分扳平，然后再去想争取领先的事情。

第七局，和棋。第八局，我又执黑棋。对局行至22回合的时候，局势形成混战之势，我的对手突然示意提和。原以为这局棋将会是一场漫长的恶战，因此对手提和的举动大大超出我的预料。接受对手的提和还是继续战斗？我的内心颇有几分矛盾犹豫。客观地分析局面，双方形势大体均等，成功从开局转入复杂的中局战斗，目前黑棋已经完全没有任何困难。从某种意义上讲，我在后翼上拥有一定的空间优势，可能在未来给黑棋提供继续发展的潜能。可能正是这个因素，令对手早早向我伸出橄榄枝。想了很久之后，我毅然决定拒绝对手的提和，率先在后翼上挑起战火。显然，玛雅提和的时候根本没有估计到执黑后走的我会如此好斗，拒绝对手和棋提议的情况，在对抗赛当中还是第一次发生。

棋局继续，既然拒绝了对手的提和，我当然选择了激烈的下法。一番昏天黑地的搏杀之后，棋局从中局转入对黑方稍稍好下一些的残局，如果当时玛雅处理妥当的话，棋局还会以和棋结束。我当然不会犯下同第四局棋时一样的低级错误，极有耐心地在残局阶段与对手周旋，一点点向对手的阵营施加压力。尽管白方的局势并不太差，但是对手却明显把自己摆在防守状态之中，也许她还没有从中局提和被拒绝的情绪中走出来。在漫长的残局战斗中，玛雅一个不小心犯下了致命错误，当对局行至56回合时，白棋已经回天无力，玛雅无奈地伸出手向我表示祝贺。4：4，扳平比分！从落后到与对手重新站在相同的起跑线上，我仿佛看到胜利的天平已开始向我方倾斜。

不得不提的是，比赛期间苏联国内的政治形势发生了很大的变动，各加盟共和国纷纷脱离苏联的管辖，正式宣布成为独立的国家。在这场政治变故中，玛雅所生活的城市第比利斯正是格鲁吉亚的首都，动荡的政治格局令格鲁吉亚与周边国家地区的关系非常紧张。比赛期间玛雅不可能忽略正在自己国家发生的变化，还有什么比家园动荡不安更令人难过的事情呢。

而我方军团则是全身心投入比赛当中，随着比赛的不断深入，代表团已经度过了磨合期，配合越发顺畅起来。除此之外，相比较而言，在马尼拉比赛玛雅比我更难适应当地的环境、饮食以及漫长比赛带来的团队合作不愉快。在玛雅作为女子世界冠军的漫长13年期间，由于世界冠军的挑战者都是苏联人，因此前几届的冠军决赛都是在苏联本土举办的，无论是天气、饮食、语言，都像在自己家里一样，从来不存在重新适应比赛驻地的问题。而我们这次比赛是位于赤道的菲律宾，炎热的气候和亚洲人的饮食习惯对玛雅来说都是不小的挑战。因此，随着比赛的继续，在马尼拉生活的时间越长，玛雅越会感觉到自己在异地作战。困扰玛雅的不利因素对我方代表团根本不存在，首先，国内正逢国泰民安之际，没有后顾之忧。其次，整个中国代表团成员都是第一次参加世界冠军决赛，无论是主场作战还是在异国他乡，都是一样的新鲜，不存在与过去习惯进行比较一说；谈到饮食，虽说大家在宾馆里的饭菜吃多了也会腻，但毕竟亚洲餐饮结构与中餐的差异不大，另外当地华侨也时不时地送来一些可口食品，多少化解了我们的思乡之愁。

预见胜利

第九、第十局又是接连两盘和棋，5：5，比分继续持平，双方棋手都在承受着比赛临近尾声的压力。单纯从比赛规则上讲，因为卫冕冠军拥有最终比分相同自动卫冕成功的条款规定，因此即便十局过后我们比分相同，玛雅还是占有领先优势。不过，现在的比分形势与她赛前估计的乐观状况大不相同，一定让玛雅感到了不小的压力，因为坐在她对面的已经不是比赛开始时那个缺乏大赛经验的年轻对手，这个中国女孩正在比赛的过程中不断学习和进步。

第十局下完之后，我和两位教练一起对即将开始的第十一局棋进行开局技术准备。不知道为什么，我摆着摆着棋，突发奇想对两位教练说："这个比赛我赢了，我知道。"一闪念之间的想法，却深深钻进了我的心中，并且这种胜利的信心和预感越来越强。听到我嘴里突然冒出来的莫名其妙的言论，戚惊萱和叶江川两位教练只是把目光从棋盘上抬了起来，略为惊讶地看了看我，没说什么便又继续摆棋了。教练们同我一样承受着比赛的压力，不知道他们是不是觉得我渴望胜利有点过头了，还是随意的胡言乱语。

第十一局棋出乎意料的顺利，玛雅在开局中便过于寻求稳健，反而出现了严重的失误，被我一路穷追猛打获取了胜势局面。对局弈至 34 回合，玛雅投子认负。6∶5，我开始领跑，重新获得领先优势。失而复得的领先令人格外珍惜，无论是我本人还是中国代表团其他人，大家都没有了比赛刚开始第三局取胜获得领先时那种兴奋了。我们深深知道，这只是暂时的领先，而我们最终追求的是整个对抗赛的胜利。受到胜利的鼓舞，中国代表团上下士气高扬，按照平时的节拍进行下一轮棋的技术准备。

正如我们期待的那样，第十二局开始前，玛雅使用了暂停权利，比赛延期一天举行。看来，第十一局的失利给对手的打击很大，眼看着比赛即将进入尾声，现在比赛的主动权已经掌握在中国棋手这边。

第十二局，玛雅选择了相对稳健的下法，那局棋以和棋告终。

第十三局棋比赛正式开始前，玛雅和我都严阵以待坐在棋盘边，静候裁判长宣布比赛开始。不经意间，我看到坐在棋桌那一方的玛雅正一边用手摆弄着一串佛珠，一边用另一只手匆忙地在额头和胸的两侧比画了一番。这可是对手头一次在赛前做祈祷，显然，她在寻求内心的平静和神的保佑。

对手的举动给了我额外的力量，我知道她对自己取得比赛胜利的信心已经开始动摇了。因为，比赛以来这是她第一次有此举动。

第十三局棋，神没有保佑玛雅，或者更准确地说是玛雅没有找回自己的状态。当对局行至 51 回合时，玛雅见棋盘上子力落后很多回天乏术，只好再次伸出手按停了赛钟。7.5∶5.5，我方比分优势进一步扩大。距离十六局棋结束还有三局棋，我方只需要再取得 1 分，就可以达到 8.5 分，以胜利者的姿态结束比赛了。

第十四局，又是和棋，比分变成 8∶6，剩下两盘棋中我只要再和一局得半分就能摘取世界棋后桂冠，胜利就在眼前触手可及。对抗赛形势一片大好，代表团几位老师的房间电话越发忙了起来，国内媒体频频致电采访，随团的《中国体育报》和《新民晚报》两位记者也一头扎到稿纸上，大家都期待着我走出决胜的最后一步。这不是一个简单的比赛胜利啊，而是整个智力运动项目的突破。要知道，国际象棋素有"智慧的体操"之美誉，自从 100 多年前有了正式世界比赛，欧洲人就把桂冠牢牢垄断在他们的手中，这之前，中国人还从未问鼎过智力项目的世界冠军宝座。某种意义上讲，将女子世界冠军的桂冠收入囊中，更能证明中国人是世界上最聪明的民族。

十四局比赛结束后，我像往常一样，一边在任大夫的屋子里接受按摩，一边与任大夫天南海北地聊天。比赛期间，整个人心里装的都是棋盘内外的大事小情，只有每天在任大夫房间的这段时间是我精神上最放松的时候。这时，电话铃响起，我以为是代表团其他老师拨来的，顺手就拿起听筒。谁知，电话是中央人民广播电台记者打进来的，自己被逮个正着。平常，代表团的老师们想尽一切办法把我与外界的联系隔断，保证我能够全神贯注心态稳定地面对比赛，谁知百密一疏，这次还是被记者抓着了。听筒那边的问题是希望我预测比赛何时结束，我想也没想，就淡淡地说了一句"行百里者半九十"。是的，现在说什么都太早，只要比赛还没有最后结束，任何比分领先的形势都是暂时的。

登顶

1991 年 10 月 29 日，女子国际象棋世界冠军锦标赛决赛第十五局拉开战幕。不仅国内媒体密切关注这局棋，菲律宾新闻界也派出了众多的记者现场报道。像往常一样，我提早七八分钟抵达赛场，刚一坐下，就被蜂拥而至的记者包围了，闪光灯不断。坐在棋桌旁，我向记者们展示了一个充满自信的微笑，比赛打了一个多月，每天都有很多新闻媒体的朋友早早来到赛场录播，很多记者的面容已经变得像老朋友一样熟悉了。

这会是最后一局棋吗？我当然希望自己在这局棋中得分，这样就可以结束整个比赛，能够好好放松一下。要说这些念头肯定不可能一点没进入过自己的心里，但是现在人已经在赛场上了，就应该把心中的和眼前与棋局本身无关的东西都抛到脑后，把全部的注意力都集中在棋盘上，赛前静心最重要。

一定要努力打好这一仗！第二天（10 月 30 日）就是我 21 岁的生日，我多么希望将对抗赛最终的胜利果实作为给自己的生日礼物啊！

比赛开始了。这局棋执黑棋的玛雅没有选择常规开局，而是走出了一个怪开局，兵形龟缩在后方，目的在于延长战线，寻找机会背水一战。这注定是一场激战，从开局到中局再到残局，我们两人处处厮杀，谁也不肯退让。为了对抗赛的最后胜利，这局棋我不能下得太冒险，当然，我也明白，越是这样的关键战役，棋手越不能手软。如果认为执白棋先走便可以轻而易举取得和棋，关键时刻放松警惕才是傻瓜。

棋局过了 60 回合的时候，我知道大局已定，接下来和棋不可避免。仔细审视局面好几次，当确定棋局不会再有任何改变时，突然间，我的心绪开始乱了起来。比赛即将结束了吗？我的心情有点恍惚，暗自要求自己强作镇静，双眼紧盯棋盘，一定要以最镇定的表现结束比赛！对局弈至 62 回合的时候，眼见继续走下去棋盘上将只剩下双方的单王无法继续战斗的时候，玛雅才抬起眼睛，轻轻地说了句："Draw？"

对手真的提和了！看着眼前空旷的棋盘，我知道比赛结束了。定定神，长舒一口气，我带着淡淡笑容伸出手去，接受来自对手的祝贺。

"Congratulations！"玛雅轻声祝贺一句，在记录纸上签字，收拾自己的物品转身离开赛场，留下一个坚强的背影。

比赛终于结束了，我赢了！女子国际象棋世界冠军榜上从此有了中国人的名字！

场外拾零

这次比赛比了 15 局，整个赛程让我们在菲律宾马尼拉度过了 40 多天，到最后都产生了 Manila Hotel 就是自己家的错觉。除了比赛，40 多天里还发生了很多有趣的事情，赛场内外都是故事，都是比拼。

首先是我的身体。去菲律宾前我小毛病不断，为了保证让我以良好的体能状态参加比赛，任大夫特意从国内背了一大箱子药。因为我的嗓子炎症时好时坏，但凡我稍有个头疼脑热，可怜的屁股蛋上便得挨上一针，到最后，我已记不清比赛期间一共打了多少针。反正到后来大夫的药箱空了，我臀部两侧的肌肉也被打出了硬疙瘩。

为了观察我的身体变化，大夫没有少操心，每天一大早就打开房门把体温计塞到我的腋下，获取我每天的最初体温，再用个小卡片仔细记录下来。细心的大夫还根据我的体温变化规律总结出，当我体温在 36.1 度的时候竞技状态最好。后来，随团的记者也发现了这个秘密，写出了"谢军得胜体温"的花絮，还经常跑到大夫处套问这一天我的体温到底是多少。

比赛期间，每天我的生活日程中还有一个节目是散步。虽说我们下榻的马尼拉饭店（Manila Hotel）后院就有一个很大的露天花园，但每天在一个封闭的院子里散步，还是难免会产生被囚禁的感觉。因此，在早饭前和比赛之后，我喜欢挎着任大夫的胳膊，在王品璋和孙连治两位老师的陪同下一同到酒店外散步。我们最喜欢去街心公园，看公园门口树立着两米见方的大型国际象棋棋盘，那上面还留着玛雅和我在对局时的最终棋局的模样。国际象棋在菲律宾非常普及，据说这样的讲解大棋盘在马尼拉市区的其他位置还树立了好几块。棋盘前的宽阔空场可以容纳上百棋迷同时观战，可以想见对局解说现场的热闹。

不过，我们每次离开酒店大门的排场都很大，不仅有中国代表团的三位男士相伴，还得带上赛会组织者特别给我们两名棋手雇佣的保镖。因此，只要我们想走出饭店大门，代表团都要事先和这些保镖打声招呼。要说这些保镖的职业水准真是令人没的挑，好几次我琢磨着把他们甩掉偷偷溜走都不能得逞，人家总是不远不近地出现在视野当中。于是，每次出门散步都像是一支小分队在行动，三男一女四个中国人两前两后在前面走，十米之外总会跟着那么几个身材魁梧的大汉。

好笑的是，一开始我一直以为这几个人是组委会的工作人员，大家不过是散步时碰巧遇到，怎么也没想到这些人的任务是担任我的保镖！每次散步都能看到他们的身影，所以一见面我便客气地跟他们打招呼，有时彼此间还开个玩笑。有一次，我看到后面跟着的那个面熟的男人走路时总把手揣在上衣兜儿里，从口袋里鼓鼓囊囊展现出的形状来看，他的手里一定还藏着其他什么好东西。好奇心驱使我走过去，伸手想摸摸他的兜兜里都装了什么好东西，正行走着的那个男人一见我的手伸了过去，赶紧身手矫健地躲在了一边。一同散步的王品璋老师见状赶紧把我拉了回来，悄声说："姑娘，小心点，人家保镖手里拿的可是枪。"枪！保镖？我怎么也没有想到是这个答案，想想自己刚才的夺枪举动，一向胆大的我也不禁后悔起来。

在马尼拉生活期间，当地华侨成了中国代表团的强大后援，对我们生活起居更是特别关照。虽说 Manila Hotel 是五星级饭店，但酒店里的饭菜天天吃也腻味了。华侨朋友就会隔三岔五给我们代表团送来从当地中餐馆打包的食品。看到我平常穿着简朴，那些太太还特意量了我的身材尺寸定做服装，把我打扮得漂漂亮亮。比赛结束的当天晚上，兴奋异常的侨胞朋友燃放起了烟花，成百上千当地棋迷和华人朋友齐聚一起欢呼庆祝，我人生中第一次感受到了这项运动的魅力，它把那么多本来不曾相识的人的心紧紧聚在了一起。

绚丽人生从 21 岁开始

比赛结束后的第二天是我 21 岁的生日，当地的华文报纸被整版的祝福所覆盖。这些生日祝福有别于新闻消息，因为刊登者是要付大笔的版面费用的。在那几天的报纸当中，有些祝福词后面署上了企业和个人的名字，有些只有七个大字：祝谢军生日快乐！中国人获得世界冠军，令海外华侨们觉得自己脸上增添了光彩，当地华人社团还组织了很多庆典活动来表达他们的喜悦之情。

我是棋手，比赛中只是做了棋手应该做的事情——奋力拼搏去争取胜利，华侨们的热情令我感动，他们的深情厚谊更令我常常感叹不知该如何回报。

善款交给总统

临近离开菲律宾的时候，在菲律宾总统府，中国代表团受到总统阿基诺夫人的接见。仪式上，阿基诺夫人发表了热情洋溢的讲话，并亲自为我颁发了一枚菲律宾总统勋章。

轮到我致答谢词了，走到麦克风前，我没有看讲稿，直接用英语说了起来。其实，那时候我的英语说得还不利落，为了这次时间不长的演讲，我提前准备了讲稿，并将讲稿内容牢牢背了下来。

那是一篇很正规的答谢词，首先我代表中国代表团的所有成员对菲律宾政府表示感谢，然后回顾了比赛的经历，并表示获得世界冠军称号之后自己将更加努力，代表中国人更代表亚洲人在世界棋坛上争取更大的荣光。最后，我把菲律宾华侨社团为我举办生日宴会时送的红包 8000 美元现金当场转交给阿基诺总统，请她把这笔善款用于帮助菲律宾火山爆发灾区的难民。

20 世纪 90 年代初，中国人收入并不高，那时我的工资大概是 100 元人民币出头的样子，按照当时的外汇牌价也就是 20 美金上下。老实讲，需要 30 多年才能挣到的 8000 美元，这对于刚刚进入人生第 21 个年头的我来说是天文数字的一笔款项，但我想，我还是应该把这份礼物留在菲律宾，让这笔钱发挥更大的作用。华侨们的美好祝福我心领了，8000 美元现金的生日礼物对于初出茅庐的我来说太厚重，在这个特殊的场合送还这份礼物才能体现出它更大的价值吧。让华侨辛勤劳动创造出的财富去帮助菲律宾灾民重建家园，这善款表达了一名普通的中国人和她背后强大的祖国对菲律宾人民的一份心意。

我讲话结束时，会场上响起了热烈的掌声。捐款这一内容并不在原来答谢词的计划当中，难怪我讲话时阿基诺总统一脸的惊讶。打乱了事先安排好的接见程序，阿基诺夫人又上台发表了即兴讲话。看得出来她是发自内心的高兴，为了在她的国家成功举办了女子国际象棋世界锦标赛，更为了中菲两国人民间的浓浓深情。

　　21岁的前夜，我成了历史上第七位女子国际象棋世界冠军。来自北京一个普通家庭的灰姑娘一下子变成了漂亮公主，从此，这个女孩子的人生之旅因国际象棋而美丽异常。

1993：轻松卫冕

　　1993年在摩纳哥，我作为卫冕冠军接受挑战，对抗赛结果是以8.5∶2.5的比分提前四局取得胜利，成功捍卫了女子世界冠军的荣誉。悬殊比分大大缩短了世界冠军对抗赛决赛的悬念，一切看起来都是如此的轻松。不过，竞技场上从来没有谁会将胜利拱手相送。1993年世界冠军对抗赛的胜利，是所有参与到这个比赛当中的中国团队一起奋战的成果。我自己，不过是满载着大家的期望，作为棋手冲在赛场第一线；赢棋，是我能够给大家的最好回报。

　　1993年10月至11月，国际象棋女子世界冠军对抗赛在摩纳哥的蒙特卡罗举办，我的对手是格鲁吉亚棋手约谢里阿妮。在这一年的年初，她淘汰了赛前呼声甚高的匈牙利棋手苏珊·波尔加成为挑战者，获得了向国际象棋女子世界冠军宝座冲击的资格。

　　约谢里阿妮比我年长8岁，从18岁起，她已经是苏联国家队的绝对主力选手，身材高挑、面容姣好美艳的她在棋界更是素有"红颜杀手"的美誉。这是一场势均力敌的比赛，不仅因为参赛两位棋手的技术等级分都是一模一样的2470，就是双方棋手技术特点和教练班底方面，也是实力大致相等，各有所长。

　　两年间，我从一名没有任何大赛经验的年轻挑战者华丽变身，成为卫冕冠军。两年的时间里，无论从比赛经验还是技术实力方面，我都有了比较明显的提高。不过，即便如此，我在赛前一点也不敢放松，因为这次杀出重围的挑战者约谢里阿妮并非等闲之辈。看起来，约谢里阿妮的棋风和战绩并非咄咄逼人，但这已经是她第二次以世界冠军挑战者的身份参加世界冠军对抗赛了，因此无论在技术和比赛经验上，对手的实力都不容小觑。与她相比，我的优势是年龄和旺盛的斗志，当然还有作为卫冕冠军的半分优势。不过，16 局的对抗赛，最后真的以 8∶8 打平比分结束的可能性非常小，因此那半分的优势不过是起到一点心理威慑作用吧。从备战对抗赛开始的那一刻，教练组就要求我忘记卫冕冠军拥有的半分优势，要把自己当成是挑战者去冲击对手。针对约谢里阿妮稳健及善于残局作战的棋风，教练组为我制订的比赛策略是寻求对局的复杂化，力争棋局主动权，以攻势下法争夺心理上的优势，力争从一开始就把对手压制住。

比赛的大环境

摩纳哥，面积不到 2 平方公里的弹丸之地，与其说是一个国家，不如说更像一座城市，或者是依山傍海的一个美丽大花园。湛蓝的地中海敞开胸膛将整座城市拥在怀里，城中大部分的建筑都依山修建，远远望去，犹如山间的点缀。

与大多数中国人一样，我对摩纳哥这个国家，以及这个国家唯一的城市和首都蒙特卡罗的了解有限。如果没有同一年早些时候国际奥委会在那里举办会议，投票决定 2000 年夏季奥运会举办权，我从来没有注意过这个国家。对于我来讲，它不过是地图上一个小得不能再小的黑点。谁也没有预料到，同年 10 月，摩纳哥承办女子世界冠军个人对抗赛，我带着光荣的使命来到这个国家，更为凑巧的是，中国代表团入住的正是当初中国申奥代表团住过的宾馆。

自从 1991 年我获得世界冠军之后，亚洲人的新面孔令女子国际象棋比赛有了新闻卖点。在那次比赛之前，女子世界冠军的争夺一直在苏联人之间展开，因此外界对比赛的关注点无非是最终胜利者具体叫什么名字而已。很多年来，国际象棋女子世界冠军的荣誉就在"××娃"、"××娅"，或者是"××妮"这样的名字之间转换，反正与苏联女棋手之外的选手无缘。所以在那个年代，苏联之外的国家对争办女子世界冠军赛也鲜有兴趣，女子世界冠军赛所设的奖金也是国际市场上不能自由流通的苏联货币卢布。从某种意义上讲，很多年来女子国际象棋世界冠军赛已经变成了苏联超级国家冠军对抗赛。当比赛有了中国人的面孔，新的变化大大激发了赞助商的兴趣，市场化的规范运作促进了女子国际象棋运动的发展。不说别的，单是比赛奖金便由 1988 年未正式公开宣布数额的"××卢布"增加到 1991 年的 10 万美元，两年之后的蒙特卡罗，更是翻番到了 30 万瑞士法郎。

20 世纪 90 年代初期，我和其他中国运动员一样，对市场效应和奖金多少的意识非常淡泊，计划经济体制下形成的思想观念还发挥着主导作用。再加上自己年轻，对诸如知名度、奖金、棋手权利等根本没有什么概念。我们还烙上了那个年代中国运动员的典型烙印，将体育竞赛与捍卫国家荣誉紧密联系在一起。大赛在即，我心中的想法很简单：打好比赛下好棋，赢得卫冕战役，让所有关注国际象棋的人开心，让所有支持谢军的人高兴。

我的对手约谢里阿妮的情况则完全不同。自从 1991 年年底苏联解体、格鲁吉亚成为独立国家之后，整个国家经济体制从计划经济一下子走到了市场经济，人们的价值观念也随之发生了天翻地覆的改变。特别是对于生活水平相对落后的格鲁吉亚而言，我们这次比赛的奖金数额无疑是个天文数字，赢得这样级别的比赛成了一世生活无忧的代名词。为了赢得比赛，约谢里阿妮下了大功夫组建技术团队，高薪聘请助手，并加强了比赛和训练的频率。

在这样一种大环境下，比赛伊始阶段双方棋手的表现便显得越发重要。如果我能够借助年轻人的气势压住对方，那么对手很有可能会比较容易地被打倒，缓不过劲儿来；相反，如果约谢里阿妮开始阶段能够找准比赛的节拍，那么她的比赛经验和均衡的技术便会在比赛中发挥出强大的作用，占据主动权。

棋盘上的较量

对抗赛第一局我抽到了黑棋，看来从对抗赛的第一盘棋我就要承受对方的进攻了。

对抗赛中第一局棋走白棋还是黑棋非常有讲究，因为从棋手心理上讲，走白棋时意味着要主动争先，而黑棋则可以不用采取后发制人的策略而采取等待的下法。当然，下棋白先黑后，执白棋时开局总会或多或少容易下些，但是在对抗赛中，棋手往往会因为对白棋取胜寄予过大的期望值，反而背上心理包袱。

约谢里阿妮是一名全面的棋手，开局套路的选择面很广，因此难以预料她在这次对抗赛中将采用王兵为主的开局还是后兵的下法。棋手开局面广的好处，是可以根据对手的开局特点进行有针对性的选择。在1990年的候选人决赛最后一局，我对阵的正是约谢里阿妮。当时，她执白棋，选择的是王前兵开局，目的是打持久战。在那场关键的比赛中，从最后的结果看，约谢里阿妮只要取得和棋就能出线。但是在我俩下棋的时候，其他选手的对局也在进行中，因此也存在和棋之后约谢里阿妮要同其他棋手加赛的可能。因此，在那盘棋中她选择了持久战的下法。当然，想赢怕输又惦记和棋的心理并没有给约谢里阿妮带来好处，棋局最终结果以我的胜利告终，正是那一局棋的胜利打通了我通往世界冠军的道路。

谁知道，山不转水转，三年之后，约谢里阿尼过关斩将成为挑战者，我们俩又在女子世界冠军决赛赛场上狭路相逢了。即将开始的是16局的漫长对抗赛，不知道约谢里阿妮在赛前为我准备了什么样的开局"礼物"。

首局开战，约谢里阿妮第一步棋选择了后前兵的走法，看来这是专门针对我惯常采用的古印度防御招而来。看到对手慎重地走出了第一步棋，我很快以自己最擅长的后兵开局应战。我的目的是要在心理上抢得先手，不能让对手觉察出我方赛前的准备步骤。

很快，棋盘上出现了尖锐的开局变化，形成复杂的局面。到了中局阶段，双方棋子各攻一翼，棋局顿时"硝烟弥漫"。对局行至第25回合时，我过高地估计了黑棋的攻王机会，弃马强攻。不过，对手应对准确，几步棋之后眼看黑方的攻势将被对手化解。这时，我意识到自己前面判断过程中出现了失误，该怎么办？绝不能让白棋从容地把王走到安全的地方，那是黑棋唯一的战斗机会，一定要继续给对方制造压力。没错，我应该再次放出胜负手。如果对手应对准确，那么可能加快黑棋局面的崩溃；如果对手应对出现错误，那么就可能夺得进攻机会。想到这里，我并没有选择看似强劲的走法，而是暂时撤退，使用拖刀计把自己的子力重新部署。

显然，临场中经验老到的约谢里阿妮被我的战法迷惑了，黑棋怎么会在抢攻的过程中突然放慢行动步伐？现在白棋应该继续扩展自己的后翼优势还是赶紧把王走安全呢？选择面前，约谢里阿妮耗费了大量的时间。最终，她过高估计了自己的后翼行动机会，没有及时选择明智地将白王逃出黑方进攻包围圈的方案，继续强硬地在黑棋后翼上行动。欲擒故纵的计划奏效了！赢得时间重新部署子力的黑棋子力又重新集结，在王翼上开始了更加凶猛的攻势。

约谢里阿尼没有想到我会采取对白棋在棋盘中心和后翼的威胁置之不理的下法，这种你死我活的下法实在是太"野蛮"了。约谢里阿尼重新又陷入思考，直到她赛钟上所剩的时间不多，第一时限规定的着法还差了十来步呢。比赛时限的压力下，对手走出了恶手，把自己的王走到一个看似安全、实际上却令棋盘上自己的其他子力无法实施保护的位置上。这下子，黑棋的攻势更加有如神助，把白棋的阵营折腾了个底朝天。对局行至34回合，约谢里阿妮见回天乏术，只得投子认负。

按停赛钟，在记录纸上签字，匆匆与我握手之后，约谢里阿尼的身影像风一般从赛场消失了。对于经验丰富的棋手，被对手强攻击溃阵营的方式输棋是最为难受的一件事，特别是对局中还曾一度占据优势，约谢里阿尼当然心情好不了。

首局的胜利令中国代表团全体人员都很振奋，大家高兴地向我祝贺，只有教练叶江川一脸的严肃。一定是这盘棋自己下得太悬了，等着挨批吧，我离开赛场的时候不禁这样想。

回到房间解拆刚刚结束的对局，叶江川和梁金荣两位教练把他们观战时的想法一一指出。从激战的情绪中渐渐平静下来，我总算重新认识了刚刚完成棋局的"真相"。是呀，下棋过程中我还真没意识到弃马选择如此冒险，更没有想到自己的局面一度危机四伏，如此危难。大概这就叫旁观者清吧，比赛过程中我全部精力都放在如何继续组织攻势上，现在以第三者的眼光看，用这样的方式取胜实在太冒险了。难怪，叶江川教练要给我一张难看的长脸。

"以后思考时一定要客观，不能光想自己的棋。"教练千叮咛万嘱咐。如果别人不知道，还以为这局棋不是取得开门红，而是输棋了呢。

赛后的"批斗会"总算收场，大家开始进入下一局棋的准备工作。随着比赛经验不断丰富，我深知，在漫长的对抗赛中，开始阶段区区一盘棋的胜利说明不了什么，约谢里阿妮比赛经验丰富，可没有那么容易被打倒。在年初她与波尔加争夺世界冠军挑战者的 8 局棋较量中，她能够在连失两局的情况下顽强坚持住，最终奇迹般取得比赛的胜利就是最好的证明。我可要掌握好比赛的节拍，不能让她找到机会反扑。

再接再厉

可能受到前一局棋失利的影响，第二局棋约谢里阿妮选择了一个稳健的防守变化，意欲后手稳住阵脚。这局棋，我充分吸取了上一局的经验，采用稳扎稳打的战法，很有耐心地扩展自己的先手，步步为营地推进局面。对局行至第 46 回合，黑方残局失子已无法避免，无奈之中，约谢里阿妮又一次按停了赛钟。看到我在残局中以老练的手法完胜对手，叶大教头总算长舒了一口气。多年的合作，令他比任何人都要了解我的棋风特点和情绪规律，比赛中能做到动静相宜，说明我已经完全进入了状态。

接下来的比赛，我的表现出乎意料的神勇，几场对抗接连告捷。赛前谁也没想到比赛的开场阶段竟然如此顺利，比分领先之后，中国代表团制定的比赛策略也从攻击的下法转向"狡猾"方针：不冒风险，以逸待劳等待对手反扑，那样约谢里阿妮会更容易犯错误。我们料到比分落后的约谢里阿妮一定会全力寻求激烈对攻，因此很多棋自己就先摆上个均势局面，让对手费时间找"无理"下法自投罗网，然后再稳扎稳打推进局面。

到比赛的后半程，中国代表团更是把争取胜利的宝押在了后手黑棋上，针对约谢里阿尼执白的取胜愿望强的特点，等待对手自己走入激烈变化犯错误。这样的下法，我在对局中更加不需要采取冒险方案了，完全是守株待兔的"懒人策略"。将胜利的希望寄托在执黑棋上，这样的战法无疑有违常理。按照一般的思路，棋手都喜欢白棋占有先行之利，中国代表团偏偏反其道而行之，我们就是要利用约谢里阿妮的取胜愿望，这样就可以把局面走入她不擅长的对攻局面，取得绝佳的战斗机会。赛后统计，我在对抗赛 5 局执白棋的战绩为 2 胜 2 和 1 负，胜率为 60%；执黑的 6 盘棋中，居然创造了 5 胜 1 和的佳绩，取得超过 90% 的胜率，逆向思维的方式确实取得了令人难以置信的效果。

　　谁也不曾料到，世界冠军卫冕赛居然如此顺利，8.5∶2.5 的总比分令原计划 16 局的女子世界冠军对抗赛缩短为 11 盘。比分绝对不是两名棋手真实水平的体现，究其原因，主要是约谢里阿妮未能走出比赛前半程的沉闷状态，后半程又急于扳回比分，反而被打得溃不成军。

赌场花絮

　　蒙特卡罗城依山傍水，整座城市宛如世外桃源。别看摩纳哥的国土面积不大，这个国家却聚集了世界上最富有的人，首先，摩纳哥处于法国和意大利的交接处，交通方便，地理位置绝佳；其次，地中海四季如春的温暖气候适宜居住，迷人的自然风光令人流连忘返；最后，对于那些生活在高收入高税收政策国家的富人来说，实施免税政策的摩纳哥无疑是避税的天堂。

　　因为国土面积还不到两平方公里，支撑摩纳哥的经济产业主要是旅游和博彩业。白天，摩纳哥以明媚的阳光热情地接待来自世界各地的观光客；夜幕降临，灯火通明的大小赌场内人头如织，热闹非凡。

　　早在比赛还未结束的时候，由于双方棋手过早出现了悬殊的比分，因此比赛的最终结果早早失去了悬念，大家关注的不过是比赛结束时间早或者晚的事情。赛场上的不如意令约谢里阿妮很是扫兴，不过，天性潇洒的她很快就在摩纳哥找到了另一片乐土去解脱郁闷，同时还能展示她的才华。不知道从哪一天开始，赌场内频频出现她的身影，嘴里叼着香烟，用娴熟的手法摆弄着纸牌，把棋盘上的怨气都释放在赌场牌桌的较量上。

随团报道的中国记者正发愁比赛呈一边倒文章难写，因为中国棋手的生活日程只是赛场、训练、吃饭、散步几点一线，往往让记者们感叹巧妇难为无米之炊，缺少制造新闻和想象发挥的余地，约谢里阿妮去赌场散心正好成了大赛后半程的新闻亮点。可怜这些老记，比赛结束后便蹲守在约谢里阿妮经常出没的几家赌场，然后再抓紧时间描绘这位美丽的格鲁吉亚人在赌桌上的具体表现。据说，约谢里阿妮还真是赌技高超，看来赌场成了她弥补比赛奖金损失的地方了。

1993 年世锦赛结束后，我有机会与约谢里阿妮接触过很多次，好几回我都想问问她在摩纳哥赌场较量的战绩如何，但每次都是话到嘴边又吞了回来。自己也是棋手，深知让棋手去回忆在重要比赛发挥失常的经历是多么痛苦的感受。令人颇感啼笑皆非的是，听说后来约谢里阿妮与人合资，在莫斯科开设了一家赌场。1993 年的这场对抗赛也许是她作为棋手的伤心之旅，但同时也让她发现了自己在另一个领域所具备的才华吧。

赛场外的乐事

比赛期间，我生活在代表团全体成员的呵护之中，每天的生活都很有规律，除了比赛，就是在房间里与教练们一起准备棋。外出散步的时候，我总会像个受宠的小姑娘一样，牵着队医任玉衡大夫的胳膊，蹦蹦跳跳边走边聊。任大夫已经是第二次为我参加世锦赛护航，1991 年的比赛经历令我们之间情同父女，我有个大事小情的总要和他唠叨唠叨。

每天早饭前和比赛后，与任大夫外出散步时，我们都会经过路边装饰华丽的热闹赌场，有时我也忍不住想走进去看看热闹，可老爷子就是不同意，连比赛组委会安排去赌场的正常参观他也不许我去。照他的说法：赌场是个害人的地方，陷进去怎么办？再说中国来的记者这么多，到时候给你在报纸上瞎写又怎么办？影响特别不好！闻言，我也只能克制住好奇心，直到离开蒙特卡罗，也没有踏进赌场大门一步。

在一个月的比赛过程中，我的棋下得顺风顺水，中国代表团所有成员的心情也比较轻松，于是我们就在比赛之外的日常生活里创造并发现了很多乐趣，为紧张的比赛增添了些许轻松气氛。

例如，我们双方代表团下榻在同一宾馆，约谢里阿妮住的房间正好在我的楼上。一个月的时间住下来，我逐渐掌握了她的生活规律。其实我采取的办法很简单，就是自己一个人在房间的时候保持绝对的安静，竖起耳朵听楼上的动静，这样就能从楼上的动静中了解对手的起居规律。要不，就是晚上睡觉前到屋外的阳台上做深呼吸的时候往楼上瞧瞧，虽然不一定能看到楼上的人影，但时明时灭的灯光却透过窗帘告诉我主人是否在房间里。结果，比赛前半程我还能多少掌握一点约谢里阿尼的起居时间规律；到了比赛后半程的时候，楼上的房间除了中午的时候偶尔传来刺刺啦啦不止一个人的脚步声之外，大部分时候已经少有动静。组委会安排棋手住的是套间，临时的训练室都安排在客厅里，楼上已经少有人去，可想而知约谢里阿妮已经没有太多心思去准备棋了。

对手的生活规律已乱，我方整个比赛过程中的生活节奏却一切如常。如此一来，凭着简单而又乐观的推理，我的信心又增添了几分。

每天吃饭的过程也有很多趣事。考虑到漫长的赛程和中国人不同的饮食习惯，组委会没有安排中国代表团在下榻的饭店用餐，而是按照一定的餐费标准给予补贴，双方代表团均可以自由选择餐馆就餐。摩纳哥有三家越南人开的中餐馆，这几家餐馆变成了我们中国代表团比赛期间的食堂。

一天的鏖战之后，晚餐时光是我们最放松的时候。通常，我们会步行 20 分钟左右走到离饭店最远的那家中餐馆。饭店的老板娘是一名 40 岁左右的越南女人，越南人的长相特点与中国人很接近，用我们的眼光来看，老板娘是标准的中年美妇形象，热情的笑脸下透着麻利劲儿。饭店有我们这样天天来就餐的回头客，老板娘接待起来当然热情得不得了，偶尔给我这个代表团中唯一的女性赠送一碗酸辣汤什么的。然后，老板娘再用英语、法语混合着询问比赛成绩，高声称赞一番。不过，老板娘招待我们热情归热情，算账的时候可是心明眼亮一点不含糊。刚开始的时候，我们几个人习惯在饭前要壶热茶，一边喝茶聊天一边等饭菜端上桌。可每次结账的时候，我们都会觉得价钱比我们点的菜贵，翻出账单一看，原来老板娘给我们供应的茶水不是像国内那样按照每壶多少钱来计算，而是算人头费，多加一个杯子便是 12 法郎。简直太贵了！那几片茶叶真不值那么多钱，节约起见，后来我们便取消了饭前点茶水的习惯。

晚餐是每天最放松的时候，一群人光吃饭不找点事情逗闷子怎么行？于是，在翻译胡海波老师的带领下，我们开始乱点鸳鸯谱。

50 多岁的领队孙连治老师是一个脾气特别好的人，吃饭的时候爱喝口老酒。吃了几次饭之后，善于察言观色的老板娘感觉到孙老师是我们这几个人当中的小头目，于是孙老师喝酒的时候，她总会很神秘地从柜台里找出一个与众不同的小酒杯递过来。那个酒杯除了个头比我们的杯子小一号之外，外表看没有什么特点，老板娘干吗每次都弄得神秘兮兮的？孙老师也搞不清这里面的奥秘，每次饭前依旧戴着他的老花镜一边向教练询问当天的比赛情况，一边认真地给新华社写消息。后来，还是胡老师发现了酒杯的秘密，原来老板娘为孙老师特供的酒杯里倒上酒之后，杯底就会出现一名美女，酒喝没了，女人的形象也随即消失。

"看看，看看，老板娘看上老孙了。"胡老师带头起哄，另外几个人也一起跟着帮腔。被大家这么一闹之后，孙老师也不知该怎样回答，只是好脾气地笑，一杯接一杯地继续喝他的老酒。

这下子我们几个人更是闹得起劲，干脆把越南老板娘封成孙老师的临时女朋友，每次一踏进餐馆便会拿他们开心。虽然老板娘听不懂中国话，但聪明的她很快就感觉到大家在拿她和孙老师开玩笑，有时候被我们一伙人闹得脸红红的，人家还真不好意思了。

另外一家中餐馆规模大一点，里面的女招待也是不懂中国话的越南人。看二十七八岁的她黑黑瘦瘦高高的，样子与叶大教头有点"般配"，于是每次到这家餐馆用餐点菜的任务就交给江川了。

"江川，快叫你女朋友来给我们上菜。"胡老师搞笑最是一把高手。

"什么眼光，她哪里配得上我呀，给我分一个孙老师那样的做女朋友还差不多。"别看叶大教头平时话不多，抗议起来一点不含糊。得，男方不愿意，我们也热闹不起来了。

后来我们的晚餐就定点在孙老师"女朋友"的饭店了。

最逗的人要数教练组的另一位成员、来自广东的国际特级大师梁金荣，无论年龄大小，人人都把长着一张娃娃脸的梁金荣称为梁兄。每次晚餐，众人要贫嘴热闹的时候梁兄总是在一旁不语，忙于闷头吃菜。眼看着没了话茬快要冷场的时候，梁兄的嘴里便会突然冒出几句名言来，诙谐的话语用他不标准的普通话讲出来，每每令大家笑得透不过气来。

相比赛后晚餐的热闹，赛前的午餐就要安静得多。为了让我保存体力集中精力比赛，我的午餐要不然是几位老师给我从餐厅打包带回宾馆，要不然就是代表团领队孙老师亲自下厨，用自带的电锅做他最拿手的美味菜肴。特别是孙老师做的油焖大虾，味道绝对赛过那些越式中餐馆。我最喜欢吃他做的煮粉条，一边用腐乳、醋、酱油、麻油、辣椒酱等好多样调味品拌出香喷喷的小料，一边听任大夫在一旁念叨煮粉条没什么营养，最好少吃。然后，带着胜利者的笑容把一大碗粉条心满意足地吃下肚。

要说与吃喝有关的事情，最难忘的是闭幕酒会上发生的一幕。比赛结束了，所有人都如释重负。不知怎么弄的，中方的主教练叶江川先生与约谢里阿妮的助手萨卡耶夫凑到了一起。两个人的英语都不敢恭维，但他们哥俩你一言我一语的聊得可热乎了，一人手里拿着一整瓶葡萄酒，频繁地碰杯之后，不用谁劝，自斟自饮。俩人越聊越起劲，后来变成了勾肩搭背一副哥俩好的模样，直到众人都离开了，他们还聊呢。后来，叶大教头说他也不知道那晚聊到几点，喝了多少酒也记不清了，聊了这么久都说了什么更是想不明白。最逗的是，他根本不敢相信自己一直在说英语！彼此间还居然都听懂了！！那一晚，他俩都喝醉了。一个是发自内心的高兴，一个也许是要发泄心中的苦闷吧。

卫冕成功了，我也发自内心的高兴。第一次以卫冕世界棋后的身份参赛的表现称得上精彩，总算没有辜负众人的期望，没有白费全团上下日夜备战的心血。

1996：遭遇滑铁卢

1996 年 2 月，西班牙南部小城哈恩（Jean）承办了女子世界个人冠军赛决赛。这是我第三次参加世界冠军赛，谁知这次卫冕战打得磕磕巴巴，如此重要的比赛，我的水平发挥却大失水准，西班牙之行成了我棋手生涯中永久的痛。

棋手生涯中我一共参加过 5 次世界冠军对抗赛决赛，其中赢了 4 次，输了 1 次。偏偏，留在记忆里印象最深的不是那些胜利后的喜悦，而是 1996 年那次输给匈牙利棋手苏珊·波尔加的苦涩。直至今日，当我翻看那次比赛中的对局记录时，还会为自己当年弈出的一些着法感到匪夷所思，对局质量根本不像 26 岁的自己下出来的，更不像一名棋手处于技术最为娴熟年龄阶段该有的表现。

作为棋手，把棋下好是职业的本分，更是卫冕世界冠军的责任。一直以来，保持身心快乐，下出自己能力范围内高质量的对局就是我不断追求的目标。当然，即便是世界级水准的棋手也是凡夫俗子，在棋局过程中犯错本也平常。可那次比赛结束之后，我却在很长一段时间内都不能从低落的情绪中走出来。不仅仅是因为世界棋后的桂冠旁落，更多的是自责。

每每回首那次比赛的经历时，我都像在品尝曾经种下的一颗颗苦果，多少年后还会心痛。竞技体育领域，运动员时刻都要有承受失败的心理准备，关键是遇到挫折之后应该怎么办。比赛过去半年之后，我才渐渐能够从内心深处接受对抗赛已经失利的现实。不服输的我很快振作起来，开始备战冲击下一次的冠军赛挑战者资格。在我的内心深处，我最期待的是与波尔加再度交手，从哪里跌倒就从哪里爬起来，这样自己的棋艺生涯才能够没有遗憾。可惜的是，1996 年对抗赛后波尔加便淡出了棋坛，我再没有了复仇的机会。

神奇的波尔加家族

自从 1988 年由波尔加三姐妹组成的匈牙利国家队问鼎女子国际象棋奥林匹克团体赛

世界冠军后，波尔加姐妹便成为天才棋手的代名词。这个家族的所有成员都是奇迹的创造者，无论是三姐妹还是波尔加爸爸、妈妈，都成为整个国际象棋界的传奇人物。

　　波尔加姐妹的父母都是搞教育出身，父亲是心理学家，母亲是匈牙利一所中学的世界语老师。对于子女的教育，他们认为常规的学校教育忽视了孩子自身的特点，存在无法提供个性化教学的弊病。作为教师，他们相信只要家长重视并坚持正确的家庭早期教育，完全可以为孩子提供胜于常规学校的教学环境，孩子的自身潜力也能够得到充分挖掘。

　　早在几个女儿出生之前，家里的男主人公老波尔加便幻想着在自己的孩子身上实现儿童智力早期开发的教学理论，可惜他的一套人人可以成为天才的教育理论并不被人看好，大家都认为老波尔加不过是痴人说梦，他的那些培育孩子的观点属于不符合实际的理想化目标。三个女儿接连出生之后，老波尔加根据三个孩子的不同特点为她们制订了独特的教学计划，从孩子年龄很小的时候就开始了智力开发工程。具体地讲，从每个女孩子4岁开始，就开始教她们学下国际象棋，同时在家学习常规的文化课程。事实胜于雄辩，在波尔加夫妇的倾心培养下，三姐妹在小小年纪便成为世界级的国际象棋女子高手，几个女孩子从来没有踏入过正式学校的大门，却都以合格的成绩通过了国家相关级别的文化考试。

　　波尔加姐妹的成长模式当然违背常规，某种程度上讲，违背了匈牙利的国家义务教育法，属于违法的行为。在这种有违常规的教育方法尚未收到实际效果的时候，波尔加夫妇不得不面临来自社会各方的压力和指责。因为没有送孩子上学，三姐妹的父母被传唤到警察局；由于经常陪伴女儿到各地参赛，波尔加夫妇双双失去了固定的工作，家庭财务状况一度吃紧。困境面前，这对夫妻表现出了超人的自信和坚韧，他们把全部精力都投入到孩子的棋艺训练和教育上，坚信这是一条培养孩子的正确道路。

　　从20世纪80年代中期开始，波尔加姐妹在棋艺上的才华逐渐被世人所接受，她们的出现打破了苏联女棋手统霸女子国际象棋世界的格局。在三个姐妹中，大姐苏珊从小吃的苦头最多，因为她是父母双亲教学实践的第一个"实验品"，所以她的成长过程伴随着世人对这种家庭教学模式的质疑。无形中，苏珊扮演的是开拓者的角色，作为大姐，她必须带个好头才能让外人的怀疑态度彻底改变。

　　更令人不得不佩服的是，波尔加爸爸将心理学的理论应用在养育孩子的过程中，他坚信每个人做事付出的努力与其实现制定的目标高低成正比，因此从三个女孩子一开始学棋，他就给孩子制定了冲击男子世界冠军的宏大目标。参加了 1988 年、1990 年两届世界团体奥赛并顺利实现登顶之后，在国际象棋赛场的女子领域收获果实已经不能满足老波尔加的野心，此后三姐妹的身影绝少出现在女子赛场，对于女子世界冠军个人锦标赛更是高挂免战牌。

　　旁人分析，三姐妹角逐男子赛场正是老波尔加下出的一步妙棋。一方面可以让三个女孩子通过和男子高手频繁过招迅速提高棋艺，另一方面，三姐妹都有着天才棋手的美誉，只有与男子棋手对抗才没有胜负的压力，同时也更具市场轰动效应。这样一来，不管三个女孩子的成绩好坏将来都能自圆其说，进退自如。在这样的环境下，三姐妹渐渐长大有了自己的人生选择。

　　功夫不负苦心人，三姐妹顺利通过匈牙利的国家常规考试，同时用国际象棋赛场上的骄人战绩向世人展示了她们非凡的才华，用实际成绩验证了波尔加家庭教学模式的独特之处。如何教育孩子是一门深奥的学问，波尔加父母正是遵循教育学理论并根据自己孩子的特点加以施教，事实证明，他们的家庭教学实验成功了。

　　三个女孩子中，只有小妹朱迪特杀进了世界男子一流高手行列，保持着那股冲劲，继续着她成为男子世界冠军的梦想。二姐索菲娅性格温和、情感丰富，早早嫁为人妇，慢慢远离了体育竞技场。唯有大姐苏珊处于模棱两可状态，虽说挑战男子顶尖水平已经潜力不足，可苏珊具备的强劲棋力足可以令她成为女子世界冠军的有力争夺者。随着年龄的增长，苏珊的市场吸引力已经逐渐减弱，她在棋界的处境正可谓是悬在半空中，不高不低取舍都不易。何去何从？在这种情况下，苏珊于 1992 年决定杀回女子赛场，欲以女子个人世界冠军的头衔证明自己的实力，找回属于自己的市场。

　　1992 年秋天，苏珊凭借棋手技术等级分的排名优势，直接获得参加女子个人世界锦标赛候选人赛的外卡。那一年的比赛在上海的西郊宾馆举行，苏珊以风卷残云之势轻而易举地占据了两名出线者中的一席。1993 年 2 月，苏珊在与约谢里阿妮争夺世界冠军挑战者的对抗赛中失利，波尔加家族向国际象棋女子个人世界冠军的第一轮冲击以失利告终。

1994 年，苏珊卷土重来，在荷兰举办的候选人赛中再次获得出线资格，次年她战胜了玛雅·奇布尔丹尼泽成为挑战者，向女子世界冠军的宝座又靠近了一步。

流年不利

1995 年年底，国际棋联传来消息，我将以卫冕冠军的身份接受苏珊·波尔加的挑战，决战赛场定在了西班牙的南部小城哈恩（Jean），比赛的日期是 1996 年年初。

闻讯之后，我的第一个反应是不如人意，因为 2 月份正值中国人最重视的传统节日春节，举家团圆的时候难免思乡情重，不利于自己比赛中的发挥，所以我很希望这次世界冠军锦标赛决赛的开战时间能再往后拖上一两个月。当然，另一个重要原因我不方便对国际棋联的官员明说，那就是我还需要充分的时间进行备战。

都说祸不单行，从 1994 年开始，我身边的人便开始频频生病。先是那一年年底，母亲动了一个大手术，让我担心不已，第一次体会到生命的脆弱；1995 年年初，教练班底中的主要成员、男子国际特级大师彭小民又发现肝部动脉部位长了一个血管瘤，为了确诊这个瘤子是恶性还是良性的，频频去医院接受各种检查诊断，大家又心神不安地度过了很长时间；年底，主教练叶江川又感觉身体严重不适，住院两个月进行彻底体检。这一年，我没少跟医院打交道，训练当然谈不上系统。在对抗赛的日期没最终确定下来的时候，这些困扰还都潜伏着。一下子听说比赛迫在眉睫，我的第一个反应确实是心中有点没底。潜意识中，我总是盼着新的一年快点到来，好像只有过完农历年之后，过去一年里的不顺心才会成为历史。

交涉无果

根据棋联相应规则，世界冠军对抗赛决赛至少应该在三个月之前通知参赛棋手，并且规则中也明确说明棋手有权因宗教习惯、传统节日等理由要求更改比赛的具体举办时间。于是，我通过中国国际象棋协会向国际棋联提出申请，希望比赛能够延期举办。

对于中方比赛延期的请求，国际棋联没有接受，理由是举办地的准备工作已经就绪，宾馆也已经预订好，如改期将要承担很大的经济损失，比赛组织者不愿意为此承担额外的支出。合约还没签署，西班牙方面凭什么一切工作准备就绪？对于这样的解释，中方当然不能接受。最终，国际棋联主席亲自打来电话，对中方延期的建议表示理解的同时希望我们能以大局为重，电话中，他说得最多的一个词就是：Sorry。

国际棋联的态度令中国国际象棋协会放弃了坚持延期的请求，比赛按照原计划日程进行。对此决定，当时我也没觉得有多么意外，中国人的处世哲学从来都是宽宏大度，为他人着想。教练叶江川匆忙办好医院的出院手续，备战工作紧锣密鼓进行起来。

现在想来，没有据理力争是自己在 1996 年对抗赛中犯下的第一个错误，充分的赛前备战是棋手上场作战的前提条件，排除一切可能造成情绪干扰的不利因素也是棋手比赛中正常发挥水平的先决保障。而这最基本的两条，我们在备战世界冠军赛时都没能达标。也许是中国队整体的大赛经验还不够，或者是中国人天性太单纯善良，1991 年、1993 年前面两次对抗赛都很顺利，这次也没有谁把比赛的事情想得过于复杂。

比赛安排在山上

1996 年 1 月下旬，中国代表团一行六人抵达西班牙南部城市哈恩。以前我从来没有去过西班牙，从飞机上下来之后，我的最大发现是，我们根本无法与当地人交流，大家伙儿变成了聋子哑巴！

自从第一次世界冠军赛意识到了外语的重要性之后，经过几年的努力学习，我总算可以用比较流利的英语进行日常交流了，出国比赛不再有语言障碍。为啥到了西班牙，突然间又变得寸步难行了呢？后来我才知道，在以西班牙语为母语的国家居民中，只有很少一部分人会说英语。

下了飞机上汽车，路上行驶了很久，经过了好长一段盘山路之后，我们总算抵达了比赛驻地——城市宾馆。说这座白色的建筑是宾馆，不如说更像一座城堡或教堂，整个建筑静悄悄坐落在城郊的一座大山的顶上，远远就能看到楼顶的巨型白色十字架。因为宾馆坐落在山顶，因此鲜有客人吃饭住宿，整个建筑物显得空空荡荡，有一种说不出的冷清。

宾馆的住宿条件与前两次的世界冠军对抗赛不可同日而语，舒适的豪华套房不见了，取而代之的是一个标准间。这样一来，我们就只好把起居房间当成训练室了，将就着用低矮茶几当成棋桌摆棋吧。安全起见，代表团把楼道最靠内的一间房子让我住。住的问题解决了，代表团的翻译胡海波老师（胡老师说法语）在陪同前来的使馆同志协助下，赶紧和组织者协商吃饭的事情。住在山上是谁也没有事先料到的，中国人的胃天天吃西餐恐怕不习惯，离城里的餐馆距离又这么远，到超市买点吃的东西恐怕都困难。协商的结果还算满意，早餐在宾馆解决，中餐、晚餐到山下的中餐馆就餐。

吃、住的问题都解决了，接下来的该是交通问题了。如何能保证每日上山下山呢？如果步行下山，恐怕怎么也要个把小时才能摸到城边上。后来，多亏中餐馆的叶老板把他自己的车借给我们，幸好胡老师和任大夫都有驾照，才总算把代表团出行的问题解决了。中国代表团一行人自此每天都在上山、下山中忙碌着，每天在那遍布山坡四周的橄榄树中穿梭，个头儿不高的橄榄树一棵连着一棵，密密麻麻环抱了整座山，风景倒也秀美。

生平头一次乘坐货车

说到坐车上山下山，我怎么也忘不了赛前的那段乘坐闷罐货车的经历，这种境遇是我生平第一次遇到，真可称得上是空前绝后啊。

一天，叶老板要出门办事会朋友，所以他要把借给我们的汽车开走。那天我们吃完饭即将返回宾馆的时候，叶老板将另一把车钥匙交给了胡老师，嘴里连称不好意思。送走了叶老板，大家走到车前都忍不住笑了起来，原来这是一辆厢式小货车，是餐馆专门用来运货用的，难怪叶老板把车白白借给我们还有些难为情。货车也是车，上吧。打开后厢门，几个人鱼贯而入，前面驾驶室的位置留给了司机胡老师和代表团年龄最长的任大夫。

车开动了，车厢内空空荡荡没有座位，到处弥漫着一股子菜市场特有的味道。低矮的车棚顶让站着的乘车人只能勉强半哈着腰，还要伸出手拽住仅有的一根铁栏杆才能保持身体平衡。车厢里漆黑一片，看不见外面一点光亮。孙老师、叶江川、彭小民和我谁也看不到彼此的表情，为了解闷，四个人一进入车厢就开始唱起歌来。

当车行驶在平稳的路上时，我们并没有什么特别不舒服的感觉。一会儿，我们感觉到车子在频繁转弯，看来是行驶到盘山公路上离宾馆不远了。因为车子拐弯的惯性使得车厢来回大频率摆动，我们几个人连身体掌握平衡都来不及，谁也没有心思唱歌了。车子又拐来拐去行驶了很久，大家都开始产生晕车的感觉，怎么城市宾馆还没到呀？身体的严重不适让我们实在坚持不住了，可是，任凭我们车厢里的几个人怎么喊，前面驾驶室里的人丝毫没有反应，车继续七扭八歪地向前行驶，没有一点停下来的意思。

感觉又过了好大一会儿，车子总算停了下来。我们四个人连滚带爬钻出车厢，才发现我们身处半山腰的一片平地上，前面驾驶室里传来胡老师和任大夫的争辩声。

"我说这条路不对，你非说是近道，不对了吧？"任大夫的声音。

"都是你在一旁乱指挥，这辆车开起来费劲透了，看我不行，你来呀！"胡老师也不退让，俩人边唠叨边从驾驶室里走了出来。

我们先下车的四个人因为车子一路摇摆无精打采耷拉个头，前面驾驶室里的两个人谁也不服谁忙着斗嘴，六个人聚在一起，大家你看着我，我看着你，终于忍不住大笑起来。爽朗的笑声在空旷的山间传得格外远，就连天上的星星似乎也在冲我们眨眼睛。我已记不得后来是怎样上车继续行驶的，最后我们找到了回宾馆的路，货车却再也不敢乘坐了。

比赛开局不错

赛前的技术会议上，我终于见到了对手苏珊·波尔加，随行的教练是她的小妹、女子棋手世界排名第一的朱迪特和以色列国际特级大师普萨西斯。波尔加一家都是犹太血统，除了匈牙利国籍之外，三姐妹还都拿了以色列护照。

第一局我抽到了黑棋。棋局开始双方落座在棋盘边时，我能感觉到对面的苏珊有些紧张，不停地抬眼看我。开局苏珊没有选择常规变化，行至中局的时候，苏珊向我示意提和。想起她赛前的不自信举动，我决定跟她继续战斗下去，把战线拉长。被我拒绝了和棋建议之后，苏珊显然想表明她并不惧怕战斗，走棋方式变得强硬起来，这正中了我设下的圈套。很快，黑棋建立了优势。残棋阶段，苏珊走得越发失常，缓手频出。对局弈至60回合的时候，看到自己少子无法继续抵抗，苏珊投子认负。第一局执黑后手便拔头筹，胜利令中国代表团全体成员心情很爽。

第二局、第三局我们俩走得都很谨慎，对抗赛开始阶段，大家都在试探对方的虚实，谁也不愿轻易冒险，因此这两局棋都在30回合以内就鸣金收兵了。三局棋过后，比分2∶1，我方暂时领先。

罚款事件始末

谁也没有想到，比赛进行了三轮之后出现了个奇怪的事情。那天晚上，我和波尔加收到赞助商伦德罗先生写的一封信，信的意思是他不喜欢看我们稳健和棋的胆小鬼战法，并声称接下来的比赛中如果和棋再次出现的话，他将以比赛奖金总数25%的金额作为罚款，若干次之后将驱逐两名参赛棋手，因为这样的棋手他们主办方不欢迎等等。当使馆的秘书把信的内容大体翻译出来之后，我的第一个反应就是莫名其妙，继而转为愤怒，感觉到人格受到侮辱。赞助商如此无礼对待参加世界冠军赛决赛参赛选手的事情从来没有发生过，我和波尔加是按照国际棋联规则进行比赛，没有任何违规的行为。即使伦德罗先生是比赛的赞助商，是核心人物，他也不能为所欲为呀。再者，我们是受到国际棋联和当地比赛组委会邀请来西班牙参赛的，是世界上最顶尖的女子棋手，根本不需要什么人指手画脚告诉我们比赛应该怎样下。

对于这封信当中的无礼言辞，我的第一个反应是一定要据理力争！就算中国人崇尚谦恭礼让，但别人无缘无故欺负你的时候，凭什么要像个委屈的小丫鬟似的大气都不敢出一声。当我把心中的想法说出来之后，中国代表团的态度非常慎重，在与驻西班牙大使馆联系之后的决定是做我的思想工作，唯恐公开表态可能会影响到两国人民之间的友谊。话说到这个份上，我也只能把这口气憋回肚子里，外交无小事，一不小心就上升到两国人民之间的友谊的高度，我还能说什么呢？

第二天我们才知道，事态的发展远比我们想象的要复杂得多。不知是为了哗众取宠还是伦德罗先生真的想要进一步刺激棋手，他把信交给棋手本人不说，还把信的内容公布在媒体上。对于伦德罗先生的言行，苏珊的反应跟我一样强烈，同是棋手，我们不允许旁人来玷污高贵的棋盘和神圣的体育比赛规则。唯一不同的是，苏珊把心中想的话在第一时间以公开信的形式发表了出来，吐出了胸中的那口闷气。

第四局棋在这样的情形下开始了。也怪那时自己不老练，抗干扰能力太差，下棋的时候脑子里还止不住分神想到那封信，心里装着怨气，看着眼前的棋盘便怎样也兴奋不起来。那是一盘激烈对攻的棋，执白棋的我在中局时错过了扩大优势的机会，被对手从后翼上突破。行至 33 回合已是回天乏术，最后棋盘上的形势，白方输得很惨。

执白棋先手还输了，我的心里非常不舒服。谁知当天晚上，代表团的一位老师又拿了张写满西班牙文的纸让我签字。细问之下，原来是看到苏珊发表了公开信，大使馆方面的意见是我方也应对赞助商伦德罗的不恰当言行表示抗议。那位老师很善良，他明白前一天晚上我对于不公开表态的决定一定心存异议，以为现在能够公开抗议了，一定会令我吐出这口怨气。

可是，事实并不是这样。这件令人作呕的事情刚发生时，表明自己的态度是作为活生生的人正常的情感反应，但既然团部决定不发表意见，这些都成为不顺心的历史了。比赛进行期间，我希望自己尽早忘掉不愉快的事情，把不良记忆埋葬。而现在，当看到我的对手苏珊发表了公开信之后，自己必须要跟着写什么公开信，这不是被表态吗？此时再来抗议已经完全变了味道，一而再再而三的顺从，中国棋手自己的权利何在？

尽管心中抱怨连连，我并没有说什么，只是淡淡地笑笑，然后拿起笔在那张纸上写下了自己的名字。突然之间，我觉得周边的一切都变得陌生起来。年轻的我太幼稚了，根本不知道如何妥协，如何在突如其来的事件发生时控制情绪。我只是外表看似平和地在抗议书上签了字，但整个人的心已经散了。那一刻，我唯一的想法是希望比赛马上结束，已经不想在这个冷冰冰的地方再多停留一秒。

兵败如山倒

对抗赛中，双方棋手棋力相当，很大程度上棋手的心态决定了谁将成为比赛的最终胜利者。虽然明白这个道理，但是，我已经很难再控制住对周围环境的厌倦感，后面的棋也下得变了一个人似的。

第五局棋，我的表现像个初学者，仅仅25回合之后，局面便惨不忍睹，无法继续作战。2∶3，波尔加开始在对抗赛中领先。第六局，双方走得很平稳，早早进入了均势残棋，最后以和棋鸣金收兵。

罚款事件告一段落，看到波尔加和我的抗议信，伦德罗再也没有做出新的反应。第六局棋双方签订和棋协议时，对局也仅仅弈至28回合，这次伦德罗不再提罚款和棋手不受欢迎的事情了。

比赛继续进行，一切回归到刚开始阶段的风平浪静。整个事件风波前前后后不过几天的时间，但我的心情已经被这件事情搅得纷乱烦躁，心中像压了一块石头似的沉甸甸，周围的一切似乎都变得昏暗起来。接连的失利令我苦恼，消极的情绪也带来了连锁反应，逐渐连饮食和睡眠也都受到了影响。

第七局棋的过程充满了戏剧性。中局阶段，执白棋的波尔加没有看到我的弃子战术组合，抱头苦想，那样子看上去黑棋似乎马上就要得手了。但是，经过精确的计算，我们二人几乎同时发现黑棋的弃子存在弊端，白棋可以采用一个看起来不可能的变化强制夺取子力物质优势。波尔加迟迟没有走出下一步棋，棋盘边的两个人还是坐在那里纹丝不动，但是波尔加的眉头在渐渐舒展开，而我镇静的外表下面却焦急万分。波尔加走出了精确的着法，行至44回合，白胜。4.5：2.5，波尔加把领先的优势进一步扩大了。

明明是自己精心策划的战术得以实施，可是对方居然存在超常规的着法破解金蝉脱壳的机会，这样的事情我还是头一次遇到。对此还能说什么呢？一方面是自己的技术不够过硬，没有预料到对手在看似无望的局面下还有强劲的防守方案；另一方面，我相信是波尔加在这次对抗赛中受到运气女神的青睐，冥冥之中似乎有一只手在给她帮忙。如果说罚款事件令我对西班牙之旅心存厌倦，第七局的失利更让我提前看到了对抗赛的结果。

与我的状态低迷相对比，苏珊的情绪越来越好，状态也越发神勇起来。每逢比赛开始前，隔着棋盘坐在苏珊的对面，不用抬眼看她，我都能感觉到她正用信心十足的目光盯着我。这样的目光，与她第一局棋时的惴惴不安完全不一样。随着比赛的不断深入，比赛结果初见端倪，苏珊身后的队伍开始越来越壮大。波尔加的爸爸妈妈赶来加油祝贺了，连她家中的猫也漂洋过海抵达西班牙赛地助阵。

比赛不顺心，难免情绪低落，再加上春节将近，令人感到自己身处山顶的城市宾馆显得格外寂寥。保持平常心，说时容易做时难。比赛还在进行，但我明白，自己的状态很难靠自我调整、心理暗示等常规训练方法恢复正常，现实就是这样令人无可奈何。我的教练叶江川、彭小民同样也清楚，此时唯有让我放手一搏去争取胜利，棋手赢棋的时候状态自然会上升，只有赢棋才能将我从低迷的状态中拯救出来。面对落后的比分，我们抛弃了稳健的开局变化，力求局面复杂。

第八局棋，执白棋的我在前半盘中牢牢控制了局面，随即弃子攻王，下到30多回合的时候黑棋已岌岌可危。胜势的局面下，我不知怎么又开始迷迷糊糊犯错误，对攻之际走出缓手，被苏珊狡猾地简化了局面。最后，出乎众人意料的是：黑棋不仅成功挽回了败势，最后还赢了！5.5：2.5，波尔加已经领先三分！

接下来的两局棋双方又下成了和棋，苏珊选择的开局变化越发稳健起来，看来她想稳步推进，依靠巨大的领先优势把我拖到绝望境地。苏珊的这种战法令我越发拒绝平稳变化，不求实际的盲目进攻令我在第11局时又失利了。7.5：3.5，观战者对我支持率飞速下降。我自己也明白，除非奇迹发生，否则……

可惜的是，奇迹并没有发生。

一封家书

像以往的对抗赛一样，我在比赛之余习惯出去散散步，虽然宾馆周围都是高高低低的山路，可以走走的平地面积并不大。不管比赛输赢，外出散步时任大夫总陪在我的身边。我挎着大夫的胳膊边走边聊，谈话没有固定的主题，任大夫不会下国际象棋，所以从来不同我谈比赛。2月的西班牙比北京的气温要高一些，但是由于我们下榻的宾馆建在山上，还是觉得很冷。每次我们都顺着宾馆外延伸出的一条路向山顶方向走，路的尽头树立着一个高高的白色十字架，令人产生几分肃穆的感觉。山上往往刮着很大的风，情绪低落的时候，听着耳边这呼啸而过的山风，令人更增添几分寒冷和思乡之情。

因为比赛安排在下午，所以午餐我不同代表团里其他人一起下山，而是他们把饭菜从餐馆里给我带回来在宾馆房间吃。棋下得不顺，不仅我自己的情绪低落，看到比分落后难挽颓势，中方代表团的所有成员心情也不太好。

晚上比赛结束后，大家一起乘车下山吃晚饭。接连几盘棋都是下得别别扭扭，车上的人都尽量回避比赛对局这个不愉快的话题，大家或者东拉西扯点什么事情，或者干脆谁也不说话。中国的传统春节快到了，餐馆的叶老板特意在车上留了几盘中文歌曲磁带，行车途中放得最多的就是那首《一封家书》。节日渐近人却在异乡，所以我听到这首歌的时候总是鼻子酸酸的。"亲爱的爸爸妈妈……爸爸妈妈别把我牵挂，今年春节我一定回家……"歌中是这样唱的，而现实生活却是父母正在为自己比赛中的糟糕表现揪心牵挂，一想到这点我就觉得难过。

不顺心又远离温暖的家时，我听懂了《一封家书》这首歌，朴实无华的歌词唱到人的心里头去了。后来的很长一段时间，我每每听到《一封家书》这首歌时，都会产生一种欲哭的感觉。

11局棋之后，波尔加以 7.5：3.5 的比分遥遥领先。在这样的形势下，不用说大家也明白，结束比赛只是时间早晚的问题。虽然，我赛前还是照常与教练一起准备开局，或者更确切地说是一块摆摆棋。其实大家心里都明白，在实力相当的两名棋手的对抗赛中，一方比分落后了这么多，已经不是赛前开局准备就能解决的问题了。我的心中已经接受了对抗赛失利的残酷现实，脑子里空空的什么也想不进去，只想安静地把比赛下完。失利并不可怕，竞技体育就是一个活生生的胜负场。赢的时候固然欣喜，失利者同样不能低下高贵的头颅。剩下的比赛中，自己能否举止优雅地把世界棋后的桂冠交到继任者的手中，同样是一个考验。

对抗赛第12局比赛正逢农历腊月三十，我终于下了一盘完整的对局，从开局占据优势起，再没有给对手一丝反抗机会，行至45回合时，波尔加无奈投子认负。对局结束，双方棋手按照惯例握手时，苏珊抬起眼睛，像看一个陌生人一样仔细地打量着我。她的眼神充满了疑惑，好像在说："这局棋是你下的吗，怎么和前几盘的时候表现得不一样？比分落后这么多了，现在你的状态变得再好也晚了。"

与苏珊眼神对视的那一刻，我读懂了她眼睛里要表达的内容。收回握着的手，我扬起嘴角笑了笑，随即离开了赛场。是的，剩下的四盘棋波尔加只需拿一分就够了，自己现在才开始赢棋，已经太晚了。

迟到的胜利令在场的中国记者很兴奋。从对抗赛的第四局棋开始，这些记者天天看着我输输和和，对局的过程中还总是犯错误，他们都不知道该如何向国内发报道了。中央电视台的记者第一个冲上来，话筒伸过来，问题接踵而至："你怎样看待今天这盘棋？请展望一下后面的比赛，卫冕的机会有多大？今天是除夕，有什么话要对国内的观众说吗？……"

我很想表现出自己镇定的一面，但是刚欲开口，喉咙便像被什么东西噎住了似的，一点也说不出话来。百感千愁在那一刻涌上心间，我闪开了摄像头，匆匆向外走，记者们也紧紧跟在我的身后。眼瞅着自己就要控制不住情绪在众人面前失态，我紧跑几步冲进了宾馆过道上的女卫生间。我不想让别人看到自己的心在流泪，插上门，我一个人放声痛哭起来。我哭得很伤心，那一刻，像个受委屈的孩子一般。

如同决堤的洪水，眼泪一旦流出来，就再也止不住。比赛承受的压力和不顺心，对自己表现的不满意，节日的思乡情绪，即将失落的棋后桂冠……每一样都令我无法停止流泪。哭吧，压抑了这么久早就想哭了，今天就哭个痛快吧。一个人的时候，我无须再掩饰。

夜深人静，我仍辗转反侧难以入眠。除夕夜，家里人会像往常一样看春节晚会吗？比赛一定又让父母和棋迷们揪心牵挂了，棋下成这副惨样，他们的节还能过得踏实吗？我披上大衣漫步宾馆外，身边静极了，清澈的夜空中只有满天的星星与自己遥遥相望。天上的星星会有生命吗？自己的心事星星读得懂吗？站在寂静的山顶，寒冷的夜风迎面扑来，心事重重的我不禁缩起脖子打了个寒战。

回想下午的时候自己情绪波动太大，什么话也说不出来，此刻静下心来，我就把想说的话写下来，烦劳记者们转发。春节的时候人不能在国内，借报纸的一角和关注对抗赛的国人一起过年，也好歹算是对大家关注比赛的一个交代，好比是自己的一封家书吧。想说的话和思乡的情悄然落在纸上，信的大意是：每次自己打对抗赛都要让大家牵挂，为此一直心存感激。这次比赛自己同样尽力了，只是谢军还不够成熟，水平发挥得不理想，糟糕的成绩让大家失望了。春节的时候不能给大家带来好消息，感觉很抱歉。愿信中的文字能带去来自遥远西班牙的节日祝福，愿文字能同时转达我心中的歉意。

1996 年的春节，我的泪滴落信纸间。

不是结局的结束

第 13 盘棋，我又输了，波尔加以 8.5：4.5 的比分赢得了比赛，成为历史上第八位女子国际象棋世界冠军。比赛终于结束了，我感觉如释重负。不仅仅是我本人，中国代表团的所有成员也终于能够从煎熬中解脱出来了。

闭幕式的时候，波尔加全家人都聚齐了。看着兴高采烈的波尔一家，我既没有忧伤也没有烦恼，可能早几天就预想到了这一天的到来，已经心如止水了。看着国际棋联主席将象征着胜利的花环套在苏珊的胸前，祝福她比赛的胜利时，我的心中充满了皇冠从自己手中失落的愧疚。脑海里又是一片空白，我带着淡淡的笑容站在那里，跟着仪式的进程，看眼前发生的一切，更像个旁观者。

也是那次比赛结束后，我平生第一次买了几张彩票。那时候彩票在国内还是个新鲜玩意儿，代表团的几个人凑在一起开玩笑，纷纷设想一番如果中了巨奖会怎么样处理。轮到自己，我记得当时我是这样说的："如果我中奖，就把城市宾馆整个建筑都拆了，再重建一个新的。"

把一切推倒重来，谈何容易？但在国际象棋的世界里，这次惨败却让我必须从头再来，或者，彻底离开。离开棋盘还是卷土重来？我只能在两条路中选择一条。

1999：卷土重来

1999 年 8 月，我又重新成为国际象棋女子世界冠军。过去的三年中，我一直都为 1996 年的失利和当时的失常表现耿耿于怀。一直支撑着我坚持努力、重新取得挑战者资格的动力，是我期待着能与波尔加在棋盘上再次一决高低，我相信棋盘上我们是同一水平线上的好对手，我要把从自己手中失去的世界棋后桂冠重新夺回来。

卧薪尝胆

1996 年年初失利于匈牙利棋手苏珊·波尔加之后，我一直对国际象棋女子个人世界冠军的荣誉从自己手中失落而心怀愧疚。年底时我选择走出国门，把训练比赛的大本营驻扎在欧洲，这样就可以多参加欧美国家举办的比赛，不会因为时差的问题而发愁。我铁了心要再向皇冠发起冲击，每年至少有一半的时间生活在国外，这样就可以增加参加比赛的频率，不需要频繁地进行洲际旅行。

促使我远走他乡的另外一个原因，多少也因为国家集训队里的培养重点已经逐步转移向更年轻的选手。走出去，置身于这样的环境之外，自己也能避免队内执行新政策可能带来的种种麻烦。如此窝囊地输给波尔加，我的心里当然不服气，一心一意要重新再战。在我看来，26岁对女棋手来说并不算太老，自己完全有资本卷土重来。从队里的角度来思考，如果把一个已婚的26岁落冠棋后作为新一轮冲击世界棋后的培养重点，当然不如培养年轻选手更符合竞技体育新老交替的规律。若干年之后客观地回头再看，当时队里这样的棋手培养重点方案和训练计划制订再自然不过。只是那时候，对于多少年来一直是国内绝对一号主力选手的我而言，心理上多少有些不适应罢了。

26岁的女孩子，以32个棋子为资本独自闯荡欧洲，并不是一件容易的事情。我能坚持下来，靠的是心中有一个坚定的信念在支撑着——我要把冠军夺回来。漫漫圆梦路并不平坦，中间发生的事情也绝非只有下棋一件事那样简单。漂泊的日子断断续续过了两年，直到1998年后期我又成了世界冠军挑战者，为了备战女子世锦赛决赛，才把训练比赛的重心又移回了国内。

1997年从候选人赛中胜出，1998年成为挑战者，复仇之战似乎近在眼前，我心中越发期待着与波尔加再次交手。然而，我的对手似乎不像我那样渴望战斗，1996年夺得世界冠军之后，波尔加从未以世界冠军的身份参加过任何正式比赛，从此淡出职业赛场。

1999年4月15日，国际棋联规定的谢、波之战第二轮投标的截止日，比赛最终花落谁家，答案依旧神秘。女子国际象棋世界冠军决赛的商议工作处于拉锯状态已半年有余，按理说最终结局早该水落石出。但由于波尔加使出了自己产后需要休息一年的撒手锏，各种关于决赛赛事的计划和安排一而再，再而三地不了了之。棋战日程一推再推，但波尔加总能找到理由拒绝参赛，她这一系列反复无常的举措令众多欲赞助赛事的企业失去了兴趣。

波尔加是棋坛有名的心理战高手，她一边公开表态自己非常渴望参加比赛，一边却以组织者提供的比赛奖金没有达到她预想的目标等诸多理由对比赛的组织工作不认可。归根结底，终于登上顶峰的她不希望别人把皇冠夺走，更不愿承认自己已经放弃职业棋手的现实，似乎这样拖下去，就可以把世界棋后的头衔变成自家保险柜中的私有物品。

一次次的期待，一次次地被告知比赛无限期拖延，我心中与波尔加再次交手的渴望渐渐凉了下来。我的心里明白，对抗赛经她这么三番五次地搅和已经是遥遥无期了。也许，自己的"复仇梦"只能留到21世纪了。

复杂情况面前，中国国际象棋协会一边与国际棋联据理抗争，尽力为棋手争取公平比赛条件，一边在全国范围内积极争取赞助企业的支持，同时还安排我参加了一系列的热身赛。终于，1999年6月，当我在青岛参加比赛的时候被告知，世界冠军个人锦标赛决赛将于同年的7月底在我与俄罗斯选手加里亚莫娃之间展开。虽然得知消息的时候离比赛开始只有一个多月的时间了，但想到拖了这么久的对抗赛总算是有了一个说法，我心里连一点抱怨的气力都没有了。

比赛的时间地点最后定了下来，但双方棋协就比赛的具体事宜还存在着分歧。在这之前，中国棋协曾鉴于现世界冠军波尔加拒绝参赛的事实向国际棋联提出，拥有挑战者身份的中国棋手应该享受卫冕冠军待遇，在决赛中拥有半分优势。但国际棋联以"女子世界冠军决赛规程中所含关于半分优势条例仅适用于卫冕冠军"的条款决定：双方在完全平等的条件下参加比赛。因为没有相关规则可以参考，国际棋联还特意委托比赛的裁判长制定一套新的女子世界冠军决赛规则，特别对双方8比8打平后的加赛条款进行说明。

得悉国际棋联的最新决定后，我的心情倒很平静。大赛将至，对于棋手而言，最重要的是保持自己的心态稳定，将全部精力投入比赛之中。经过几年时间的磨炼，我深深地明白，一名棋手应该能够在各种环境中从容竞赛，既然中国棋协多次呼吁，国际棋联也已"认真"考虑过了，那么最终结果如何也就不那么重要了。

前半程之超级礼遇

16局的对抗赛分两个地方举行：前半程在加里亚莫娃的家乡喀山，后半程在中国沈阳。短短的一个月备战时间匆匆而过，1999年7月下旬，中国代表团一行五人抵达俄罗斯。

为了更好地调整时差，我们特意提前了好几天来到莫斯科，住进中国大使馆的招待所。转乘飞机去喀山之前，中国驻俄罗斯的大使先生还特地设宴，嘱咐我要在即将开始的比赛中放下包袱，发挥出中国棋手的最佳水平。俄罗斯使馆可能是中国驻外使馆中工作强度最高的吧，不仅要处理中俄两个大国之间的交往事宜，很多去往欧洲其他国家的中国团队也选择从莫斯科中转，这样中国驻俄罗斯大使馆就成了中转站，迎来送往的事情接连不断。

大使这么忙，怎么还有时间关照我们这样一个"级别远远不够"的代表团呢？原来，国际象棋在俄罗斯特别受重视，争夺世界棋后桂冠的世界冠军决赛在俄罗斯本土举办，当然备受瞩目。当大使与俄方的高级管理官员会面商谈国事时，谈判的空隙好几次都听到人家谈论这次比赛。"你们中国姑娘与我们美丽的加里亚莫娃要打起来了，我们俄罗斯姑娘应该赢面大些。"大使笑着把从俄方高级官员那里听到的话复述了一遍，告诉我他的回答是："中国赢面儿更大些！"行前，使馆还特意让使馆文化处小迟一同随队前往，算是为代表团增配的俄文翻译，这对于俄语一窍不通的我们来说，无疑是雪中送炭。

在莫斯科稍事休息之后，我们一行六人乘飞机抵达鞑靼斯坦共和国的首府喀山。鞑靼斯坦共和国是俄罗斯少数民族聚居的地方，当地盛产石油，人民生活富足，独具特色的鞑靼斯坦少数民族文化令这片土地更显与俄罗斯文化不尽相同的异域风情。历史上，鞑靼本族人从来没有在体育比赛中赢得过世界冠军的荣誉，因此这次世界冠军赛决赛令鞑靼政府非常重视。比赛组委会由政府总理亲自挂帅，主持日常工作的体委主任在组委会中挂的是常务副主任头衔。比赛组委会的人员名单上，与比赛相关的交通、安全、卫生、旅游等方面的负责人都是当地政府相应部门的一把手。众多政府要人的名字同时出现在那本印刷精美的薄薄比赛程序册上，更显示出俄方对比赛的高度重视，对国际象棋女子世界冠军皇冠势在必得的决心。

从机场到宾馆的路上，街道两旁到处张贴着比赛宣传彩旗和海报，我们一行人坐在老式宽敞的伏尔加汽车中静静休息，大家谁也不出声，赛前紧张的气氛从抵达鞑靼共和国首府喀山这一刻就开始了。喀山这座城市的建筑称不上有什么特别之处，街边偶尔出现的行人大多穿着朴素，让人联想起20世纪80年代苏联的气息。

中国代表团入住的是当地政府招待贵宾的一座别墅，三四层楼高的主体建筑被周边几幢并不显眼的群楼包围其中。接待人员告诉我们，比赛期间这里将只为中国代表团服务，从医生、厨师、卫生检疫到门卫、清洁工人，整套人马配备齐全，如果我方在生活中有什么要求及时提出来就可以。俄方提供的接待水准令中方代表团无可挑剔，如果非要说出什么不满意的地方，那就是安排我们下榻的整座建筑物内到处都装着摄像头，反而让人觉得没有安全和自由可言。后来，我们才知道这个地方并不是对外开放的宾馆，而是接待特殊公务政府代表团专用的场所，难怪呢。俄方周密得令人失去自由的接待方式令中方代表团时刻不敢忘记，比赛前半程自己是客场作战，这里是俄罗斯的喀山而不是中国的某个城市，这里是俄罗斯棋手的主场。

俄方为我们提供的接待服务细致入微，却处处让人联想起一个词就是大国沙文主义。可不是嘛，明明中国代表团受到了细致入微的贵宾级接待，但这种接待方式却让人难以感到温暖亲和，更多的是客居他乡的矜持和紧张。

我们下榻的别墅远离市区，从安全角度考虑，每当我们几个中国人想走出大门散步的时候要预先告知安保人员，然后就是浩浩荡荡一堆人出行。几个黑头发黄皮肤的人，后面总紧紧跟随着几个保镖，走在路上目标太大了，这样的散步完全失去了原有的乐趣。再比如当我们想出门的时候，一定要提前告诉服务人员一声，不管去哪里，随时都有警卫和警车开道。其实，喀山的城市人口并不多，交通也从不堵塞，所以警车开道不过是个摆设，这样的出行阵势每天都发生，直到前半程比赛结束，我依然有些不适应。

这样动辄兴师动众去散步，弄得人怪紧张的，于是中国代表团的几个人彻底不想出门活动了。不过，在喀山的日子总得想个办法不受约束地活动活动吧，要不人的胳膊腿儿都会僵住了。后来中方代表团提出，希望能在住地提供乒乓球台，这样锻炼身体就不用再到室外。对此要求，组委会方面立刻表示没问题，大约两个小时之后，崭新的乒乓球台已经在别墅二楼过厅里架了起来。这样一来，除了出门打比赛，我们干脆就在别墅区域内活动，一天打好几次乒乓球。即便是在别墅内活动，我们一行人的行动也没能逃出俄方安保人员的眼睛，某一天我无意中听到了俄方负责安全保卫的人员在夸奖中国人的球技，才知道原来他们每天通过监视器看我们打球。对于乒乓球并不普及的俄罗斯，我们几个中国人的球技大概称得上是一流水准。不过，要说让别人看自己下棋我一点都不会气短，但自己的乒乓球水平居然还有观众粉丝，实在有点不好意思呢。

饮食方面，为中国代表团提供的食品都要进行卫生检验。组委会尽最大努力照顾好我们这些远道而来的客人，每餐饭除了当地人最喜欢的肉食之外，厨师充分考虑我们中国人爱吃"草"的特点，水果、蔬菜也准备得很充足。别墅中配备的厨师虽然不会做中餐，但当我们听说厨师的手艺款待过俄罗斯总统叶利钦之后，那并不太合口味的俄式西餐味道也令我们几个中国人想不出有什么可以抱怨。组委会曾经安排代表团专门到喀山市内中餐馆就餐，不过当我们听中餐馆老板说，他们为了准备这一餐饭已经接受了若干次卫生防疫检查，并且不得不闭门拒绝接待其他客人时，也就断了再去第二次的念头。

赛场设在当地最大、据说在欧洲排名第三的音乐厅里，开幕式的场面隆重至极，晚会式的精彩歌舞节目、专业的主持，鞑靼斯坦共和国的总统亲自为比赛剪彩，能容下上千人的剧场内座无虚席，如同一个盛大的节日一般。一切都是欢快热闹的，就连两位棋手抽签的环节也被安排在晚会表演的节目当中，充满了喜庆的味道。不过，这所有的一切都不能减淡大赛的火药味，一场真正的较量即将开始。

赛前分析

传统赛制 16 局的对抗赛是漫长的，考验棋手的技术实力，更考验棋手的身体和心理承受能力。近一个月的比赛过程中，最终决定棋手胜负的主要因素往往不是双方的技术，而是两方技术团队的比赛定位和两名棋手的神经是否坚强。当然，棋手与代表团所有成员，特别是教练智囊团的配合默契程度更是决定棋手战斗力的重要因素。

出发前，没有人向我提起过喀山前半程比赛的得分指标。可能是因为这场令人期待已久的对抗赛已经被波尔加屡次"建议"拖延得太久，也许是新的对手、比我年轻两岁的俄罗斯棋手加利亚莫娃正处于鼎盛时期，相比较而言，她占了新人和技术等级分的优势。在这种情况下，对于比赛经验已经日益丰富的我来说，没有任务指标反而更有益于棋手放松心态。客场作战，很多情况无法预料，我想，大家尽量少谈目标任务，是不想给我增添更多的思想负担吧。分析了敌我两方的情况之后，我在心中为前半程客场作战立下的目标是：争取打平。俄罗斯客场8局棋能够取得4∶4的比分就是成功，这样后半程的比赛就能在一样的起跑线上与对手较量。喀山之战对手占据了绝对的主场优势，中国人讲天时、地利、人和，俄罗斯更有一句谚语：家门口作战，连自家的屋墙都会为你增添力量。所以，如果能以打平的比分将对手带进自己的主场沈阳，对手的锐气渐消，自己的经验将逐步发挥作用，那时胜利的天平肯定会向我方倾斜。

没有给自己制定更高的目标还有一个理由，加里亚莫娃已经具有女子世界冠军的水平，加上她近期比赛的战绩辉煌气势很猛，单纯从技术角度讲，我们俩确实处于伯仲之间。另外，虽说在1997年年底的候选人赛中加里亚莫娃和我同时晋级，但那次比赛她表现更佳，技压一头的比赛经历无疑会给我的对手带来一些心理优势。

由于加里亚莫娃占据了年轻和等级分的优势，因此此番对抗赛前，绝大多数舆论更看好她能取胜。在这样的情况下，把对抗赛顺利拖长也可以达到打压对手气势的作用。我给自己立下的比赛计划基于孙子兵法中所言：善战者，必先立于不败之地。棋盘上的战争虽然没有硝烟弥漫，但比赛的整体气氛却是越来越紧张激烈，容不得你有一点马虎。知己知彼，百战不殆，只有客观地分析敌我双方实际情况，才有可能制订正确的计划，进而为自己争取更多的胜利机会。

我与教练组一起对加里亚莫娃和自己的情况进行了客观的分析，虽然对手拥有上面提到的种种有利条件，技术状态也处于她本人巅峰期，但她身上同样存在着不足和缺陷：

第一，对手比赛时容易陷入时间紧张，而这种现象绝少在自己身上出现，因此在对局过程中的第30～40回合最容易陷入时间紧张的阶段，对手比自己出现错误的概率可能更大。

第二，对手没有对抗赛的经验，她所有的优异成绩都是在公开赛和循环赛中创造的，而对抗赛赛制对棋手把持心态的能力要求更高。在这方面，三次世锦赛决赛胜胜负负的洗礼已经令我积累了足够的对抗赛经验。

　　第三，10 多年来一直负责加里亚莫娃训练比赛的教练潘琴科未见出现在对手的教练智囊团名册里，本次比赛她的教练组成员单纯追求高水平，由几个著名俄罗斯教头临时组合，配合未见得默契。特别是当比赛进程中棋手遇到挫折的时候，教练和队员之间会因为彼此了解不够影响合作的效果。在这一点上，我方的情况占据了绝对的优势。且不说中国体育现有的举国体制下能够集中一切优势力量来备战，我与辅佐我比赛的两名教练关系绝对默契。合作了 11 年的叶江川像我的兄长，前一年就加入教练组的章钟虽然年龄比我小 8 岁，但训练中从来是一副教练的模样，生活中更是我的好兄弟。代表团中的另两名成员一位是自己单位的领导、北京棋院的姚文义院长；另一位是和我关系亲如父女的医生任玉衡，每次世界冠军赛漫长的对抗都有老人家保驾护航，确保我能够以健康的体魄和良好的心态去迎接每一场新的战斗。再加上使馆增援给我们派遣的俄语比汉语还要流利的翻译小迟，中国代表团如一艘装备精良的战船蓄势待发，现在就看我这个冲在前面的战士能不能奋勇拼杀了。

　　第四，赛前舆论对加里亚莫娃过度看好可能成为负担。加里亚莫娃善打顺风仗，但是对抗赛却是攻坚战，只要我方能够将比分咬紧，比赛进入后半程时会拥有更好的得分机会。

硝烟突起

　　1999 年 7 月 30 日，决战第一场激烈开战，对局进程充满了戏剧性。此弈，加里亚莫娃持白棋没有采用惯用的后前兵开局，而是采用了她最近才新改走的王前兵开局。或许，俄方技术团队分析了 1993 年我在世界冠军对抗赛当中迎战白方后前兵开局取得的优异战绩，此次对抗赛让加里亚莫娃与我采取对攻的下法。看来，俄方技术团队判定我是一个攻杀型棋手，因此在开局上采取了更为主动的下法，力图掌握主动进攻的地位。

　　对抗赛的第一盘棋往往能透露出决战双方的布局准备体系和心理状况，加氏在第一局棋便毫无保留地显露出她的布局准备方案和求胜的欲望，多多少少出乎我的预想。首局比赛，双方都有些没有完全进入比赛的角色。六个多小时的对局过程中，加里亚莫娃总是抱着头一动不动地坐在自己的座位上思考，整个人像钉在那里一般。而以往的比赛中，她总是喜欢在对手走棋的间隙到赛场的空地上转转。我不知道对手一反常态的表现是说明了她此时异常紧张，还是主场作战全力以赴的表现。相比较而言，我的紧张表现方式则略有不同，人家是纹丝不动，我却在对局过程中不下五六次走到赛场（舞台）旁边棋手的休息室里，试图暂时换一个环境舒展一下绷得紧紧的神经。

老实讲，这局棋我走得并不是特别理想，本来开局后走就要承受一定的压力，在中局相持阶段，我的子力调动方案又不够紧凑，被对手一点点施加局面压力，陷入了一个被动的后车残局。幸好，加氏过高地估计了自己的局面优势，忽视了黑棋的反击，错过了采取简化局面的方式保持优势的机会，让我寻找到了金蝉脱壳的办法。对局进行到第66回合时，双方棋手选择长将不变和棋。第一盘棋往往是整个比赛当中最难下的，要不然怎么会有"万事开头难"一说呢。第一盘棋对局虽然我一直处于被动，但最终能从劣势局面下顽强防守走成和棋的结果令中国代表团全体都松了一口气。好危险，差一点让对手一上来就弄个下马威，加里亚莫娃本来就是一名善打顺风仗的棋手，如果她一上来就得手，岂不会越发强化她的自信心。

回想对局过程，我不禁吓出一身冷汗。与对手的"直入主题"相比，我还需要在对抗赛刚开始的阶段预热一番才能渐入佳境。

7月31日，第二局比赛继续进行。执黑棋的加里亚莫娃又在开局中选择了一个她以前没有下过的异常激烈的对攻变化。看来加里亚莫娃背后的技术团队觉察到我还在比赛适应阶段，状态尚未完全兴奋起来，所以比赛一开始就频频放出胜负手，力求夺取先机。看到加氏选择此变，我心中不禁暗喜，早在比赛开始前，我们就把对手可能选择的开局变化一一考虑周详，所以我们的备战过程中对类似的变化有过较为详尽的研究。

是与对手周旋还是选择猛攻的策略？临场面对选择我不禁犹豫起来。弃子猛攻的变化在赛前进行过分析解拆，但是白棋并不能保证获得稳妥的优势。如果采取稳健的下法呢，则很有可能落入对手的赛前准备。思考再三，执白棋的我果断选择了弃兵变例，进而又弃子，不计代价，矛头直指对方王城。

显然，猛攻的策略是选对了，这一凶狠的下法出乎加氏的预想，原本她准备采取主动的下法来攻击我方阵营的，一点没有打一场防御战的准备。加里亚莫娃开始犹豫了，吃子之后应该采取退缩防护下法的她依旧不顾王前阵营的稳定，将黑棋子力扑了过来。这下子，黑棋空虚的王翼阵地被白方子力入侵，黑方多出来的棋子根本发挥不出作用来，黑方王城频频告急。行棋至 28 步时，虽然黑棋盘面上比白棋多好几个棋子，但面临无法化解的绝杀，加里亚莫娃只好缴械投降。此役，是我近百局世界冠军决赛分出胜负的对局中杀得最脆也是行棋回合着法最少的一局。

这局棋之后，也许是加氏感觉到自己不善于防守，可能是她领教了中国棋手强大的攻杀能力，她再也不选择争夺实地的下法，宁可遭受子力上的损失，也不会给我攻王的机会。接下来的第三局，我在稍优的局面中选错了行动路线，被对手突发妙手，采取战术打击的手段得子取胜，双方的比分 1.5：1.5。

又是领先之后被对手追上，不过好在经历了数次对抗赛的风风雨雨之后，比赛进行期间我已经能够比较好地把握心态了。过去了的对局，无论质量如何、结果好坏都已经成为历史，后悔也没有丝毫用处，要学会向前看。十六局的对抗赛，路还长着呢。

第四局，激战成和；第五局，我赢了；第六局，加里亚莫娃又顽强地把比分扳平。双方都进入角色，每局棋都杀得昏天黑地，不到最后一刻，两名棋手都不会轻易放弃。第七、第八局双方都走得比较谨慎小心，和棋。喀山八局棋场场激烈，最终的比分 4：4。虽说比赛过程跌宕起伏，但是总体比分正好与自己赛场预订的目标吻合，算是个较为理想的结果吧。

前半程小结

赛后，我看到有的媒体当时的报道："棋后战赛完四盘，谢军与加里亚莫娃弈成了平手，这对谢军来说应该是一个不坏的结果。特别是在第三盘意外失手后，能在第四盘与对手弈和，谢军无疑可以从中找到一个心理的依托。但这仅仅是一个缓冲而已，要想有更好的结果，谢军似乎还需要在心理上有一个转换。"

这篇报道真是一下子指出了问题所在。一点不假，从风格上说我们两个人都是进攻型棋手，这一点两人在以往的比赛中已体现无遗。但现在我的问题似乎就出在过于追求进攻上，以为这样就可以有效抑制住对手的大举反扑。虽然，在对抗赛经验方面我强于对手，但在几局战胜对手后，我并没有针对加里亚莫娃的特点将自己的作战方针进行调整。两次领先之后，自己的棋都下得太猛了，力图乘胜追击扩大优势，结果对手还没有露出马脚，反而自己先犯了错误。这样的行棋策略当然称不上是聪明。换句话说，我应该学会将已经成为现实的胜利转化成一种心理优势加以利用，逼迫对手着急进行反扑。我的对手加里亚莫娃根本不像其他女棋手输棋之后那样萎靡不振，相反，每一次失利之后，她都像一头受伤的狮子一样，在接下来的战斗中寻求更凶猛的反击。

为了这次比赛，加里亚莫娃真是毫无保留地拿出了看家本领。从16岁加里亚莫娃成为女子世界青年冠军开始，她就是成人女子世界冠军的潜在争夺者，但是这些年她的水平发挥总是起起伏伏不稳定，直到27岁的时候，加氏才真正有机会出现在决赛的赛场当中。加里亚莫娃有理由相信自己是世界上实力最强的女棋手之一，女子世界冠军赛是证明她实力的最后一关。不过，棋手的实力并不是一个静态可供分析的数据，而是动态不稳定临场发挥的表现水准。强强相遇，更是一场棋手全方位的考验。通过前半程比赛的较量，我已经完全进入了比赛的角色，4：4客场平分秋色更令我对后面的比赛充满了信心。

旅途小插曲

我期待着赶紧回到国内，为一周后就要开始的下半段比赛备战，谁知我们中国代表团还差点不能离开喀山。说起来，这本来不应该成为难题。从喀山到莫斯科，每天有五六趟列车，每周还有两班飞机，交通很方便。谁知道等组委会去联系返程机票的时候，才知道坏了！原来当时正逢俄罗斯休假旅游季节，7日比赛结束的那天是周六，晚上的火车全部客满，8 日是周日，喀山到莫斯科正好没有航班，火车呢，也只有硬座，没有包厢了。从喀山到莫斯科要开 14 个小时，让这些贵宾坐夜车去莫斯科，喀山赛程组委会的脸可就算是丢尽了。据说后来还是组委会主任、鞑靼共和国副总理为此事出面协调，专门为 7 日晚最后一列驶往莫斯科的火车加了一节包厢车皮，才使一道难题终于迎刃而解，总算是有惊无险。

　　到了莫斯科之后，从机场办出境手续的时候又出现了一段有惊无险的事情。因为比赛是两个国家共同举办，因此比赛的奖金双方各出一半。等到我们准备回国的时候，不知道怎么回事，俄方把他们应该承担的奖金全都从银行提出来交给我们带回中国，以供闭幕式时下发。如何把一下子冒出来的美元现金带回去，又成了摆在中国代表团眼前的问题。不把这些钱带回中国吧，人家俄方已经信守承诺把奖金送上门了，再退回去就是中方的责任了。随行李带着吧，且不说一路上带着这么多现金存在风险，恐怕还会违反俄罗斯海关严格的外汇管理制度。因为我们一行人进入俄罗斯时并没有申报携带如此大额的外汇现金，走的时候突然冒出来一大笔钱，岂不是存在违法的嫌疑。最后，多亏大使馆的人及时伸出援手，帮忙把现金带回并存入银行，然后通过电汇寄到国内。

　　原本，我根本就没把是否携带现金的小插曲当回事，轻轻松松排队等着出关检查。谁知，眼看着我们代表团其他人很快通过，轮到我的时候，不仅自己人被要求反复过安全门，连行李也反反复复在传送带上检了好几遍。原本以为是行李当中出现了什么问题，谁知检查折腾的时候还来了俄方的警察在一旁指指点点的。原来，在出关口我们代表团与使馆人员商量如何处理一大笔外汇现金的时候就被俄方海关盯上了，多亏最后决定方案是让使馆的人帮忙把美元带走，不然对抗赛半数的奖金被没收不说，没准还给定个外汇走私嫌疑犯的罪名，恐怕还要吃官司呢。

后半程移师沈阳

　　回到国内，在北京略作调整之后，中国代表团一行移师沈阳，比赛地点在风景如画的旅游景点棋盘山。在自己的主场作战，我方的队伍一下子人丁兴旺，壮大了很多，不再局限于赴俄罗斯参赛的那几个人了。不仅团队人数得到有效补充，平常在日常起居和生活饮食方面的安排更是顺心顺意，主场的优势自然一下子显露了出来。

不过，棋手参赛最要紧的是心态平和稳定，绝对不能因为外界的事情分心。于是，为了让我保持稳定状态迎接比赛，即便回到主场周边都是熟人面孔，但是从入驻赛地那一刻开始，平常生活中我主要能接触到的还是前半程在俄罗斯喀山团队的那几个人。组委会为中俄代表团分别安排了一个别墅下榻，构成了可以与外界隔开的相对封闭的生活环境。风景秀丽的棋盘山脚下，依山傍水建造的前后两座独立别墅是中、俄双方代表团临时的家。青山脚下的小世界中，加里亚莫娃和我潜心修炼继续备战，看似参加世界冠军赛决赛的棋手只有我们两个人，其实要办好这样一项赛事却需要调动方方面面的力量。

对于这样一个影响力巨大的世界赛事，沈阳市政府高度重视，组委会由体委主任亲自挂帅，竞赛、接待、宣传、卫生、安全、保卫一整套人马为比赛的顺利进行高速运转。8月中旬的沈阳，山里的夜晚已经气温很低了。为了避免山区荒僻可能会出现意外情况，组委会还特意安排了警卫战士站岗。比赛进入冲刺阶段，因此我们每天的赛前训练强度加大了很多，经常摆棋到深夜。不过，每当自己临睡前透过窗纱向外看的时候，都能看到屋外站岗小战士挺拔的身影，让人心里觉得暖暖的。我能感觉到自己正在朝着一个更佳的状态发展，一想到在主场作战，一想到背后有国人无数双期盼的眼睛，心中就涌起新的力量。

还有一个令我特别感动的团队是来自全国各地近百名媒体记者，为了保证棋手能够在不受外界干扰的环境下备战，比赛组委会没有安排任何媒体记者下榻在棋盘山景区。而棋盘山位于沈阳郊区，于是这些老记只好每天乘坐大巴士往返于沈阳市区与棋盘山之间。这些记者辛辛苦苦每日奔波，就是为了把第一手消息制成新闻播报出去，但是他们在赛地看到我时都不会贸然提出采访的要求，而是用温暖的眼神给我加油。这个庞大的记者团队当中，有些人已经是认识多年的老朋友了，一想到自己的比赛害得他们往返路途上的辛劳，大家还这么体谅我，我的心里就有点过意不去的感觉。

专心备战比赛,在棋局中充分发挥出水平是自己此时最应该做的事情。像在喀山一样,我们请求组委会在屋子大厅内摆放上乒乓球台,每天晚上大家都要挥拍打上几局。不知道为什么,那些日子我的乒乓球水平特别棒,叶教头、章钟等人总成为我球桌上的拍下败将。更妙的是,我经常能有机会在比分打到 19 : 19 之类的僵持阶段突然发力,取得最后的胜利。僵持比分冲出重围,这样的胜利让人觉得特别爽。我知道自己的乒乓球水平不如那几位男士,因此最初赢球时我还想到他们可能是故意让着自己,逗我高兴保持个好情绪。时间久了,特别是经常以接近的比分取胜,我便从心底里相信自己的球技飞涨,全心全意享受球场上的胜利了。直到比赛结束,这两位老兄老弟才把我又叫到球桌边,大呼小叫一定要好好"教训"我。可奇怪的是,我的神奇扣杀突然就变得不灵了。噢,一定是对抗赛神经绷得太紧,棋战斗得太激烈了,比赛结束人一放松,当然累劲儿都上来了。

"我们一直让着你,你还真以为自己乒乓球是高手了。"叶大教头的一句话,击碎了我最后的乒乓高手梦。哼,我以后再也不和他们赛球了。

抢夺后半程的首场胜利

比赛进入后半程,两名棋手对抗得越发激烈。好像说好了似的,每局棋我们不把棋局上的变化走到最后一刻,谁都不肯善罢甘休。如此一来,对抗赛的棋局更是一波三折,往往是自己刚刚抓住对手前几步棋时犯的错误,没过多久又给送了回去,这样拼个你死我活的惨烈搏杀下法,在对抗赛中并不多见。往往,棋手越是在高级别比赛中行棋越谨慎,高手之间的较量更多比的是两个人之间谁犯的错误更少。

沈阳开赛的第一局(也是整个对抗赛的第 9 局),我选择了一个非常少见的开局下法,谁知对此加里亚莫娃早有准备。偷鸡不成蚀把米,由于对新的开局阵形体会不深,我走出缓招,局势逐渐陷入了被动。劣势情况下,我开始了顽强的艰苦防守,频频制造障碍让对方难以继续扩大优势。

我们俩心里都清楚，对抗赛后半程移师沈阳后第一局棋的结果非常关键，获得优势局面的加里亚莫娃太想赢下这盘棋，但是苦于一时找不到进取的路线。她开始频频思考，不久陷入时间紧张的时候走出错着被我利用，棋局形成均势状况。此时，如果加里亚莫娃能够客观分析局面，应该采取谋求和棋的下法。但是，她还停留在前面优势时的心理状态，执意求胜。在这种强行求胜心态的主导下，加里亚莫娃又接连出现了几步不合理的下法，令我一点点掌握了局面的主动权。棋局成功出现反转，最终我在残局阶段精确计算，以抽丝剥茧的细致手法让对手放弃了抵抗。

首局对局以中国棋手的胜利告终！棋局结束后，赛场里响起了掌声。开始似乎只是礼貌地拍拍手，逐渐变成了击掌庆贺的欢腾，鼓掌的人更是从稀稀拉拉几个到全场观众按捺不住的兴奋。对局刚刚结束，原本我的思路还沉浸在对局当中，但越来越响的掌声还是令我的脸感觉热了起来。看到大家兴奋的表情和期盼的眼神，我的内心感动不已。是的，我正在自己的家里作战，这里是中国人的主场，为了回报同胞们的支持，我也一定要赢下这场比赛！

从赛场回住处的路上，突然回想起喀山客场作战时的小插曲。那时，只要棋局接近我方赢棋时，大厅里现场转播比赛进程的电视画面便会中断，对局结束后难得听到观众席中有任何反应。而到加氏赢棋时，观众席里雷鸣般的掌声在顷刻之间响彻整座大厅。联想到刚刚比赛结束后的一幕，我便和身边的教练们开玩笑："看来咱们中国人表达感情就是要含蓄得多，连庆祝胜利的第一反应都是唯恐伤害到客人的感情。"

"知道你主场赢了棋高兴，不过现在该收收心了！好好想想明天的棋怎么下吧，今天的棋你可走得够悬的。"叶江川、章钟二人似乎商量好了似的给我猛泼冷水，三言两语就把我的思绪又拉回到比赛当中。

主场首局的胜利并没有改变我们代表团几个人在对抗赛过程中的生活规律。晚饭后，摆好棋子，与教练一起简单拆解当天的对局之后，马上把精力投入第二天的准备工作中。10点半左右，离开棋桌进行身体锻炼，打几局乒乓球之后再到任大夫的屋里接受按摩治疗，跟老人家天南地北一通海聊。午夜前，我躺进温暖的被窝里，伴着轻松的音乐，信手翻几页枕边的《名家散文集》，准备入睡。像往常一样，此时教练屋里的灯还亮着，叶江川、章钟，可能还有更多白天我看不到的中国棋手还在帮我为第二天的比赛提前"温习功课"。

我不知道加里亚莫娃在喀山时是怎样度过她比赛中的一天的，在沈阳的时候，听说她输了客场比赛的第一局棋之后，晚饭吃得很少，当晚也没有与任何人沟通。快到半夜的时候，自己一个人跑到室外，仰天长叹。是不是从那一刻开始，加里亚莫娃就意识到对抗赛结局大势已定，大概只有棋盘山的夜风能把她心中的话儿听懂。

对手的这些情况都是赛后别人告诉我的，比赛进程中谁也不愿让加里亚莫娃的情绪变化对我有什么影响，保证我一心一意下棋是中国代表团其他成员最重要的事情。其实，不用任何人告诉我，我也能猜想到加里亚莫娃输棋后的心情。客场作战，跟随她一同赴华参赛的代表团中，加里亚莫娃既没有带来自己的亲人，也没有长期合作配合默契的教练。加里亚莫娃临时聘请的两大教练的等级分虽然都很高，但刚刚开始的师徒组合缺乏彼此了解，在棋手遭遇挫折的时候，教练也摸不准棋手的问题究竟出现在什么地方。

想来，客场作战的加里亚莫娃一定很怀念喀山比赛的日子……

一鼓作气，乘胜追击

在喀山比赛的时候，我的比分也曾经两次暂时领先，但紧接着的第二盘棋总会被对手把棋赢回来。主场首局胜利之后，中国代表团尚不敢高兴得太早，如果喀山屡屡被对手把比分追平的现象在沈阳重现，那么主场所具备的种种优势也极有可能产生质的改变，成为自己思想上的包袱。特别是大众对胜利的期待可能转变为棋手的思想压力，反而不容易发挥出正常的水平。

对抗赛只有棋手本人出现在赛场的棋桌旁，但其实棋手身后的教练技术团队才是支撑棋手比赛最坚强的保障。比赛期间，中国队集中了优势兵力帮助我准备比赛。教练叶江川和助手章钟简直就是没日没夜地"钉"在了棋盘边上。比赛期间我的生活时间表倒是很有规律，可他们两人却经常在我休息了之后还得没完没了地探讨研究，为我准备下一局的"粮食"。工作量太大实在忙不过来了，他们就把住在另一个宾馆的李文良和殷昊一起叫过来帮忙。代表团的领队林峰老师的心脏不好，沈阳期间的比赛他是揣着速效救心胶囊坐在场下观战的。

第10局的比赛开始前，棋盘山脚下小别墅内几个中国人的生活节奏照旧。虽然赛前没有人告诉我此役有多么重要，自己更没有表现出什么特别的兴奋和紧张，但我知道接下来的这局棋事关重大。一切尽在不言中。

决战第10局，执白棋的我按照赛前制订的作战计划，选择了一个比较平稳的变化。这样的下法只有一个目的——不给对手反扑机会，保持积分领先的主动权。这局棋我下得非常谨慎，步步为营，处处设防，行至45回合，双方同意和棋。如果单纯从技术上讲，第10局是整个对抗赛当中最平淡的一局，对局内容并无新意。但是，从整个对抗赛的战略角度来看，如果说沈阳主场的首战比赛结果让人看到了中国棋手赢得对抗赛的胜利苗头，那么第10局和棋的宝贵半分才是扼制对手反扑斗志、锁定自己领跑对抗赛的关键战役。

比赛进入了最后的攻坚阶段，虽然自己暂时领先，但对手只要扳回一局就可以重新回到起跑线上。此时，比赛不仅比技术，更要看谁的神经更坚强了，可以感觉到，比分处于落后的加里亚莫娃情绪上有些急躁了，接下来的比赛中她竭力寻求机会把比分追上。对手的急躁情绪反而进一步为我方所利用，在接下来的11至14轮比赛中，我以2胜1和1负的战绩继续把领先的优势扩大。

对抗赛第15局棋开始之前，我以8：6的比分领先，这局棋自己只要和棋得到宝贵的半分，便可以赢得整个对抗赛。执白先行的加里亚莫娃抛开了常规开局套路，野战起来。行至55回合，当我已经计算清楚残局中的强制续招变化将带来和棋局面的时候，内心不禁有些波动，最后的半分触手可及了。不行，战斗还没有结束，趁对手思考的时候，我走到棋手专用休息室努力平静一下心情。神经不能放松，棋局没有结束就要保持紧张，一定要把最后的胜利锁定之后自己才可以放松。

行至 65 回合，棋盘上对手只剩下单王和一个兵，我也只留下王和马，眼看着下一步棋黑棋就会采取强制手段以马换兵，形成双方在棋盘上只剩下光杆司令单王无法再决斗的官和局面。直到这个时候，加里亚莫娃才微微扬起头，用冷漠的眼神看看我，她那美丽的大眼睛中已经全然没有任何继续挑战的神情。棋下到这个份儿上，比赛已经结束了，不管你愿意不愿意。我静静地坐在那里，眼看着棋局已经不会再有什么反复，脑子里一片空白，心中告诫自己：对局尚未结束。

加里亚莫娃用英语低声地说了句："I offer you a draw." 听到对手提和，我先用笔在比赛对局记录纸上慢慢签上自己的名字，然后看了一眼坐在棋桌对面的加氏，两个人同时轻轻笑笑，随即二人在棋盘上握手致意。硝烟散尽，对抗赛的比分锁定在 8.5：6.5。比赛真的结束了，我赢了，女子世界冠军荣誉重新回到中国！

那一刻，整个赛场悄无声音，在场的每一个人都见证了中国国际象棋发展史中重夺世界冠军荣誉的幸福画面，没有人愿意打破这美好的片刻沉静。隔了几秒钟，轻轻的掌声从赛场的某个角落中响起。掌声把人们带到了现实，比赛结束了，中国人赢了！顷刻间整个大厅一片欢腾。

一切都发生得太快了，刚刚欲离开赛桌前的我根本来不及有所反应，面前已经堆满了各式各样的话筒。没有冲到前面的记者提意见了，于是有人出来维持秩序，赛场变成了新闻发布会现场。

留在舞台上的我在这个时候只想在观众席中寻找中国代表团其他人的身影，没有他们的鼎力相助，哪有我此刻的胜利。邀请两位教练一同走到台上，我的座位安排在他们中间，共同回答记者的提问。如今我已经根本不记得那时候记者都问了些什么问题，更记不得自己是怎样回答的。只记得，在自己不需要说话的时候，总会趁着一个教练回答记者提问的时候，转头向另一个教练，不停交换着刚刚结束对局中彼此对某些局面转换的认识。那是自己棋手生涯中最快乐的时刻，一边体味着棋局胜利带给自己和国人的快乐，一边享受着棋局对弈本身的幸福过程。

1999 年 8 月 22 日的夜晚，我久久不能入睡。一场激战刚刚成为历史，所有的紧张和疲劳一下子都释放了出来，整个人瘫在床上仿佛散架了一般。终于，自己把丢了的国际象棋女子个人世界冠军的头衔又夺了回来，终于可以吐出压在自己心中 3 年多的一口闷气，再苦再累也值得啊！

迷迷糊糊间，我终于安然进入梦乡。

比赛后记

比赛结束了，我把 1996 年从自己手中失去的国际象棋女子世界冠军又夺了回来。唯一遗憾的是，决赛中我的对手是加里亚莫娃，而不是三年前的波尔加。她选择了不继续当棋手的人生轨迹，不再继续参加比赛，我没有办法。

热闹的闭幕式后，我回到了北京，生活重又恢复平静。

树欲静而风不止，波尔加又开始致信国际棋联，声称她才是唯一合法的女子世界冠军。类似的故事两年来已经第 N 次发生了，不免令人有些厌倦。众所周知，体育竞赛的冠军只有一个，这个称号不是为谁量身定制的，更不是可以世袭继承的，而是按照竞赛规则通过层层激烈比拼之后笑到最后的那位选手。波尔加既然已经决定告别棋手生涯，一而再再而三拒绝参赛，还有什么理由去抗议？其实，从我内心来讲，不管与波尔加之间的较量是否与冠军头衔相关，我都愿意应邀参赛与之再次比拼一番，为的就是弥补自己棋手生涯当中最大的遗憾。

世界冠军赛已经结束，我想自己也应该站出来说几句话，表明自己的态度，同时让世人看到事情的真相。于是，我提起笔用英文写了一封致波尔加的公开信，并把信寄给了世界上最大的国际象棋网站发布。

没想到，该信被国内媒体翻译成中文发表后，引起了很大的反响。可能是这封信触动了记者的职业敏感，或者是国人还不太习惯用公开信的方式来阐述自己的意见，于是，一时间关于谢军与波尔加的恩恩怨怨的大讨论铺天盖地，找不到在美国生活的波尔加，老记们向我来寻求答案。

其实，从某种角度讲，我不仅了解苏珊·波尔加的棋，还有她的为人和处世手段，因此我能够理解波尔加颇为过分的做法。她只是不愿失去世界冠军的头衔，但同时也不想承受竞赛的压力继续做棋手。所以，我才会用写公开信的简单干脆的处理方式表明态度。外界把事情想得太复杂了，波尔加与我之间根本没有个人恩怨，只有棋盘上未完成的较量。因此，对于记者们的提问，我的回答是："想说的话都写在了公开信里，过去的事情都已成历史，我不想在这个问题上继续纠缠，浪费精力。"

附：致苏珊·波尔加的英文公开信及该信的中文翻译稿

Open Letter to Zsuzsa Polgar

Beijing, 30th August 1999

Dear Zsuzsa Polgar,

Having finished my match against Alisa Galliamova, I finally have the time and energy to reply to the open letters and comments you published on your web site, some of which I felt were directed to me personally. And I am sure you would not want to do all the talking just by yourself.

During the last two years, I have been following the updates on your web site, read your book with patience and studied your letters to FIDE carefully. Now I feel obliged to write this open letter in order to clear up some issues. I did not reply earlier for the simple reason that I decided to save my energy for a real chess match.

Let me start by saying that I am not the person as depicted in your book "Queen of the King's Game" which, in my opinion, is full of incorrect assumptions. I cannot begin to understand why you should write about me and members of my team as if you knew exactly what we were thinking. And I guess that phrases like "she defeated the forces of communism..." sell better than the more modest "she defeated an ordinary chess player from China..." Still, I take offense to the manifold violation of the truth in your story and the ill-natured style of writing.

Recalling our match in Jaen (1996) brings no pleasant memories. Mr. Rentero's letter was very disturbing, for both of us, as it distracted us from what we were there for: to play chess. Personally, I was most annoyed by the timing of the match — it started in the midst of the Spring Festival, the major festive season in China. But I accepted the conditions and did not complain, even though I, too, could probably have found some stipulation in the FIDE rules which would have allowed a delay of the start of the match. I decided, however, that it was not in the interest of women's chess, or chess in general, to introduce controversy. Which is also why I have never contested the result of the match. It was me alone who I blame for the mistakes in the games that eventually presented you with the title of Women's World Champion. From the moment I lost the title to you, I have been waiting for our rematch.

Why don't you forget for now who is the rightful owner of the title Women's World Champion, stop talking and go ahead with the things you announce on your web site. If you manage to find a sponsor for the amount you specify (between half a million and two million US dollars) you will know where to find me — although it seems far from realistic to me. I am easily satisfied and ready to consent to all conditions that you consider acceptable. Unfortunately, your statement that you will refuse to play in China frustrates in advance any of my attempts to find a sponsor in my home country. Hence, I am forced to leave this job to you.

There is one thing I would like to add. After us there will be a ninth, a tenth, and many, many more Women's World Champions in chess history. The title does not belong to anyone in particular and should be defended over the chessboard, not in the courtroom. Admittedly, the current situation is unsatisfactory, but adding insult to injury will deter rather than attract any future sponsors. If you are genuinely interested in promoting chess, and women's chess in particular, then you should do your best to ensure we can play at the chessboard. You will have a major advantage in preparation, as there is no database showing any of your games in the last three and a half years. On the other hand, if you have decided not to take up playing serious chess again, then just admit it and stop making excuses.

I do not expect a personal reply to this letter, since I intend to keep myself busy with more meaningful things than practice English prose. Just inform me when you have found a sponsor that suits your conditions. I am only interested in hearing whether we will meet each other over the chessboard or not. I look forward to that.

Let the games do the talking.

Best regards.

Xie Jun

致大波尔加的公开信（中文译稿）

亲爱的苏珊·波尔加：

在结束了和加里亚莫娃的比赛之后，我终于有时间和精力来回答你最近在网上的公开信及某些评论，其中有些针对我本人。在过去的两年里，我一直关注着你的个人网页更新，耐心地阅读你写的书，仔细地研究你给国际棋联的信。现在我觉得有必要写出这封公开信，以澄清一些问题。没有在更早的时间答复你理由很简单，因为我需要在一场真正的国际象棋比赛中保存精力。

首先我要说的是我并不是你在《王者游戏中的皇后》一书中所描绘的那种人。在我看来，书中有关我个人的描写充满不确的臆测。我实在不敢苟同你对我和我的教练组的描写，好像你真的知道我们当时在想些什么似的。而你书中出现的一些句子，诸如"她击败了共产主义的军队"，而不用稍微谦和一些的"她击败了一位来自中国的普通棋手",我想大概是为了取得更好的卖点吧。令人尤为反感的是,你在书中多次歪曲事实并表现出不怀好意的文风。

1996年1月的那次比赛给我们留下了很不愉快的回忆。伦德罗先生(赞助商)的信极大地干扰了我们的比赛(伦氏不希望看到和棋)。比赛的时间安排也令人烦恼,当时正逢中国最大的节日——春节期间。然而我并没有抱怨,而是接受了这样的安排。尽管我当时满可以从国际棋联的规章中找出有关条款来推迟那次比赛,但是我觉得引起争端不利于女子国际象棋运动,甚至整个国际象棋运动的发展。也正是基于同样的理由,我从未对那次比赛的结果提出过异议。我只怪我自己犯了一系列错误,最终将你推上女子世界冠军的宝座。从我失去头衔的那一刻起,我就一直在期待着我们之间的再次较量。

现在你为何不把谁是世界女子国际象棋冠军称号的合法拥有者的话题暂放一边,而着手进行你宣称要做的事情呢?如果你可以按你开出的(50万~100万美元)额度找到赞助的话(虽然我认为根本不现实),你知道哪里可找到我。只要是你认可的条件,我绝不找任何借口拒绝比赛,随时恭候大驾。

遗憾的是,寻求赞助商的问题只能留给你来解决,因为你明确表明拒绝在中国进行比赛的态度封杀了我在自己的祖国找到赞助的可能。

在我们之后,国际象棋史上还将出现第九位、第十位乃至更多位女子世界冠军,冠军称号并不为某一人所独占。卫冕是在棋盘上进行的,而不是在法庭上。揭旧疮疤非但吸引不了未来的赞助人,反而会使他们望而却步。如果你真心想推动国际象棋运动,尤其是女子国际象棋运动的发展,就请你尽一切努力确保我们能够在棋盘上一决胜负。在过去的三年半里,我找不到你的任何棋局记录,因此在备战方面你是大占便宜了。此外,要是你已经决定不再进行正式比赛,那么不如接受现实,就不用再为自己离开棋坛找借口了。

我并不期待你的私下回复,因为我得忙于做一些比练习英语写作更有意义的事情。你唯一需要做的就是找到符合你认为条件合适的赞助商,然后通知我一下就成。我只对一件事情感兴趣，那就是我们能否在棋盘上相遇。

我盼望那一天的到来。

让棋赛来澄清一切吧。

谢军

1999 年 8 月 30 日于北京

2000：新赛制

2000 年 11 月至 12 月，首届新赛制国际象棋女子世界冠军淘汰赛在印度首都新德里举行，我作为卫冕冠军应邀前行参加了比赛。这一年，世界冠军赛的赛制进行了全面改革，传统赛制取消，淘汰赛制取代了传统的对抗赛方式。原以为比赛将是一次结局难以预测的乱战，曾经想过自己可能会不适应淘汰赛的比赛方式，也放不下世界冠军的身架，但出乎自己赛前意料的是，我怀着极为平静的心情来到了比赛举办地——印度首都新德里，比赛中我表现出了超出以往任何一次比赛的从容心态，顺利问鼎新赛制，成功卫冕。延续了 70 多年的世界大赛的赛制说变就变，多少令人有些不适应。传统赛制不复存在，意味着卫冕世界冠军不是在决赛阶段敬候挑战者，因为在新赛制中，无论你是哪一个级别水平的棋手，都必须从比赛第一轮开始一路淘汰对手，过五关斩六将才能进入决赛。

对于国际棋联改变赛制的随意性，我的态度与世界上很多超一流棋手一样持不同的意见。虽说新的淘汰赛制能够满足更多棋手的参赛需求，提高大多数处于中游棋手的收入，但淘汰赛的偶然性令这一赛制下产生的世界冠军具有极大的偶然性，不具备权威性。

世界冠军是棋手追求的最高荣誉，应该是实力最强大的棋手笑到最后，这样的胜利者才令人心服口服。让一个在充满偶然因素的赛制下产生的胜利者担负冠军的使命，无疑会降低项目本身的档次，鱼目混珠的现象并不利于国际象棋事业的长久发展。所以，在我心目中，淘汰赛制更适合被称之为世界杯，而非含金量最高的世界冠军个人锦标赛。（注：经过时间的考验，从 1996 年开始推出的淘汰赛制下的男子世界冠军锦标赛到 2005 年改称为世界杯，国际象棋传统赛制随之恢复。女子从 2011 年恢复传统赛制。）因此，从骨子里我认为淘汰赛打出来的冠军与传统对抗赛打出来的冠军根本是两回事，完全不可相提并论。我是在传统赛制中取得的世界冠军，既然赛制已经改变，自己不过是众多普通参赛者当中的一员，而不是什么卫冕冠军。

回首自己的棋手生涯，5 次个人世界冠军赛无疑留下了最深的印记——挑战、卫冕、失利、卷土重来、新赛制夺首冠，千变万化的棋局，每一次比赛中自己扮演的角色不一样，参加比赛的心态当然也不尽相同。

尽管 2000 年女子国际象棋个人世界冠军赛改用淘汰赛制，对手的不断更换和与同一对手的比赛对局数量的减少令偶然因素陡然增加，但比赛中棋手所执行的策略仍然是取胜！没错，竞技体育对于运动员而言就是一个不断追求胜利的过程，而对抗赛可以简言之为零和规则——胜者微笑继续前进，败者收拾行李回家。

带着无所谓的心态参赛

2000 年 11 月末，带着月初刚刚代表中国队在土耳其成功卫冕团体世界冠军的仆仆风尘，带着这样一份对新赛制比赛成绩可有可无的奇怪心态，我来到了印度首都新德里，参加 2000 年的女子世锦赛。赛前，我的心中没有了往日参加世界大赛前的紧张，甚至对是否参加比赛也抱着一份可有可无的态度。虽然在自己决定参赛之后，作为一号种子和世界冠军头衔拥有者的我只能为自己定下卫冕的参赛目标，但老实讲，对于最终的成绩目标我并没有一个特别的规划。本来就是淘汰赛，一路上遇到什么样的对手都不知道呢，还是打到哪里算哪里吧。

坦白地讲，对于是否要参加这个比赛，我的心中根本存有几分无所谓的态度。原本，按照国际棋联的相应规章制度，女子个人世界冠军完全有资格参加男子的世锦赛，这意味着已经年满30岁的我终于有机会参加男子世锦赛的角逐。不知不觉到了而立之年，我当然知道自己在棋盘上的青春岁月不会恒久，接下来的比赛随时可能是自己的告别演出，因此我当然希望尝试角逐男子比赛的感觉。然而，规则允许是一回事，实际的比赛流程是另外一回事。这一年，男、女世锦赛在同一个时间同一个赛场举行，这意味着我根本无法兼顾同时参加两个比赛，而必须放弃其中的一个比赛，参加另外一个比赛。虽然，从心底里我更愿意去尝试男子比赛，但中国国际象棋协会从获得理想成绩的角度考虑，为我报名参加女子组的角逐。

现实面前，我选择了接受。但与此同时，潜意识中已经对赛场萌生退意，意识到印度之行可能是自己最后一次参加世界个人冠军赛。开心去下棋吧，我暗自叮嘱自己：既然做棋手，就从容面对一切挑战；既然心生去意，就把这个比赛当成是自己的告别演出，在这个比赛中，应该将自己最好的一面表现出来。

过五关斩六将

参加比赛的一共有64名选手，淘汰赛制的比赛决定了棋手必须时刻将自己的状态保持在心悬一线的紧张感之中，一点松懈不得。因为每当你淘汰了一名选手进入下一轮的时候，新的对手又出现了，崭新的面孔、不同的棋艺风格，以及对手身后不同的教练团队都在发挥着作用。你必须无条件地去适应这种变化，因为在每一轮比赛的轮换间隙，根本没有给你预留下时间去放松。

我与另外几名种子选手直接进入第二轮，我的对手是俄罗斯选手马特维娃。马特维娃是我的老对手，她比我大一岁，我们二人早在1989年波兰的一个邀请赛中就交过手。那次比赛马特维娃是冠军，我获亚军；她如愿获得国际特级大师续分，我则差了那么一点点。比赛结束后，看到我正为与特级大师续分擦肩而过而郁闷，马特维娃高兴地拍着我的肩膀说："以后有的是机会。"后来，我们又代表各自的国家在世界奥林匹克团体赛上相遇，每次对局都杀得难解难分。

马特维娃在赛场上的气质不同于其他女棋手，曾经是俄罗斯棋坛第一美女的她选择了独身的生活方式，一坐到棋桌边上便会表现出一名资深美女特有的骄傲和自信。年少时马特维娃曾是俄罗斯棋坛未来之星，后来她在参加的几次女子个人世界冠军赛中少有建树，不知道这是不是与她特立独行的性格有关。

2000年11月30日，我与马特维娃之间的较量正式开始，第一局我执黑棋。双方都是老对手了，很了解对方的开局套路，因此棋局开始阶段我俩落子如飞，走成了一个双方都认为对自己不错的局面。开局告一段落，棋盘上形成了我以前和教练组一起研究过但从未在比赛中实践过的一个局面。第18步棋，马特维娃很快走出了一步上象的创新着法，面对一个似曾相识的局面，不知道为什么，怎么看都感觉到眼前的棋局画面令自己不舒服。坏了，一定是自己之前的开局解拆出现了判断错误，这意味着自己的开局漏洞正好被对手扑了个准。客观地分析了局面之后，我开始逐步冷静下来，苦苦思考对策。怎么办？白棋已经占据了局面的主动权，自己必须要指挥好黑方有限的活跃子力构建防线。

棋局进入艰苦的防守阶段，利用对手扩展优势时的犹豫不决，我开始极有耐心地一点点调动棋子化解白棋的威胁。对局进行到第45回合，我一边选择了战术组合简化局面的走法，一边用手交叉成十字示意对手和棋。见状，马特维娃犹豫了，她不知道应该接受我的和棋建议还是勇敢地在棋局上掀起新的波澜。当她一直把自己赛钟上的时间就要用完的时候，马特维娃不情愿地向我伸出手来，同意和棋。她在比赛记录纸上签字之后便撇着嘴离开了，那样子既有对自己没能拿下优势局面的不满，也像是对我示威，接下来要给我好看。

首局比赛，我总算是有惊无险渡过了难关，淘汰赛的对手一上来就差点给自己来个下马威，看来自己在明处，对手在暗处，对手比自己预想的要强大，看来以后的比赛将更加艰难。

第二局我执白棋，对局过程中我没有占到什么实质性的便宜，行至第 50 回合，双方握手言和。两个人究竟谁能争得进入下一轮的比赛名额，还要看次日的快棋决斗。

2000 年 12 月 2 日，我经历了自己棋手生涯当中第一次通过快棋决胜负获得晋级资格的比赛。首局棋我又抽到黑棋，开局阶段我率先改进了自己在慢棋赛中第一局的战法，复杂的中局争斗中双方不分高下。随着对局的进程，我们兑换掉棋盘上的大部分子力，开始了残局的较量。这盘棋，黑白双方的棋子一直纠缠在一起，局面根本看不清哪一方占据了主动。终于，在混乱之中我抓住对手的漏算掠得一兵，随后把己方的王入侵对方阵地，帮助自己的小兵挺进到对方的底线升变。马特维娃倒也真是顽强，直到第 70 步黑棋将杀白王，她才停钟认负。

休息 10 分钟之后，快棋第二轮的比赛又燃战火。这局棋中，执白棋的我并未因为首局棋的胜利走得保守，一上来便弃子抢攻，目标直捣对方王城。也许是马特维娃的状态还没有从首局的失利中恢复过来，也许她被我的气势所慑服，整盘棋过程中只见白方的棋子生龙活虎，黑方棋子毫无生机呈支离破碎状。当局面已呈胜势，我及时收兵选择了长将和棋的变化。快棋两局对抗结果一胜一和，依靠快棋之役 1.5∶0.5 的战果，我成功淘汰对手，顺利获得挺进下一轮的比赛资格。

首轮艰难胜出之后，我的心中突然生出一个很奇特的念头：自己将赢得此次世锦赛。这样的情景在 1991 年我与玛雅·奇布尔丹尼泽的对抗赛中曾经出现过。我将这一想法告诉了老搭档教练叶江川，闻听此言，这位已经带了自己 12 年的老兄第一个反应便是一脸的不解，他那不置可否的表情仿佛在说：才第一轮比赛，你就从生死线上走了一遭。淘汰赛什么情况都可能发生，后面的对手一个比一个强，现在你这么早就口出狂言，不是受到什么刺激了吧？不过，12 年的合作令江川知我甚深，比赛中一向言语低调的学生能够出此大话，也一定不会是空穴来风。从第二轮比赛开始，叶大教头把我的备战工作抓得更严了。

接下来的几轮比赛中，我果然渐入佳境，先后战胜了俄罗斯棋手扎亚茨和卡瓦列夫斯卡娅以及当年度的欧锦赛女子个人冠军、乌克兰选手茹科娃，并且对局中再也没有出现过第一轮的险情。

进入了决赛，我的对手是从另一条线上杀出的中国棋手秦侃滢。

"伤心"卫冕

决赛将是四局常规慢棋的对抗，先得 2.5 分的棋手获胜。如打平，加赛快棋一决高低。两名中国棋手会师决赛，令时任中国国际象棋协会秘书长的林峰老师高兴得不成。可不是，中国棋手提前包揽冠亚军的战绩，背后最大的赢家是中国棋协，比赛到了这个地步，哪一名中国棋手能够最终登顶已经变得不那么重要了。各国官员见了林老师面都要恭贺一番，然后开玩笑说中国棋协好大的气派，居然让国际棋联出资几十万美元来决定谁是中国的女一号当家花旦。好心情令林老师一扫前几轮观战时的紧张，年近花甲的他整天哼着个小曲，见到谁都脸上挂着笑容。

相比之下，两名棋手的教练也表现得要比前几轮放松得多，担任国家队总教头的叶江川更是一改十年来只要我下世锦赛他老兄都要在现场观战的老习惯，决赛赛场里很少见到他的踪影。秦侃滢的教练是我国著名男子国际特级大师彭小民，他曾在 1995、1996 年备战我与波尔加的比赛期间担任过我的助手，彼此间的关系像姐弟一般。彭小民现在的身份除了是秦侃滢的教练之外，两人已经在不久前领了结婚证。想当年我们是一个训练小组的时候他们刚刚谈朋友，两人吵架时，我还当过和事佬呢。

秦侃滢是我国 20 世纪 70 年代生人那批棋手中最有才华的一名女棋手，15 岁便获得全国女子个人冠军，创造了最年轻冠军获得者的纪录。秦侃滢并不属于力战型棋手，凭借良好的棋感、轻灵的战法和清醒的头脑，在比赛中常有出色的表现。自从与彭小民结婚之后，秦侃滢的棋艺才华得到了进一步的发掘，不仅仅表现在她开局的套路掌握得更加娴熟，中残局的视野也比以前更加开阔。

与对手相比，我的优势在于良好的体能和丰富的对抗赛经验，多次加冕棋后的经历也使得我比赛时拥有更加平和的心态，多年的胜负锤炼，我已把那顶象征着女子国际象棋领域最高荣誉的皇冠看得很淡。

中国女棋手会师世锦赛决赛是一件令人振奋的事情，但是从感情上讲，我还是不希望在决战中面对自己的同胞。特别是秦侃滢，虽然我们之间的私人关系说不上是知己姐妹，但绝对是关系很好的朋友。不用谁来说什么，我能想象到秦侃滢对比赛最终胜利的渴望，因为在她的棋艺生涯里她虽然获得了众多的奖项，但无论是团体赛还是个人赛，她从未问鼎过世界冠军宝座。

而自己，此时却要尽全力去阻止她去圆那个世界冠军梦。可我是棋手，只想赢得比赛最终的胜利，争取胜利是棋手的天职，不能夹杂其他的东西在其中。

我要求自己抛开杂念，以平常心从容应对决赛中的棋局。

2000年12月12日，首届淘汰赛制的女子国际象棋世界冠军锦标赛决战上演。第一局我抽到了白棋，执黑的秦侃滢选择了一路她从未走过的开局变例，令我一下子有些不知所措。面对刚刚开始战斗的棋局，我陷入了沉思。大脑高速运转着，努力从记忆库中找出对手选择此变例的根据。彭小民曾经担任过我的助手，他对我的开局套路和具体走法了如指掌，莫非他们在这路变化中找到了什么突破性的改进走法？这个变化并不尖锐呀，对手选择此变例究竟为了哪般？

对手开局的选择令我左思右想不得其解，我坐在棋桌边冥思苦想，试图从记忆中翻出自己在1995—1996年的对局和训练过程中解拆过的棋局变化，突然我回想起，眼前的局面在自己1996年与波尔加对抗赛时对手曾经出现过，后来自己在比赛中就再也没有遇到过这个开局变例。原来如此！1996年的那局棋，我在开局阶段没有获取到什么实质性的优势，秦侃滢一定是希望选择此变化示威，提醒我开局阶段的准备工作对他们没有秘密可言。

应该怎么办？我的大脑开始高速思考运转。如果此时我找不到厉害的着法，对手将极其轻松地度过决赛首轮执黑棋后走的考验，在心理上获得极大的激励。

找到了问题的源头之后，我的思路豁然开朗，抛开杂念沉下心来仔细寻找改进的方案。对局的前16回合双方都在重复1996年我与波尔加的那局棋，唯一不同的是此役我耗去了更多的时间。第 17 步棋时，我率先变着，临场改进了自己过去执白棋的下法，率先弃兵破坏对方的兵形。我的临场选择大大出乎秦侃滢的意料，看来他们的赛前备战中没有想到这种可能。面对白棋的弃兵和我的沉稳表现，执黑的秦侃滢还是按照她原来的开局准备方案，一味选择兑子简化，未能找到最妥善的解决方案处理阵营中的破碎兵形。见此状，我调集白棋的子力攻击黑方的局面弱点，弈至 41 回合时，黑方残局败势已定。看到防守回天无力，秦侃滢投子认负。

首战告捷，对手肯定不会善罢甘休。吸取首局比赛的经验，准备后面比赛的过程中，叶江川教练指导我有意识地避开了以往常走的变化，力求在自己的开局武器库中挖掘出新的"弹药"。

接下来的三局棋，双方棋手均发挥出了自己的正常水平，三局和棋结果让我以 2.5：1.5 的总比分再一次登上了世界冠军宝座。

比赛结束了，没有往次比赛战胜外国棋手之后的兴奋，教练叶江川也只是与我握手表示祝贺。离开棋桌，与彭小民边走边讨论最后一局棋的某个变化，拉着秦侃滢的手一起让新华社驻马德里的记者摄影留念，一切都是那么随意平静。相比之下，倒是那些熟识的国际棋联官员以及比赛的裁判长对我的胜利表现出了更多的兴奋神情，观战的当地棋迷更是连连竖起大拇指称赞。

第二天，中国代表团全体人员乘车参观举世闻名的景观泰姬陵，行程中秦侃滢晕车吐了一路。看到这一幕，我心中最后一丝卫冕世界冠军的快乐也随风飘走，要是没有我们俩刚刚结束的对决，相信她的身体状况也不会变得这么糟糕。我情愿赢一名与自己根本没有交情的棋手，情愿与别国棋手在对抗赛中拼个你死我活，但比赛中我没有办法选择对手。我是棋手，在棋盘边争取胜利是棋手的天职。

去意萌生

大赛过后的疲劳令我感觉到很累，顺利卫冕世界冠军的喜悦只在心中停留了一小会儿便消失得无影无踪。抛开对赛制改动不满的因素，我发觉自己内心深处已经逐渐对世界冠军赛失去了以往的兴趣。

国际棋联主席依柳姆诺夫在闭幕式上对我的胜利给予了高度的评价："事实证明，无论传统赛制还是淘汰赛制，最强者都将赢得比赛。"难怪棋联主席开心，赛制改革遭到各方声音的质疑，如今一号种子选手获得淘汰赛制的冠军，说明实力强的选手不会受到淘汰赛制的偶然因素干扰，我的胜利当然是对国际棋联赛制改革成功的最佳证明。

而对于我来说，这一切已经都不重要。我只是状态稳定地下完一场比赛，用一个圆满的句号结束了女子国际象棋界属于谢军的十年。十年间，我从一名没有任何大赛经验的棋手，成长为一名获得世界上最高头衔男子国际特级大师的女子世界冠军；十年间，每一次女子世界冠军锦标赛决赛的历史镜头里都有同一名中国女性的身影出现。十年来，我挑战过别人，也经历过成功卫冕；承受过滑铁卢式的兵败，也有过从头再来捍卫世界冠军尊严的保卫战；如今，首届新赛制的冠军也拿到了，我却突然发现，女子个人世界锦标赛对我一点新鲜感也没有了。

下棋原本是自己的乐趣所在，而今捍卫棋后头衔却变成了下棋的最终目的。这样一来，下棋的责任无形中放大了，弈棋过程能感受到的单纯快乐则少了许多。

作为举国体制下培养出来的运动员，我当然懂得国际赛场为国争光的道理，用自己的特长报效国家更是每一个公民应尽的责任。但是，心中悄然袭来的厌倦感让我斗志渐消，去意渐生，而立之年的我，不想让周而复始的卫冕战成为自己生活的全部。该换一种平常人的方式生活了，这样亲人们也不会跟着自己比赛征战揪心着急了。

再赢一次比赛又能怎样？淘汰赛制偶然性因素太大，即便卫冕也缺少往届比赛的权威性，成绩簿里再加上这样一个机会性很强的世界冠军头衔也没什么了不起。下次比赛自己输了又会如何？明知棋手的水平都很接近，但我知道"中途被淘汰也属平常"的话只是说说而已，棋盘上从不低头的我如果遭遇失利，一定会抛开一切试图卷土重来。这样的循环会无限期地周而复始，直到自己被打趴下再也爬不起来的那一天。如果选择了这样一种以棋局为中心的生活，那么就意味着自己将远离正常人的生活方式，难道自己的一生就只有争夺世界冠军、卫冕世界冠军的内容吗?

花开有季,不同的年龄过不一样的生活,30岁了,是到了换一种生活方式的时候了。趁着中国女队人才济济,趁着女人30岁还不算太老,开始全新的人生吧。

2000年女子世锦赛闭幕式领奖台上,我笑着冲台下的人群挥手,带着胜利者的微笑,在心底默默告别了女子世锦赛。

或许,有一天谢军还会重新出现在女子世锦赛的棋桌旁,摆弄着棋子,带着20岁时的兴奋神情和开心笑脸,那时候重做棋手的我才是真正快乐的。

未来的事,谁知道呢?

2004:重披战袍

2002年10月,我晋级成为一名幸福的母亲。休完产假,生活渐渐恢复常态之后,再拿一次世界冠军的想法开始在我脑海里出现。成为妈妈冠军对于自己是一项有意思的挑战,要知道,自从现代女子国际象棋运动走向职业化以来,还从没有过女棋手生完孩子重新出山夺冠的先例。计划中的女子世锦赛应该在2003年的某个时间举行,这一年的年初我结束了产假后的休整,夏天归队,开始了棋手的平日正规训练。

尽管自己满心憧憬勉力重归,但遗憾的是现实生活中很多事情天不遂人愿。这一年先是突发而来的"非典"让北京的居民人心惶惶,接下来的消息便是新一届世锦赛遥遥无期,自己刚建立好的棋手生活规律又乱了套。这一年最大的收获是女儿从一个嗷嗷待哺的婴儿成长为一个蹒跚学步的小淘气儿,最大的感触是父母在一天天变老,还有就是博士研究生学业的压力,以及自己的工作岗位已经从一名运动员转岗担任北京棋院院长。

怀揣当一名冠军妈妈的棋手梦想,2003年的我在失望中度过。思来想去,在这一年的年底我决定放弃当妈妈棋后的念头,踏踏实实地把精力集中到做好手边的事情、照顾好身边的家人和现实的工作岗位职责当中。这样至少不用一天到晚神经绷得紧紧的,还可以少出差，工作日中除了朝八晚五之外的时间也可以自由支配。

时间悄悄迈入了 2004 年。3 月，根据组织安排，我到市委党校参加了为期 4 个月的全脱产北京市优秀中青年干部培训班。棋盘慢慢不再出现在自己的梦境里，我逐渐接受现实的生活轨迹，变成了一个职场女性、称职妈妈和勤奋的学生。

正当自己坐在党校教室里潜心学习党章、"三个代表"精神和其他行政管理干部必须具备的相关知识之时，国家队那边又传来了希望我能够早日归队的呼唤。为了在 2004 年 10 月的国际象棋世界奥林匹克团体赛中完成卫冕重任，队里希望我能够重新出山，坐镇中国女队一台主力参赛，帮助处于新老交替的中国队冲击四连冠。

比赛开始的时间就在眼前，自己能否归队参赛？我必须做一个决策。

"什么是自己的决策标准呢？"我不禁自问自答。

第一，自己的棋力还在巅峰状态吗？答案：否。生孩子加上前一段时间正规训练的中断，棋艺生疏了，棋手赛场上所需要的战斗感觉不见了，剩下的只有书本上的理论和多年大赛积累下来的经验。

第二，自己的归队真能加强中国女队的实力吗？答案：是。上一届比赛中国女队由年轻队员组成，一路摇摇晃晃如走钢丝般才把冠军奖杯又捧了回来，此次主力选手诸宸由于怀孕届时还不能参赛，实力更打折扣。即便我的加盟不复当年技术实力方面的优势，至少在稳定队伍军心方面能起到积极的作用。

第三，此时自己能狠下心对国家队说"不"吗？答案：否。且不说中国国际象棋事业发展的需要，就是冲着造就自己创造了棋坛佳绩的集体和合作了 16 年的教练叶江川，此时我也要竭尽全力去拼一下，帮助队里顺利渡过新老棋手交替的难关。

思考再三，我接下了参赛的任务，只待党校学习结束后即刻归队训练。虽然自己心里明白，这个决定意味着一切将从头开始，但我相信，只要咬紧牙关去努力，棋盘边的那个世界棋后谢军会回来的。

很多人反对我再回竞技场，其中绝大多数是我的朋友。

"谢军，你已经功成名就急流勇退了，团体赛责任大又没什么经济利益，你何苦还要费那个力气，弄不好就是'晚节不保'。"朋友的话说得很实际也很中肯。

"我从未急流勇退过，2001 年告别世锦赛只是看不到新的挑战，对于职业赛场和周而复始卫冕世界棋后头衔的压力自己已经厌倦。这次归队，我别无选择，就当是报恩吧，看自己这把老骨头还能不能发挥作用。哈哈哈……"我诚实地答道，故作轻松。

其实，与朋友们相似的想法自己也不是一点没有，虽然类似的念头不过是偶尔在脑海中闪过。我自己在棋场上的得失并不重要，心底更多的顾虑来自家里：孩子才一岁多，父母亲的身体一直不太好，先生在国外工作，家里的大事小情根本指望不上。如果同意参赛，意味着家里的一切只能全部托付给二老，万一……队里遇到困难的时候自己重回赛场，是在报答国家多年的培养，但对家人我却无法不心存愧疚。把孩子甩给老人看管，又要让老人操更多的心，不能让父母安享晚年，是女儿的不孝。自古忠孝难两全，就让我最后一次以棋手的身份，用自己棋盘上的胜利报效国家吧。

最难的是心理关

2004 年 6 月 30 日，我结束了党校的学习；7 月 1 日，归队；7 月 2 日，父母带着女儿从我位于北京南城的家搬到了城北他们自己的居所。父母理解国际象棋对于他们唯一的女儿意味着什么，更深知我事事争强好胜，于是执意要把住处搬得离我远一点，为的就是让我专心训练。父母还经常开导我说："别总惦记家里的事。既然承诺了参加奥赛，不投入全部精力恢复训练怎么行呢？"可是，女儿从出生以后就一直跟我睡在家中那间 15 平米朝东的居室里，小人儿还从来没有去过其他地方过夜。如今换了地方生活，小家伙能适应新环境吗？

已经不记得搬家那一天自己是如何跟着忙碌的家人一起收拾物品的了，只记得自己的眼睛一刻没有离开满屋乱跑的女儿。小家伙根本不知道家里发生了什么，看到大人忙，她也跟着在各个房间里乱窜，兴奋得不得了。

上车，我把女儿的小身子紧紧搂在怀里，当行驶的车辆渐渐远离我们居住的那座淡粉色的体育局宿舍楼，我的眼泪突然奔涌而出。就这样，我怀里搂着女儿静静地落泪，从城南无声哭到了城北。把行李物品搬到父母的家中之后，我硬着头皮放开女儿的小手，一刻不敢多停留，上车扭头就走。不知不觉，嘴边又是咸咸的味道，泪水从城北又流到城南棋院的办公室。

交接了工作上的事务，晚上，单位的同事们一起外出聚餐。谁也说不上这顿饭该算作是我以优异成绩结束党校学习的接风宴，还是即将踏上赛场的送行酒。那晚，我喝了很多酒，醉了，在众多同事前第一次没有遮掩地哭了起来。迷迷糊糊之间，女儿可爱的面孔一直在眼前晃，不知道那一刻小家伙想妈妈了没有……

相信天道酬勤

2004 年 9 月，中国国际象棋队开赴山区，为 10 月赴西班牙奥林匹克世界团体赛做最后的备战。经过 3 小时的车程，大队人马离开了济南，抵达了位于山东莒南县马鬐山脚下的风景秀丽的陡山水库。汽车驶离高速公路之后，一片片庄稼地和红砖青瓦的农家院映入眼帘。为了避让路两旁农家晾晒的粮食，司机只好在山路上接受严格的车技考验。看着路旁金灿灿的粮食，我想，我们参加封闭训练的每个人必须得像农夫春耕播种时那般繁忙付出，秋后才会收获金灿灿的胜利果实吧！

封闭训练果然名不虚传。住地房间里没有外线电话，为减少干扰，队里要求参加集训棋手的手机平时一律处于关闭状态。住地周边是寥寥村落几户农家，仿佛是世外桃源。除了锻炼身体时在山边果园采苹果和从路边养蜂人那里采购鲜蜂蜜之外，人民币似乎已经丧失了它应有的功能。

此次集中训练的目标明确——女队力争卫冕，男队争创佳绩，平日的训练安排处处体现出了这个主题。根据中国女队四名队员的棋风和平日训练配合的情况，此次参加集训的队员分为四组进行训练，每个组都订下了严格的训练计划，而训练内容的核心就是进一步解决女队员的技术问题。每日的棋艺训练分为早、中、晚三个阶段，所有棋手都必须按时到训练室切磋棋艺。下午4点之后是两个小时的身体锻炼时间，每日棋手们都是伴着落日余晖一身大汗地在山间小道上奔跑。

就我自己而言，虽然这几年一直没有离开棋，谈不上生疏，但毕竟"一线棋手"与"棋艺工作者"的生活节奏完全不同。在中国女队新老交替的特殊时期又重新披上战袍，现在摸起棋子，感觉到压力沉甸甸的。除了形势严峻带来的压力之外，还有自身从技术上和心理上的重新适应。

首先是训练方法的改变。随着时间进入21世纪，电脑的普及改变了棋手的训练方式和内容。以往备战，电脑只是起到一个图书馆寻找参考资料的作用，从对局库里找出对手的棋局之后，几个棋手便开始围在棋盘前就某个变化展开讨论，绞尽脑汁希望从中挖掘出一些新内容。而现如今，每个训练桌上都摆着若干台笔记本电脑，打开那些专门的棋艺软件，电脑便开始和棋手一同"工作"起来。训练室里经常会听到棋手们说："哎，怎么电脑说这个棋白棋占优，再看看。""昨天的棋我让电脑检查了一下，有点小问题……"什么什么，电脑说？刚开始听到这个词时我还真有些不入耳。明明棋类比赛是人脑之间的竞争，怎么电脑也配发表意见？难道今天的棋手真的变懒了吗？经过了一段时间的适应，并亲自尝到把电脑当成帮手进行训练效率大增的甜头之后，我才逐渐从心底里接受了这种新的训练方式。如今，我也会像年轻的棋手那样，用电脑检查一下自己的研究成果，然后说上一句："Computer说……"

心理上重新适应棋手生活远比技术上要难。甭说别的，就说平时训练的效率就与自己的预期目标不成正比。以前是摆过的棋想忘也难，白天下了再臭的棋晚上倒头就睡。现在可好，上午摆过的棋下午看起来都觉新鲜，只好挑灯夜战自己加小灶；好不容易睡着了，一觉睡过之后还搞不清自己到底睡过没有，更不要说棋局出现失误之后根本难以入睡的事情了。竞技体育，重新适应高强度压力下的生活并不是一件容易的事情。

为期三周的封闭训练我们未休息一天，就是中秋节和国庆节也是在紧张的训练赛中度过的。对即将开始的奥林匹克世界团体赛，中国国际象棋队参赛的棋手满怀期望，我们希望此次出征能够充分发挥水平，不辱使命。

相信天道酬勤，相信全力以赴投入做一件事，就一定能有收获。

硬仗开打

Mallorca 是位于西班牙南部的一个海滨度假城市，2004 年 10 月，第 36 届国际象棋世界奥林匹克团体赛在这里拉开战幕。考虑到旅途劳累和调整适应时差的因素，中国队提前两天就进入赛地安营扎寨。

中国女队是赛会的一号种子队伍，前两轮我们遇到的对手并不强。为了让我这个中国队所有棋手中年龄最大的女队员更充分地调整时差，也为了让第一次参加奥赛的小将黄茜尽快适应比赛，前两轮棋队里都没有安排我上场。

第一轮比赛，尽管自己并不需要上场，我还是准时出现在比赛大厅。时隔四年，我以观战者的身份重回国际大赛赛场，这种既熟悉又陌生的感受，是 2000 年世锦赛卫冕之后下定决心淡出职业赛场时自己没有想到过的。尽管比赛大厅里相识的面孔消失了不少，取而代之的是一些年轻陌生的新面孔，再一次回到自己最熟悉的赛场，我的心情还是别样自在。时不时看到一些老对手，故友相见别样开心，大家礼貌地打着招呼，询问这几年过得怎么样。接下来的比赛，我们将再次成为比拼的对手。

比赛第三轮，队里安排我出场，对手是拉脱维亚的 Reizniece。对手的技术等级分并不高，1998 年时我曾与她战和过一次，那时她刚刚获得了欧洲女子青年冠军。六年时间过去，相信这位年轻的棋手已不复当年的稚嫩，而我，虽然明明是一名久经沙场的老将了，再度归来，却感觉自己像新手一样惴惴不安。

执白先行的 Reizniece 选择了一个她从未走过的开局，这对于白棋来说是一种非常安全的选择。我的心里不由得一惊，搞不清是对手惧怕我这个离开赛场多年的老冠军的余威，还是她的教练智囊团在这个已经过时的开局变化中挖下了什么陷阱。从对局的第 4 回合开始，我便抱头思考对策，以往比赛时我可从未这么敏感过。重回世界大赛的赛场，特别是这里不是个人比赛而是关系到全队成绩的团体赛，我更加感到自己肩上责任重大，不敢轻易造次。

想了很久之后，我做出了避开常规变化套路的决定，做出这样决定的根据是对手的棋风特点。Reizniece 是一名进攻型选手，如果对手没有在这个开局变化中埋下"陷阱"，想来不会采取如此平稳的走法。选择避开常规平稳的走法，意味着直接把局面引入一个平淡残棋，棋局看似很快就将走向和棋，不过我相信在这样的局面中自己实际上是零风险与对手较量。相信自己的残局把控能力远远强于对手，即便再稍差一点的局面，也一定能把这个嗜攻击如命的 Reizniece 拖倒。根据对 Reizniece 棋风特点的分析，我在残局阶段的战斗表现得非常有信心。对局的发展果然不出我的预料，在均势残局中 Reizniece 逐渐失去了周旋的耐心，对局进行到 66 回合，我在残局中取得了胜利。

接下来的比赛进行得很顺利，第四轮胜德国的女子国际特级大师 Kachiani，第五轮胜英国女子冠军 Hunt，三连胜的成绩令我逐渐找回了过去参加世界大赛的感觉。

第六轮，中国队迎战俄罗斯队，这将是赛场一、二号种子队伍的激战。从某种意义上讲，这局棋的结果不仅仅决定两支队伍暂时的比分和排名，更对后面比赛的两支队伍的士气起到决定性的影响。我的对手将是世界亚军、国际棋联的形象大使、有着棋坛库娃之称的 Kosteniuk。

年仅 20 岁的 Kosteniuk 来自俄罗斯一个不知名的小城市，少年时期的 Kosteniuk 因为家庭经济承受能力的限制而无法参加心仪的比赛，直到她取得了世界少儿比赛冠军之后，才获得了俄罗斯棋协的支持。奋斗的成长经历使 Kosteniuk 对胜利充满了渴望，在 2001 年的女子世界锦标赛中，Kosteniuk 一举杀入决赛，最后在慢棋打平的情况下快棋惜败于我国棋手诸宸。那场比赛令年仅 17 岁的 Kosteniuk 一战成名，几年之后，她已经成为俄罗斯女子国际象棋的领军人物，夺取世界冠军是她下一个目标。

我知道这局棋将会是一场恶战，不仅仅是两个队之间，某种意义上讲更是两代棋手之间的较量。

第一次与 Kosteniuk 面对面坐在棋桌两边，她浑身上下透着属于 20 岁那个年龄的漂亮女孩子所特有的自信，妆容精致，衣着鲜亮，两手的指甲上还用厚厚的油彩绘出了非常扎眼的俄罗斯国旗图案。Kosteniuk 思考时习惯双手抱头紧盯棋盘，不时抬头直视对手，双眼透出犀利的目光，在心理上占据上风。比赛尚未开始，我静静地坐在自己的位子上，静静地观察我的对手，时不时轻轻与队友耳语开几句玩笑，即便与对手的眼神碰到一起，也只是轻描淡写笑一笑，表现出一副无所谓的样子。双方的举动看似无心，但 Kosteniuk 显示出的是年轻选手的好斗，我表现出的是老将的从容。二人的较量实际上在赛前已经开始。大赛即将开打，棋手的心理较量正是无声胜有声。

执白棋的 Kosteniuk 选择了西班牙开局中一个非常尖锐的变化，这路变化在她的开局武器库中从未出现过。双方的实力相当，我不能再像第一局那样的下法避开对手的布局准备，必须根据局面要求迎刃而上，即便是中了对手赛前准备的飞刀也不能后退。棋局发展过程中，双方一度落子如飞，当对局从开局向中局转换的阶段，为了试探对手对局面的理解，我果断率先改变了常规的走子次序。这个开局变例我早就熟记于心，以往备战世锦赛时不知道研究过多少次这个局面了。

看到我抢先走出的新着，Kosteniuk 先是愣了一下，然后开始抱头苦想，半个小时过去了，她还没有走出应手。40 分钟过去，我的对手选择了一个看似强硬的下法，但她的表情已经告诉我，这样的走法不过是她临场想出的对策，实际上她的心里根本没有底。对局至此，我们二人彼此已经心知肚明，虽然棋局尚处于混乱状况，但是至少在双方棋手的心理较量上，局面发展的主动权已经移向了黑棋，转向中国棋手一方。

俄罗斯队的赛前准备正是应了中国的那句老话——偷鸡不成蚀把米。原本，Kosteniuk 想采取偷袭的策略，结果却把自己引入了一个完全不熟悉的开局变例。接下来的棋局过程中，我们两人的状态大不相同，我是气定神闲，而 Kosteniuk 则频频花费大量的时间思考，仿佛这样一来就能产生奇思妙想，找到突破的途径。棋局状况平稳，单纯从盘面形势上看，黑棋并没有什么特别的优势，但是良好的兵形结构还是对白方的阵营产生了足够的威慑力量。年轻气盛的 Kosteniuk 无法忍耐黑棋一点点逐步加强的压力，在车象兵残局的劣势情况下犯了致命错误。对局行至 54 回合，Kosteniuk 不情愿地伸出她那指甲上涂满俄罗斯国旗的手，故作轻松地祝贺我的胜利。离开赛场时，Kosteniuk 深深吐了口气，那样子像是失落，更好像是一种彻底解脱。

六轮比赛下来，中国队一路高歌猛进，积分排名遥遥领先。上场取得四连胜，赛场里的外国棋手再也不用对待外来闯入者的眼光来审视我，而是恢复了几年前对待一名世界冠军的尊重态度。态度改变最大的是在这次比赛中才初次见面的年轻棋手，当她们看了你的棋知道你是谁的时候，这些可爱的年轻人不仅主动微笑示意打招呼，眼神中更是流露出几分敬佩。年轻是不需要装饰掩盖什么的，她们的率真可爱让我回忆起，自己初出茅庐的时候也是这样评判老棋手的。

"比赛中只有赢棋才能杀服对手，没有第二条路。"这句话以前是谁告诉我的？不记得了，但其实竞技比赛就是如此。

出现"故障"

四连胜的战绩是我赛前没有想到的，并且每局棋质量都很好，把对手赢得心服口服。中国队的教练队友们都为我坐镇一台状态神勇鼓掌叫好，连对我要求一向严格的教练叶江川分析棋时也是一脸笑意，表扬的话语不断。赛程即将过半，中国女队已呈现强势卫冕无敌的势头，如此顺利的局面，超出了中国代表团的预想。

行百里者半九十，多年的大赛经验告诉我，只要比赛尚未结束，就绝不可以掉以轻心。特别是我方顺风顺水之时，如果让处于逆境的竞争对手追上来，人家反而会后劲儿更足。于是，我对自己的要求更严格了，赛前备战力求全面周到，生怕有疏漏，毕竟自己离开职业竞技赛场一段时间了，棋盘上摆出的不少局面即便是看起来很熟悉，但心里总觉得没有底。即便已经准备得很周密，还是忍不住继续细细解拆，尽最大的可能消除久疏战阵的陌生感。坐镇一台，自己一定不能出现什么闪失，我时刻叮嘱自己。

第七轮，中国对阵法国，我的对手是从摩尔多瓦迁居法国的美女棋手 Skripchenko。这局棋我执白先行，对手摆出野战的架势，很快白棋便建立起了持久稳定的局面优势。

当棋局转入后车残局时，对手陷入时间紧张误失一兵，眼见胜利就在眼前了。曾经夺得过欧洲女子个人冠军的 Skripchenko 是一名实战经验丰富的选手，一见局面陷入危急状况，立即转换战法，不再死守而是进行反扑。她不仅采取了全力活跃子力争夺反击的拼命式下法，在走棋速度上也不再耗费时间，试图从赛时方面向我施加压力。

我的白棋优势巨大，不过棋局整体仍处于纠缠状态难以把控的强子残局，我深知此时自己稍有不慎便可能让对手找到反击机会，于是行棋更加小心。对局过程中，我不断叮嘱自己要仔细思考，以免遭到对手偷袭。然而，赛钟上的时间一点点过去，我仍然没能找到简洁有效的取胜之道。对手见状，越发利用取胜求稳的心理，怎样能够搅乱棋局她就怎样下。临近时限结束，我们双方都陷入时间紧张之际，我错过了赢棋的战机，Skripchenko 置之死地而后生的策略取得了成功。当我意识到自己无法稳稳把控棋局之后，在时间紧张的状况下赶紧转入寻求局面简化的下法，战至 39 回合时，棋局呈现完全均势的状况，双方同意和棋。

眼见到手的五连胜就这样溜走，我的心里当然很不舒服。不过，作为一名久经沙场的老棋手，我还是像平常一样，找到教练把对局进行客观的解拆分析，然后开始了下一局棋的准备工作。第八轮，中国队遇到了波兰队的挑战，我后手迎战 Radziewicz。

Radziewicz 是为新生代的代表性棋手之一，我过去从来没有与她交过手，甚至直到赛前还搞不清这个波兰女一号的模样。Radziewicz 在国际棋坛崛起的速度很快，坐镇波兰队一台主力取得了不俗的成绩。在对阵波兰队之前，中国队教练赛前特别强调不要小瞧对手，千万不能犯其他队伍在阴沟里翻船的错误。传统意义上讲，波兰队因为没有排入赛会前五名种子队伍，称不上实力特别强，但这支队伍年轻而且实力比较平均，在与前五号种子队伍交手的过程中，频频抢分成功，令人不敢小视。

这局棋几乎是前一轮棋的翻版。执黑后走的我开局过后很有耐心地与对手盘旋，并且一点点把局面从均势引入黑稍优,中局过后,黑棋已经获得了较大的主动权。对手奋起弃子反击,我则顺势把局面优势转换为物质优势。棋局形势很乐观,胜利就在眼前,唯一美中不足的是对手通过弃子取得了活跃的子力位置,所以黑棋虽然优势巨大,但是干净利落地锁定胜利并不是一件简单的事情。再一次,我因为谨慎思考而渐渐陷入时间紧张;再一次,我错过了黑棋最强劲的制胜变化;再一次,我无奈意识到自己的优势渐行渐远,只好将棋局往平稳方向走。对局行至66回合,双方握手言和。

接连两局棋,胜利就这样从手边溜走,虽然棋局过程谈不上翻盘,但是我的心里还是很难受。好在,中国女队稳稳地保持领先的成绩向前推进,全队成绩顺风顺水,自己没能乘胜追击并不影响整个队伍的成绩。

从理智上讲,我完全能够接受棋局出现这样的波折,在棋局过程中出现这样的"合理误差"是再正常不过的事情了。令我完全没有想到的是,随着比赛紧张程度的增加,我的身体上竟然呈现出了不适应的反应。几场大赛下来,疲劳一点点渗入我的肌体,让我吃不香、睡不踏实,而那些棋局中出现的错误就像嵌入了脑海,不停在我的眼前晃。更要命的是,神经性胃炎也在此时开始发作,每日午饭后我都会吐个不停,吃药也没有用。唉,表面看起来我的心理状况很稳定,可是潜意识中身体状态还是无法把控紧张的情绪,根本不受大脑的控制。

比赛都是下午进行,缺少午餐给予的足够营养补充,下午比赛进行几个小时之后,我的头脑就没有那么清醒,也不像状态正常时那样底气足了。我的身体状况越来越糟,主教练叶江川看在眼里,急在心里。比赛已经到了白热化的最后阶段,如果把我从第一台撤下了,就意味着后面台次的棋手依次上调,那样一来对整个队伍的影响就太大了。关键时刻,我的"拼命三郎"的劲儿又上来了,比赛临近结束那几轮棋,每天我几乎是硬着头皮,鼓足所有的力量面带微笑上场。

比赛进入尾声，中国女队已经遥遥领先，此时更不敢大意，一定要稳妥地把这个冠军保下来，要不然自己为什么会抛开一切重出江湖？我是坐镇中国队一台的选手，如果自己不上场，意味着另外三名女棋手要依次向上拔高一台作战。如此一来，中国队抢分的能力将大打折扣。年龄大了一些阅历深了一些之后，自己才深深体会到国际象棋这项事业在国内的发展多么不容易，成绩是托起这个非奥年轻项目的重要支柱。

年龄的增长，带给棋手技术上的影响并不那么明显，但是身体的适应能力变弱现象却是无法解决的课题。怎样才能把体能下降的负面影响降低到最小呢？最后，队里定下的策略是加大备战强度，开局阶段不给对手可乘之机。比赛中不拒绝和棋，每天比赛对局尽可能早结束，保存体力。

棋手生涯里第一次，我在赛前备战的精力投入超过了比赛。每天晚上得知下一轮对手的名单之后，我都要马上从电脑中找出对手的全部对局进行开局总结分类，然后到隔壁教练的房间摆棋至半夜。第二天上午，继续进行开局准备。

接下来的四场棋是我职业棋手生涯里最"轻松"的，和棋，最长的一局棋下了16步，最短的只有9步。但每一场棋却比打世界冠军个人锦标赛决赛的备战还要全面细致，开局准备的时间也更长，心理承受的压力也更大，生怕由于自己的失误造成什么闪失，影响了全队的成绩。第一次，我明白了外强中干这个成语的真正含义，外人看到的是"老"棋手战功显赫，看到的是他（她）精神抖擞地坐在棋盘边上，那"强壮身躯"背后的辛苦和难言之隐，不亲身经历是根本体会不到的。

中国女队进入了一个怪圈，对阵美国、匈牙利、格鲁吉亚三场比赛共九盘棋，除了和棋就是输棋，没有赢一盘棋。领先的优势在逐步缩小，队里的气氛也不如前几场比赛时那么乐观，我的身体状况更是一天不如一天。

比赛进入了倒数第二轮，中国队抽签遇到印度队。关键战役中，我早早与印度天才棋手科内鲁"签下和约"，坐镇二台的赵雪发挥神勇，将对手斩于马下，立下战功。坐镇三台的小将黄茜表现得更是老练，看到和棋就能确保中国队提前一轮夺冠之后，小姑娘在优势局面下选择稳健变化，锁定和棋。这一轮没有上场的许昱华一直在紧张地观战，结果出来了，中国女队已经提前一轮将团体世界冠军的奖杯揽入怀中，完成了四连冠的重任！我们四个人紧紧地抱在了一起。

我如释重负，浑身像散了架一样。

颁奖盛典·生日PARTY

2004年10月30日，第36届国际象棋世界奥林匹克团体赛隆重闭幕。

颁奖仪式开始前半个小时，我们才把从国内万里迢迢带来的以首位女子国际象棋世界冠军明契克命名的团体世界冠军流动奖杯交还到组委会人员手中。说来搞笑，按规定上届冠军一到赛地，就应该把奖杯交给组织者保管，不过我们辛辛苦苦把奖杯带到西班牙，闭幕式前却没有人想起来要把奖杯交给组委会。甚至当中国队一行人高高兴兴准备参加闭幕式，直到走出宾馆大门前那一刻，整个队伍当中还是没想起来要带奖杯。要不是细心的李文良教练提醒赶紧回酒店把奖杯取出来，到时候洋相可就出大了。想想也挺怪，不仅我们把女子团体世界冠军奖杯视作自家的财产，就连奥赛组委会的工作人员也没有按照规定让中国队在第一轮开赛前交还奖杯。可能他们早就知道，把奖杯要回去也不过是个过场，中国姑娘还要把奖杯带回家，再在奖杯的底座上加刻一行字："CHINA 2004。"

临行前自己全部心思都放在备战上，根本忘了置办领奖礼服这件事情，但总不能一身便装牛仔服登上领奖台吧，那样多给漂亮的棋坛美眉们丢脸呀。临时采购行头已经来不及了，急匆匆向中国队的随团翻译官田红卫老师借了衣服参加颁奖典礼。赛前备战通宵达旦的魔鬼训练和整个比赛过程中的身体不适，令自己的体重狂降到能穿身材小巧苗条的田老师衣服的水准，看来女人想减肥的话，多给自己施加点压力就行了。

站在领奖台上，中国队四姐妹与教练叶江川一起骄傲地展开一面五星红旗，庄严的国歌奏起，全场起立。雄壮的《义勇军进行曲》声声激荡心扉，那一刻我的心很平静，眼角却在不知不觉间湿润起来。看看台下观众席上人头如织，再看看手中捧着的冠军奖杯，我带着眼角的泪骄傲地笑了起来……

颁奖仪式结束，我们随着拥挤的人流来到礼堂外空旷的广场，轰隆隆的礼炮已在夜空中响起，焰火在夜空中升腾飞舞，照出一片七彩霞。景色好壮观啊，我仰着头看不够，直看到人迷了，眼花了，脖子都酸得动不了了。

"生日快乐！"这句话今天我已经听到了无数遍，每一声祝福都让我的心里感觉甜甜的。相似的场景发生在13年前的同一天，在自己20岁的最后一天我取得了女子世界冠军个人锦标赛决赛的胜利，用世界冠军的荣誉庆祝自己人生的21岁。不知不觉13载光阴流逝，小小棋子无怨无悔伴随在我的身边。莫非，冥冥之中上天将一切早早安排好了？冠军开始，辉煌结束，自己的棋手生涯应该没有遗憾。

焰火把眼前的整个世界装扮得梦幻一般。自己在哪儿？我有些迷惑了。34岁生日，中国女队四连冠，唯一的遗憾，此时父母和女儿不在身边。

走下冠军神坛，棋盘之外还有广阔天空等着自己呢。

交出接力棒

2006年的女子个人世界锦标赛结束了，中国女棋手许昱华摘得桂冠，我那一颗悬着的心终于落地。

这应该是自己告别一线棋手的最佳时刻吧，处于新老交替的中国女队又争取到了两年的时间成长，我的内心因此也少了牵挂和不再做棋手打拼的愧疚。

凭老本混混沌沌地上赛场，我无论如何接受不了，代表国家出战下棋于自己是太神圣的一件事。

所以，还是选择离开，不做棋手为好。花开有季。

虽不做棋手，但我想，我这一生是不会离开棋盘的，只是不再以棋后的标准要求自己，学着像我的"前任"们那样，继续享受棋带给生活的快乐。

当然，我还想再会一会大波尔加，这样自己职业棋手的生涯便没有什么可遗憾的了。

信笔写了一首小词，无语泪流，因为内心对赛场的恋恋不舍。

如梦令·笑惜别①

那夜雨停风骤，巾帼霸气依旧。

满目俏佳人，江山后继风流。

回首，挥手，神仙羡我无忧。

笑傲江湖索味，十全人生吾求。

惜别泪沾巾，纹枰魂归梦游。

棋后，其后，尽显女人才秀。

其实，这不过是沿着 5 年前做出的人生选择之路继续前行，沿着这条路更加负责地向前走……

如释重负，自己应该开心才对。

---

① 这是 2006 年自己博客中写的小文，真实记录了自己当时的心情。这之后，心中逐渐把棋手的身份放下了。

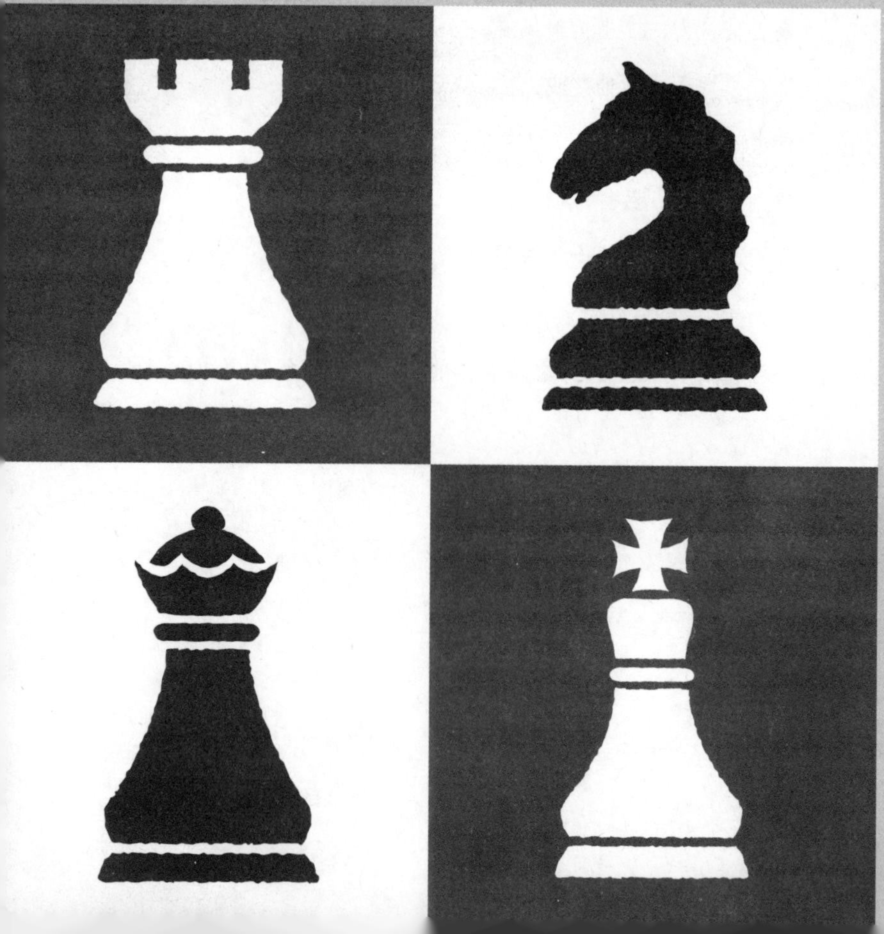

第三章

棋人

棋人

棋是有生命的，读懂了它，我这一生便多了个不离不弃的知己。

棋人，顾名思义是和棋有关系的人。无论是在竞技场上拼杀的运动员，还是在幕后出谋划策的教练员，或者是为项目发展四处奔波、摇旗呐喊的专职管理人员，但凡跟棋有关系，都可归属到"棋人"一族。

自从 10 岁那一年蹦蹦跳跳似懂非懂地开始自己的棋坛旅程，我的棋人生涯便拉开了序幕。几十年的风风雨雨走过来，因为下棋，自己经历过太多胜利的辉煌和失败的苦恼，到如今，反而只有棋本身像一个巨大的磁场一样，深深地吸引着我。而那些通过下棋获取的、棋之外曾经是非常重要的东西，现在都如同过眼云烟变得不那么重要了。做棋手的时间越长、对棋的迷恋越深，就越觉得仿佛棋盘上的每一个棋子都拥有鲜活的生命。是的，棋是有生命的，读懂了它，我这一生便多了个不离不弃的知己。

当然自己心中也清楚，无论自己对棋有怎样的迷恋之情，体育竞技场也没有常胜将军。长江后浪推前浪，年轻棋手正在迅猛成长是一个不争的事实，早晚有一天自己将脱下国家队一号主力的战袍……这一天随着年龄的增长渐渐地近了，但棋带给自己的快乐却一点也没减少。因为，只要心中爱棋，棋人的生命是不会终止的。

2002 年 8 月，我的头顶又多了一个行政管理的头衔——北京棋院院长。没有人统计过，在神州大地上的各级棋院具体有多少个，但有人告诉我，在这些棋院的院长中我是最年轻的，并且是唯一的女性。接受任命时我可以说是诚惶诚恐，要知道北京的棋类文化历史悠久，风流人物辈出，如何续写它辉煌的篇章并不是一件容易的事情。每天的工作节拍忙忙碌碌，因为和棋相关，所以在棋院院长这个不大不小的"官位"上自己倒是干得有滋有味。让棋走进千家万户的平常生活，让更多的人一起分享下棋的快乐是我的梦想，自己每天的工作都是在圆梦。

作为一名棋人，自己还有好多事情没有做呢。比如把棋坛征战多年的体会记录下来，尝试着做一名国际裁判，办一所以棋类教学为特色的综合学校……

总之，与棋有关的事我都想试试，谁让自己是一个"棋人"呢！

注：此文完成于 2004 年。

下棋的女人

一谈到下棋，人们总是很自然地把这个项目归属到男人的游戏。一点都不奇怪，棋下得好的大多是男人，棋下得不好棋瘾却很大的绝大多数还是男人。

身为女人，我却从小就喜欢下棋，然后棋手成了我的职业。女棋手的身份经常让别人把我视为天人，运气好的时候，总会收获下棋的女人冰雪聪明、有毅力、端庄沉稳之类的赞美之词；运气差的时候，下棋的女人性格孤僻、精于算计等贬抑之词也听过不少。

偏偏，我端定了下棋这碗饭，而且这条路越走越有滋味。

其实，女人下棋有很多优势。首先，下棋是一项锻炼大脑的运动。众所周知，脑子越用越灵。告别了女子无才便是德的年代，做个聪明的女人有什么不好？其次，女人输棋时可以找到 100 个理由解脱，于是下棋只剩下了快乐。

初学下棋的时候，能够"耍赖皮"是下棋最大的乐趣。那时候女孩子下棋的人少，因此在训练班上总会享受到开小灶的待遇。长大了，下棋从游戏变成了竞技，不过很快我又发现了做一名女棋手的快乐源泉——女棋手比男棋手更超脱。棋下到了一定的水平，一盘棋对弈双方不仅看重结果更看重过程，而下棋的过程却是任何人都无法保证不犯错误的。男棋手犯错误之后，他的痛苦比女棋手更持久，受到的打击也更大。这可能与社会价值观紧密联系吧，男人总觉得他们是这个社会的主人，在棋盘上更是如此自负，尽管他们和女棋手一样要犯错误。女棋手则不同，下棋时会竭尽全力，对局结束，一切皆成为过眼云烟。这可能与女人的心态有关，做一件事并不是非要如何如何，何苦跟自己过不去。

再有，会下棋的女人会令旁人很有神秘感。小时候看那些女国手，内心深处羡慕得不得了，觉得她们简直把聪明、美丽、风度都占尽了。想象一下，女人到了高手境界该是什么模样？棋盘边上，她可以像电影明星嘉宝一样玉指纤纤，可以像撒切尔夫人那样铁腕困住对手，也可以像怯怯的小女生一样招人爱怜……让旁人想象去吧，反正女棋手的世界神秘而又平凡。生了个聪明的女儿，合适的时候我一定会教她下棋。长大了，做一个会下棋的女人，挺好。

四朵金花四连冠

2004年10月，在西班牙旅游胜地马略卡举行的国际象棋奥林匹克团体赛上，中国姑娘们卫冕成功。经历了年初世界个人锦标赛的失利之后，中国女队用强大的实力说话：中国的女子国际象棋仍在世界上占据领先地位。四名女棋手又一次让“明契克”冠军奖杯上庄严地刻上“CHINA”，她们都有什么特点呢？

开心许昱华

28岁的许昱华总让人有没长大的感觉，因为她的脸上从来都是笑呵呵的，即使输棋之后会不高兴地噘起嘴，但没过一会儿她就能找到开心的事情做了。

在国家队和许昱华做队友也有10多年的时间了，她是20世纪80年代末作为优秀少年选手从西子湖畔走进国家集训队的，那时候她也就十二三岁。时光似乎在许昱华身上并没有留下什么印迹，她总是那么开心，总是和队里的小队员一起叽叽喳喳打闹，小姐妹们在一起总有说不完的悄悄话，也许，许昱华是长不大的。

别看来自杭州的许昱华身材娇小，她的身体素质在女队员中却是最好的。平常她特别喜欢的身体锻炼项目就是慢跑，封闭训练的时候我们经常一起爬山。往往是近两个小时的运动之后，大家都累得呼哧带喘、拖着沉重脚步往回走的时候，许昱华却踏着轻松的步伐从身边跑过。待我们好不容易按时赶回餐厅，她已经洗漱完毕，换了一身行头坐在椅子上悠闲地喝茶了。看着我们气喘吁吁的样子，她会细声细语看似轻描淡写地来一句："才回来呀，菜都快凉了。"然后，止不住得意地笑起来，好看的大眼睛弯成一双月牙儿。

这次奥赛许昱华并不太顺利，可能因为队伍中有"老"（我）有"小"（黄茜），令她这个中坚力量感到自己肩上的重担了吧。也许是太想赢棋了，许昱华有些棋下得难免不够客观，让人看着心都悬了起来，连她本人对自己棋的质量都不满意。挫折面前，许昱华还是用她自己特有的方式——放松疗法来调整状态。甭管对局进程如何结果怎样，许昱华整天都是笑嘻嘻的。一到晚饭后，她的房间便成了娱乐室，几个队员凑在一起聊聊天、打打牌，比赛的紧张气氛无形中减少了一半。随着比赛进程的深入，许昱华的棋也下得顺手起来，听到大家的夸奖，她还是那副笑脸，然后慢悠悠地来一句，"着什么急呀，人家从来都是慢热嘛！"嘿，鬼才相信她的话，棋下得别扭的时候她心里肯定比谁都急，没露出来罢了。

许昱华成长在中国国际象棋女队人才辈出的年代，很长一段时间里，她的名字都被诸宸、秦侃滢、王蕾、王频等其他女棋手淹没了。但这些丝毫改变不了许昱华对国际象棋的热爱，她默默地努力着坚持着，终于从 2000 年开始身披中国队战袍在世界大赛上绽放出了动人的光芒。那一年，她 24 岁，这个年龄很多女棋手都已经忘记理想，谈婚论嫁了。大器晚成的许昱华好像一下子摸到了下棋的门道，好成绩一个接一个，一发不可收。她代表中国参加了三次国际象棋奥林匹克团体赛，次次凯旋；两次世界杯冠军得主，让人觉得那个比赛是为她专门设计的。当然，许昱华还有一些遗憾，那就是没有拿过全国女子个人锦标赛冠军和世界女子锦标赛冠军。别看她整日乐呵呵的，但从她始终如一的努力中大家都明白，对尚未实现的目标，许昱华心里肯定还较着劲儿呢。

已经 28 岁的许昱华在队里也是大姐级的年龄了，刚刚结束了北大法律系本科学业的她计划着过两年继续攻读中文系的硕士学位，与相恋多年男友的感情也就要有个美好的结果。享受生活的同时，她还会一如既往享受棋带来的快乐。

如果有一天，已经 30 多岁的许昱华在世锦赛中实现了登顶的梦想，我一点都不感到意外。因为她是生活在一个童话般的精神世界里，所以时光在她身上没有印迹。因为，没有实现目标之前，她会一直努力。

性情赵雪

接连两次奥赛，让人记住了赵雪这个名字，两次比赛她都是中国女队的一号得分手。特别是2002年，年仅17岁的她第一次代表中国队出现在世界赛场，那次小姑娘异军突起，扮演了黑马的角色，确保中国女队卫冕成功。

赵雪来自山东济南，一提起山东人，人们免不了要用爽朗、宽厚、实在这类词来描绘，如果是男士，还要加一句山东大汉。赵雪身上也秉承了北方姑娘特有的认真、开朗和棱角分明的个性，虽然她 2004 年已经调到北京队，可是只要有人说山东人不好，她总是要挺身而出"捍卫"一番。说起自己最喜欢的城市，唯一的答案就是生她养她的泉城济南。最逗的一次是我们在山东训练时，大家对当地的伙食质量提出意见，你猜赵雪怎样为那里食堂辩护的？"昨天大家不还称赞这里的伙食吗，今天怎么都变调了？再说今天的饭菜量还是挺大的，我们山东人吃饭讲饱不讲好。"其实，就算她嘴里这么说，连她本人一坐在饭桌边都连称没有食欲呢。赵雪就是这么一个憨直的倔丫头。

赵雪这个名字老早就出现在国家集训队的名单当中，当时她也就十一二岁。同时和她一块参加少年集训的选手有一大批，小孩子们在一起叽叽喳喳的，谁也没有在意过这个来自山东济南的小女孩。说起赵雪的成长经历还真有些复杂，因为山东一直没有建立正式的专业队，所以对于当时还没有出道的小赵雪来说，寻求强有力的经济支持确保参加比赛成了最重要的事情。经过一段时间的漂泊之后，赵雪转会到青岛，在青岛日报社的鼎力支持下参加国内外的一系列比赛。经过比赛的锤炼，赵雪的棋力突飞猛进，到更适合自己棋艺水平提高的环境发展成了小姑娘的心事。如何为赵雪创造一个更加稳定的训练环境，保证她安心下棋，也成了赵雪父母最大的心愿。

"谢姐，你们北京队招人吗？"一天，赵雪终于忍不住问我。"只要能保证我参加国内外比赛经费就行，其他条件我什么都没有。"没等我问，赵雪又补充道。其实作为我国最有潜力的年轻选手，她提一些其他要求也不过分。在国家队赵雪和我是队友，但同时我还是北京棋院的院长，听到赵雪有意来北京发展的意向之后，心里还挺矛盾的。一方面北京体育局惜才，像赵雪这样的运动员有意投奔过来真是求之不得。但从另外一个角度讲，省市体育系统之间从来都是合作关系，好的运动员谁愿意放？调动一个希望之星恐怕不是一件容易操作的事情。

经过一番周折，赵雪终于如愿。在为她办理进北京队的过程中，赵雪家长的态度更是令我这个刚刚做母亲的人感动。赵雪妈妈一再对我讲，如果有什么麻烦事情不要跟赵雪本人提，让她安心下棋，后勤保障的工作家里一定会全力做好。可怜天下父母心啊！为了孩子的前程，父母可以把孩子送离自己的身边。尽管在父母眼里，她也还只是个需要照顾的孩子。

19 岁的赵雪性格里还保持着孩子般的天真和棱角，她会在比赛中迷信什么所谓的得胜笔、得胜服，也会在比赛之前为自己设立一些不切实际的连胜目标。最逗的是不管下棋顺利与否，她都会给自己找到各种理由把商店里中意的商品买到手。比如比赛顺利就是奖励，状态不好叫去去晦气，忙了一段时间该犒劳自己，当我们几个大姐半真半假批评她时，赵雪总会眯起眼睛一笑，然后赖赖地说："就这一次嘛，人家也是难得进商场的呀。"她这么一说别人还能说什么呢？孩子气的赵雪有时候真让你哭笑不得。别看赵雪其他方面像个孩子，但她在事业上学业上胸怀大志。赵雪最大的愿望是把国际象棋界所有的头衔都拿一遍，然后到世界上最好的大学去深造，然后……

经过几次世界大赛的磨炼，赵雪的羽毛正日益丰满。赵雪棋艺上的才华令众多女棋手望尘莫及，她唯一需要的是更多的大赛经验和更稳定的心理素质。假以时日，一个更加成熟的赵雪将取代如今带着几分青涩和毛愣愣的"假小子"。毕竟，今年她还只有 19 岁。下棋是个慢活儿，棋之外的东西与技术因素一样重要。

辣妹子黄茜

18 岁的黄茜来自重庆，难怪她的性格中有川菜的味道：辣。别看瘦高白净的黄茜有点弱不禁风的味道，但只要跟她一接触，女孩骨子里的爽快劲儿便暴露无遗，她那口无遮掩的劲头就像男孩子一样。

因为黄茜是第一次披上中国队的战袍参加如此重大的世界级比赛，所以平常在国家队我跟她的接触不是很多。印象里的她从来都是一头短发，不记得见过黄茜穿裙子，但她身上的运动服、运动鞋、背包基本都是名牌新款。只要不训练，黄茜不是在摆弄自己的手机就是随身听的耳机，反正耳朵不能闲着了。另外，她还特别愿意和比自己年龄小的队员一起打闹，楼道里总能听到她嘻嘻哈哈的声音。黄茜从来都是用"谢姐"来称呼我，可不知怎的，我总觉得她更应该叫我阿姨似的。虽然我还称不上人到中年，可小姑娘身上特有的孩子气让人感到了年龄的差距。

队里的人都说黄茜性子直，不过重庆妹子的辣劲儿到这次奥赛我才得以好好领略。在西班牙比赛期间，由于赛场离驻地有一段距离，所以每天我们都要乘组委会的大巴前往。比赛前棋手的思路一般都集中在即将开始的战斗当中，所以车上大家找不到什么特别轻松的话题。唯有黄茜，路上总能制造出一些经典段子让大家在笑声中度过旅途。

此次奥赛，黄茜虽然算不上中国队的一匹黑马，但初出茅庐的她一点都不怯场，充分发挥了自己敢打敢拼的特点，以优异的成绩接受了大赛的洗礼。

团体赛由四名队员组成，大家性格各异，安排棋手上场的时候教练组除了比赛需要之外，总要充分考虑棋手各自的心理状态，这样才能把每个人的潜力都发挥出来。而爽快的黄茜是最容易沟通的队员，赛前她从不到教练那里打听第二天的上场名单，好像跟她一点关系都没有似的。不管安排不安排她上场，知道结果之后小姑娘都是一个字：行！唯一不同的是，如果上场她就开始研究准备对手的棋，如果第二天安排她休息，黄茜就把棋盘推得远远的，懒得看上一眼。

谁也没想到，第一次被委以如此重任的黄茜在比赛过程中能表现得那么放松，用她自己的话:"可能我这个人不太容易紧张吧。"

比赛结束了,当得知自己是重庆成为直辖市之后第一个获得世界冠军的运动员之后,黄茜笑了,灿烂的笑容是那么开心。面对众人的称赞,这个土生土长的重庆辣妹子忘不了来一句:"谁让我的运气这么好呢!"

成长中的谢军

写过几个队友之后,突然发现不知道应该用什么样的词汇来形容自己,用一个词把自己的心态写出来不是件容易的事情。事业上,我想做世界顶尖的棋手,优秀的行政官员;学业上,我想一辈子都保留学生身份,因为校园的生活令我的心态总是处于饥渴的学习状态,把书本上的知识应用到实践当中更能令我收获快乐;生活中,我想做开心的妈妈,受宠的妻子,孝顺的女儿。生活是如此丰富多彩,无论从哪一个角度进入,都有太多美妙的事物值得期待。生活本身就像一个多棱镜,让自己来讲述,有太多个不同版本的自己都是真实的。想来想去,还是用成长这个词来描述自己最为贴切,语法时态用现在进行时也最为妥当。

不知不觉我已经30多岁了,过去总觉得这个年龄对女人来讲是挺可怕的一件事,似乎最好的年华已经成为过去时了。30多岁,天真不再红颜渐逝,同时又正是事业爬坡,上有老,下有小的年龄,这样的境地听起来就累。可活着真有这么累吗?我一点都不觉得。大概因为我本身就是个粗线条的人吧,高高兴兴做自己喜欢的事情,再苦再累也心甘情愿。

第一次参加国家队集训的情景还历历在目,不知不觉间,我竟然已经是国家队中的老大姐了,岁月不饶人呀。

我喜欢下棋的感觉,特别是可以只追求棋的内容而不用考虑胜负去下棋的时候。竞技体育不是一个可以终身从事的职业,冠军的头衔注定要被更年轻的选手夺走,这是自然法则,谁也无法抗拒。2001年年初,当中国女队处于人才济济顶峰的时候,我选择了悄然淡出，因为生命中还有其他的事情需要时间来经营，比如说生儿育女、经营家庭。

2004 年，因为中国女队没有完全完成队员的新老交替工作，我又重新披上战袍，参加世界奥林匹克团体赛。这个集体培养了我，当它需要我的时候，当我有能力回报这个集体的时候，只需要轻轻的一声呼唤，我又重新回到棋手身份的谢军。

答应归队只需要轻轻地点一下头就可以，但想恢复几年前的竞技巅峰状态谈何容易。为了复出参加这次奥赛，6 月底刚刚结束了为期 4 个月的党校学习，第二天我就向单位和学校交上假条，回到中国棋院开始系统训练。

告别世界级比赛 3 年多，尽管我的技术等级分还在世界顶尖位置，但真正的状态如何自己也没有把握，虽然嘴里不肯承认，其实我心里也一直在犯嘀咕。

备战奥赛的日子是艰苦的，封闭训练时我更是恨不得把一天 24 个小时都用在棋上，每天都处于紧迫感之中。一想到自己坐镇一台，又是队中年龄最大的棋手，就感觉到自己肩上的无形重担。

好在，功夫不负有心人，我们笑到了最后！中国女队又一次蝉联了团体世界冠军！结局如此美妙，此时，就连为比赛付出的所有的苦也都变成了甜。

国际象棋曾经是我的生命，现在我的生活中又增添了更多的内容，生活的重点也随内容的丰富和年龄的增长范围越来越大。不管未来的路怎样走，棋还是自己的最爱，恐怕自己对棋的感情已经融到骨子里，就是想说再见也不那么容易吧。棋手的荣誉感让我习惯于接受任何挑战，客观现实又让我希望自己现在更多的只是起到一把标尺的作用，让年轻棋手尽快赶上并超越自己。

夺取四连冠之后，力争五连冠自然成为新的目标。2006 年意大利都灵的赛场离今天并不遥远。不到两年的时间，有理由相信中国女队将有更多新人涌现，实力将更加强大。不知道那时候会是哪四朵金花在遥远的意大利为中国绚丽绽放。

期待着更多年轻的中国姑娘称霸世界棋坛。

注：文章写于 2004 年奥赛成功卫冕之后。

黄金搭档十七年

这篇文章完成于 2005 年，当时应《新体育》杂志之约，没想到文字一落笔，就发现自己的棋手生涯里有太多值得记录的事情。于是，想到哪里写到哪里，害得《新体育》用了好几期才连载完。文章发表一年之后，有一天我收到《新华文摘》杂志寄来的挂号信，里面装着泛着墨香的杂志，还有主编的一封亲笔信。原来，自己的文章被转载了，主编信中那句"文章对中国体育项目发展原汁原味记载极具价值"的评价令我有点受宠若惊的感觉。这可是《新华文摘》呀！多少权威人士的大作都难以进入人家刊物的法眼，却刊登了自己的小文，还得到了主编亲笔信的肯定。

某种意义上讲，这次小小的幸福经历使得我越发喜欢用笔说话的方式。按照《士兵突击》里主人公许三多的话讲，写作这件事十分"有意义"。

从 2005 年至今，又将近十年时间过去，我的身份不再是棋手，当年与叶江川教练及团队所有成员一起征战沙场的经历已经成为自己棋手生涯中的美丽回忆。岁月留香，空间改变不了多年的战友情朋友谊，一切恍如昨日。

黄金搭档十七年

与叶江川的合作已经迈入第 17 个年头了，在一起的时间久了，感觉大家就像一部磨合得很好的机器，高效顺畅地运转着。虽然这些年来他一直是我的教练，但我内心里从来都把这种师生关系看得很淡。我们是工作上的搭档，训练中叶江川是我的教练，比赛中他是我最好的参谋，赛场上他是最受欢迎的观众；平时我表现不好的时候他会给我难看的脸色，比赛不顺利的时候他会在一旁默默支持着我，比赛取胜他会比我自己还高兴。叶江川是我的教练，但内心深处我觉得他更像是我的朋友和兄长。

其实，说起来叶江川担任我的教练也纯属偶然。1988 年年底，刚刚建立不久的国家集训队制订出台了女单、女团、男单、男团夺世界冠军"四步走"的方案。中国的国际象棋事业走向世界的第一个成绩突破口要靠女棋手来实现，于是队中集结了有限的优势资源，调动所有力量倾斜在女队，"男帮女"的训练组合应运而生。当时 28 岁的叶江川是男队的主力队员，在国内的技术等级分排名第一，根据棋手的棋风和开局习惯走法，很自然领导把他和我组合在一起训练。

因为叶江川只比我大 10 岁，并且当时队里还有专职教练，所以我从来都把他看成是一个老大哥，跟着其他队员一起称呼他"江川"或者"老江"。虽然一坐在棋盘边上我比看到教练还怕他，但心里从来不觉得他是我的教练，怕他，是因为他的棋比我厉害。

艰难的磨合期

刚刚在一起合作的时候，我从来没有想到我们这对组合有一天会向世界冠军宝座冲击，那时候只单纯地想下好棋提高水平，具体要达到什么样的成绩，脑子里根本没有概念。也难怪，国际象棋这项运动进入我国的时间并不长，20 世纪 80 年代，中国棋手在世界赛场上最好的成绩是进入世界八强。瞧瞧当时的女子世界冠军玛雅·奇布尔丹尼泽，人家 17 岁时已经把世界棋后的皇冠揽在手里了，而自己已经 18 岁却还没有见识过国际大赛的场面呢。所以，1988 年的时候世界冠军这个目标似乎离我很远，甚至从来没有在我的脑海里出现过。

刚开始在一起训练的时候，我们两个人都不知道应该怎样配合才能效率高。因为没有经验，也没有什么明确的备战目标，所以更多的时间叶江川是以自己的训练计划为中心摆棋。我呢，就像一个学徒小伙计似的，老老实实坐在棋桌的另一边安静地看，棋摆到哪儿算哪儿。从早到晚像个小木头人似的坐在他的对面，我的心里不禁暗暗叫苦，一来双方水平上差距很大，我对棋局有疑问的时候也不知道应该在什么时候插嘴；另外，训练方式的改变加上训练量一下子加了上去，我也需要时间来逐步适应。可能当时叶江川的心里比我还窝火，好好的自己训练多踏实，又不是教练，凭空队里给安排个女弟子，多拖后腿浪费时间呀。

20世纪80年代末期，中国国际象棋集训队没有固定的训练场所，成年累月在北京的郊区周边打游击，哪里食宿价格便宜就在哪里安营扎寨生活上一段时间。回想当年集训队的训练条件真是艰苦，临时的住所空出几间房子，摆上桌子放上棋盘就是训练室了。有时候实在没有空余的房间安排训练了，就把训练室安排在宿舍里。艰苦的训练条件倒是锻炼了我们顽强拼搏的斗志，特别是成天和男队员在一起摸爬滚打的女棋手，身上看不到一点娇小姐的痕迹。

叶江川开始带我的时候可能也没把这种组合训练看得太认真，既然队里这样安排，训练时多一个人就多一个人在旁边看吧。直到1989年9月我获得了全国女子个人锦标赛冠军，他才觉得我下棋有点入门了。10月，全国青年锦标赛（20岁以下）在北京举行，为了锻炼女棋手，特意把男女棋手编排在一起比赛。比赛开始几轮我屡战告捷，坐到了赛场的第一台。暂时领先的位置令我心中很是有几分得意，每盘棋下完之后，与其说拆棋时应该到叶江川那里分析对局中可以改进的地方，其实自己更希望能够从他那里听到一些鼓励和表扬。多不容易呀，在以往男女混合的比赛中，还从来没有女棋手能够占据领先位置呢。

但令人失望的是，一经叶江川的手，我"辉煌"的胜利便失去了可以炫耀的东西。"这步棋走得不够好！""如果对手这样处理你就难受了。""这个局面你怎么能够这样处理？"劈头盖脸一顿说，让人怀疑他似乎不喜欢我跟男队员对抗时能赢棋。和他比我的水平不灵，所以分析棋时我也弄不过他。可我心里那个不服气呀，心里嘀咕"就算你们男棋手水平高，可说起话来也不能这么不留情面呀"！于是我心中暗下决心，非把这个青年比赛打好不可。

全国青年赛进行到一半的时候，叶江川随中国男队出访欧洲参加国际比赛，这下子可没人说我的棋下得臭了，耳根子一下子清静了下来。不过，没有人帮助我分析对局中出现的问题，我总觉得少了点什么似的，坐在棋盘边底气有些不足。

好在后半程的比赛我越战越勇，一鼓作气比分遥遥领先，整个比赛进程都坚守在第一台下棋。女棋手的积分排在前面，参赛的男棋手们脸上有些挂不住了，每轮比赛前都半开玩笑半认真地叫嚷，要齐心协力把所有的女棋手都轰到十台以后下棋。可能是男棋手"膨胀"的自尊心激发了女棋手的斗志，更多的女棋手大开杀戒。最后一轮棋我和另外一个女棋手坐在第一台，特意提前到赛场冲着其他男选手做鬼脸，当时的感觉确实很爽。

等叶大教头从欧洲比赛回来得知我拿到全国青年赛混合组的冠军之后，他第一句话居然是"山中无老虎，猴子称霸王"，然后就像什么也没有发生过一样提也不提比赛的事儿了。听听，从他的话中哪儿有一点高兴劲儿呀？根本没有其他教练看到弟子创造好成绩之后的正常反应。不过，自打那次比赛之后，他对组织上"摊派"给他的弟子下棋的才能总算认可了，训练中也开始有一点教练的样子。他开始量体裁衣为我制订训练计划，逐渐把训练内容的重点转移到我这个女弟子身上，这样经历了差不多一年的时间，我们总算找到了师徒的感觉。

生活简朴　兴趣广泛

下棋是需要耐得住寂寞的职业，扎扎实实的低调作风更是棋手的标志之一。合作了十多年，我不记得看到叶江川主动到商店去采购过，比赛获胜后我们师徒更没有去豪华酒家摆庆功宴的习惯。生活方面叶江川对物质的要求不高，衣服干净整洁就行，不一定非要置办什么名牌的行头。饮食方面他最爱吃的就是山西的面食，请江川吃饭，鸡蛋西红柿打卤面比生猛海鲜还让他高兴。消遣娱乐方面，他最"奢侈"的爱好也就是卡拉OK了，这么多年唱来唱去除了邓丽君就是童安格的那么几首，真是浪费了挺好的男中音嗓子。一到有活动出节目，叶江川总会奉献出他的拿手好戏——吹口琴，不过除了《羊毛剪子嚓嚓响》之外，别的曲子我从来没听过，也就不知道他会不会了。

不过，虽然有人把叶江川称为国际象棋界的陈景润，但实际上我们这位叶老兄还是很内秀的。叶江川最擅长的领域在地理方面，世界上数得上来名字的国家首都他基本上都能说出来；国际时事是他日常最关心的事情，什么美国大选、贸易制裁、武器禁运、海峡两岸关系等等，甭管去哪里，他都会想办法搞来最新的《参考消息》和《环球时报》，关心时政的最新动态。当然，最令我佩服的是他音乐方面的才能，虽然我们这位老兄跳舞总是踩不准点，但无论听到什么曲子，他都能把乐谱写个八九不离十。

还有，虽然平日没看出来叶江川还对唐诗宋词感兴趣，但只要有重要赛事，他都会把诗词方面的书压到枕头底下。按照叶江川自己的解释，比赛压力大睡不着觉的时候，一想到唐诗宋词中描述的美妙意境，很快就能进入梦乡。说老实话，唐诗宋词对睡眠的效果胜过安眠药的说法我只在叶江川一个人处听到过，反正我自己失眠的时候看唐诗宋词不管用。

要说叶江川棋之外的"软肋"在哪里，恐怕要数学外语和提笔写文章了。尽管他学了10多年的英语，翻来翻去还是《Follow Me》第一册，不知什么时候人家江川老兄学会倒打一耙，遇到别人问他走南闯北这么多年为什么没有学好英语的时候，叶大教头的回复是："都怨谢军，我一说错她就笑！"嘿，能不笑吗？比如明明英国朋友介绍新出了一款棋钟，核心改进之处采用的是美国棋手费舍尔的创意。结果，当着好多人的面叶大教头充当翻译，他带着一脸兴奋的表情说什么棋坛偶像费舍尔即将造访，一番话把周围几个人的情绪都调动起来。这种时候，我不及时出面更正辟谣行吗？

其实江川老兄写作的水平不错，但就是内心深处对爬格子"深恶痛绝"。按照他老兄的话，"就那么点事情，有什么好写的……"遇到写东西的活儿，不把他逼急了，嘿嘿，等着吧，稿子且给你拖呢。

煮面高手　细心老公

国际象棋的高级别比赛经常在欧美国家举行，中国棋手除了要尽快调整时差之外，另一个挑战就是适应当地的饮食。一起出国很多次了，不记得叶江川到什么地方存在饮食不适应的问题。每次出访，与我们又是香菇又是海米大包小包地准备中国食品不同，江川老兄会在旅行包里装上几瓶辣酱，三五斤挂面，再加上一个电加热器就行了。如果对比赛组织者提供的饮食不喜欢，他就会从当地超市里买回鸡蛋和西红柿，烧出一锅他最喜欢的西红柿面，然后很慷慨地邀请队友们一起共享。还别说，我在别的地方还没有吃到过如此美味的面条，当然，前提是要在宾馆里用最简单的电器进行"煮面条大赛"。

除了鸡蛋西红柿面之外，想不出我们的叶大教头厨房里还有什么绝活，因为他在家里绝少干家务。我们都管江川的太太潘晓洁叫嫂子，嫂子贤惠能干家里家外一把手，还做得一手好菜，难怪人家叶先生对我们队中女棋手干家务水平的评价总是四个字：不敢恭维。

从 1988 年结婚到现在，不管叶江川做运动员、教练员还是行政管理人员，晓洁嫂子一直在背后默默支持着，把家中的大事小情料理得井井有条，从没看到叶江川为家里的事情着过急。据叶江川自己坦白，他在家里主要的任务只有扫地一项，当然还有一条补充条款就是听嫂子唠叨。我们都笑叶江川有一点"妻管严"，他却把这句话当作表扬笑纳了。按照他自己的话，自己平常在家时间就少，家务又不插手，在这样的情况下还不应该牺牲一下耳朵，让"领导"在家中的自我感觉好一些。玩笑归玩笑，只要没有特别的安排，叶江川晚上都会推开应酬，赶回家陪夫人。面对大家半真半假的调侃，叶大教头有时会很认真地说，"儿子住校，小潘一个人在家多寂寞呀。"看不出来吧，我们看似事业狂老实忠厚的叶大教头，心细着呢。

身体是革命的本钱

可能因为叶江川 18 岁那年才开始从中国象棋转行改下国际象棋的，所以他经常有一种紧迫感，摆起棋来根本没有时间概念。常年以来他是我们国家队所有棋手中训练最刻苦的，被喻为国际象棋界的陈景润。"下棋靠实力说话，平常不下苦功夫，说什么才华横溢都是白搭。"跟他成为训练搭档之后，我的生活节拍也发生了质的变化，"勤能补拙"的观念一点点成为自己做事秉承的宗旨。

国家集训队中，如果没有特殊的情况发生，训练室里我们师徒搭档基本上从来都是到得最早走得最晚的两个人。记得 1993 年备战世界冠军锦标赛的时候，我的身体状况不是很好，于是身体锻炼就成了训练计划当中的一部分。日程表上白纸黑字写得清清楚楚：17:00 身体锻炼，可实际上能够按照计划执行的有一半时间就不错。每天下午一到身体锻炼时间，其他队员早早换了一身运动装伸腿弯腰做热身活动了，我们却还在就某一个棋局进行争论。很多时候，别的队员一看这种情况就不再继续等待，去室外锻炼身体了，我们俩便不知不觉摆棋一直到开晚饭的时间。事情过后，我免不了嘟囔作为教练的叶江川不重视队员的身体锻炼，而江川老兄总是以"谁也没拦着你去锻炼呀"来回答。可是，训练过程中教练不发话，我敢离开吗？再说，棋摆到一半，问题还没搞清我舍得走吗？久而久之，我们便根据实际情况调整当日的训练安排，不把写在纸上的日程表当回事了。

现在，随着年龄的增长和管理队伍经验的加强，叶江川越发意识到拥有一个强壮的体魄对棋手有多么重要。国家队棋手的身体训练已经很正规地列入时间表，特别是大赛前的封闭训练，整支队伍拉进山区与外界隔离起来，棋手们除了棋艺训练之外，最重要的事情就是在大自然的新鲜空气中强健自己的体魄。

2004 年夏天，为了备战第 36 届奥林匹克团体赛，我们全队又开拔到山东莒南县一座水库边上集训。住地远离市区，依山傍水景色很美。每天下午 4 点，全体队员都会离开训练室去爬山，或者沿着水库边上慢跑。现在身体锻炼可是像棋艺训练一样的硬指标，为了避免我们这些"老家伙"偷懒，还要记考勤呢。开始我们和大家一起爬山，可没到半山腰就被年轻队员远远甩在后面，无奈只好选择沿着水库快走。

我有一个最大的爱好就是走路，呼吸着山间新鲜的空气，走多远脚底下都不觉得累。这下子叶老兄可惨了，有时我还兴致勃勃想继续往前追跑步的其他棋手的时候，他已经开始在一旁念叨："还走啊，往回返吧，不然回去饭都凉了。"

于是我就开始跟他讨价还价，反正两个小时的身体锻炼一分钟也不能少。经常，我们的快走队伍中还有另一名教练李文良，也是在国家队一起工作了 10 多年的棋友。文良是个好脾气的老好人，叶江川说往回走，文良就说走的路程已经够远的了；我说继续往前走走吧，文良就会向叶大教头解释走路对人体健康的益处。我们三个人一边走一边谈队里的训练工作，或者生活中的趣事，踏着金色的夕阳欣赏身边的湖光山色，心情格外舒畅。

有一次，刚出门没多远，叶江川就说什么也不愿意继续往前走了。文良和我没办法，就拿偶尔出现在路上的农家护院狗跟叶大教头寻开心。别看40多岁的叶江川挺大的个子，他比我们队里的小姑娘还怕狗。一说"狗来了"，他就急忙左瞧右看样子紧张得不行。文良和我串通一气，对他说要往回走你自己走，路上有狗我们可没办法。一听这话，叶大教头还真就没了脾气，乖乖地跟我们继续往前走。当然，一边走他还要一边劝我们赶紧打道回府，一边抱怨自己的脚都走疼了。几条摇着尾巴的农家狗让我们的总教练一点威风都没有了，真逗。

克服困难　经受考验

与叶江川合作这么多年，训练比赛中我们配合默契，被外界评为"令人放心的黄金搭档"。17年了，大大小小的比赛我们经历了无数次，如果把下棋比作登山，那么一次次比赛就像一座又一座高山向我们提出挑战，强大的对手激发了我们骨子里不服输的精神，比赛中遇到的困境磨砺着我们的意志，来自四面八方的无形压力令我们的神经更加坚强。

最困难的比赛是1990年的八强赛，那是我们两人第一次以师徒的身份代表中国出征，接受世界大赛的考验。比赛是在苏联高加索地区一个叫作Borshomi的城市举行，我们从国内飞到莫斯科，又转乘3个多小时的飞机到格鲁及亚，然后又坐了3个多小时的汽车，在比赛前一天晚上9点才从国内辗转抵达赛地。到达目的地之后，我们来不及放下行李，直接被拉去参加开幕式，所有人都在等中国棋手抵达抽签，以决定第二天的比赛安排呢。因为整个人处于连续旅途奔波的状态中，加上时差的作用，我根本不记得那个晚上是怎么过的。

比赛是单循环，参赛八名棋手，最后冠亚军获得候选人资格进入下一个阶段的比赛，继而在新的比赛中决出世界冠军的挑战者。八名棋手中有五名是苏联选手，她们不仅人多势众，还以东道主的身份以逸待劳参加比赛，当然是赛前最被看好的。苏联人非常重视国际象棋世界冠军的头衔，要尽一切努力确保未来与世界冠军奇布尔丹尼泽对抗的那个人同样是以讲俄语为母语。

第一轮比赛，虽然我借先行之利很快就建立起了一定的局面优势，但随着对局的进程，我渐渐开始昏昏欲睡，可恶的时差反应让我迷迷糊糊就把一盘好局拱手相送。第二轮，我执黑棋对捷克选手 Klimova，她是比赛中等级分最低的选手。看到我仍旧睡眼蒙眬的样子，叶江川就猜到初次参加如此重要比赛的我还在为前一天的失利耿耿于怀，另外时差反应也不是一时半会儿就能调整过来的。于是，在这一轮比赛前的准备中，我们定下了对攻，力争速战速决的策略。一方面考虑到对手的棋风相对比较稳，另外，当务之急是让我尽快调整好身体和情绪，为后面的比赛做准备。对局中，对手看到我选择了弃兵的尖锐开局，很是惊讶，思考了很长时间之后，她选择了一个稳健的变化，很快局面形成三次重复和棋。这局棋虽然我没有赢，但却为我争取到了宝贵的时间充分地调整状态。接下来的比赛，我连赢三局，第五轮过后我已经加入了领先者的行列。第六轮，我执白对苏联的一名年轻选手 Kachhiani，她在这次比赛中表现得并不好，已经出线无望。这局棋，我一方面想借先行之利一鼓作气击溃对手，一方面又想图稳，避免犯错误，整局棋下得犹犹豫豫，瞻前顾后犯了比赛中的大忌，遭到了对手的惩罚。比赛进入最后一轮，我和其他两名选手一同并列第二名，最后一局棋执黑只有取胜才能有机会获得出线权。而我的对手比赛的一号种子选手 Ioseliani 刚刚连胜了两局棋，处于单骑领先的位置，顺利晋级前两名的机会极佳。

比赛开始前的准备阶段时间异常难熬，我一方面要摆脱前一轮失利留下的阴影，以全新的状态下好关键对局；另一方面，无论从比赛形势还是实力和比赛经验方面，此役对手都占优势。如何打好最后一仗呢？奇怪的是，叶江川没有像以往那样把所有可以利用的时间都花在布局准备上，而是带着我到离住地很远的一个集市上散心。他是怕我还在懊悔前一轮的棋，老大哥的良苦用心让我很快重新振作起来。经过一番周密的分析，利用对手想赢怕输又不甘心和棋的心理，我们制订了一套"佯稳"的作战计划，争取和对手打一场持久战。实战情况果然如我们分析的一样，处于领先位置的 Ioseliani 犯了和我上局棋一样的错误，等她意识到棋盘上的情况变得白热化的时候，我已经牢牢地掌握了对局的主动权。取得优势之后，我没有给对手翻盘的机会，以精确的着法把棋局走向胜利。

　　初出茅庐的我打进了国际象棋女子个人锦标赛世界冠军候选人决赛，创造了中国运动员历史上的最好成绩。这次比赛的光荣榜上第一个应该写下叶江川的名字，虽然这次比赛是他初次以教练员的身份单独指挥世界级大赛，但他冷静地判断形势，积极调整运动员的状态，正确地掌握了比赛节奏。没有叶江川的辅佐，当时在技术和比赛经验上都存在明显欠缺的我不可能在世界棋坛一鸣惊人。我们师徒二人首次联手出击，就通过了国际大赛严格的考核。

厚道与狡猾

　　1991年我开始了在北京师范大学英语专业的学习，校园里和学生们接触很多。那时外语系学生的性别比例严重失调，每个班级20多名学生中只有两三个男生，因此女同学之间最常见的事情就是斗嘴解闷儿。大一、大二的学生正是充满幻想的年龄，回到班级中，我经常会听到女生们用羡慕的口吻说："谢军，你运气多好呀！看你的叶教练多帅呀！"闻听此言，我云里雾里不知所以然。

　　如果说纯情的大学生的评论还有点豆蔻年华女孩子的虚荣心和对异性的朦胧好奇，其他人再说这番话就有了调侃的味道。特别是江川性格温和，为人厚道，与性格外向的我在一起，别人总会问："谢军，你是不是经常欺负他呀？"任我怎样辩解都没用，越解释旁边的人越觉得谢军嘴皮子厉害。看看人家叶江川多有大哥风范呀，甭管别人怎样说，他都是笑呵呵地装傻，一副事不关己的样子。

　　"谢军，瞧你的教练脾气多好呀！你的运气真好。"不止一次，别人当着我和叶大教头的面说上这么一句。

　　听了这些话，江川的表现更像个谦谦儒雅学者了。真是有苦说不出，我只能补一句"这就叫哪里有压迫哪里就有反抗。各位如果哪一天有机会看看叶大教练训练时板起脸的凶样子，大概就会知道事实真相了。"

作为搭档，比赛报道中我们二人的名字总是在同一时间出现，弄得那些年不少人以为我们的关系不会是师徒那么简单。更绝的是一些记者在直播现场就问："你们是不是一家子？"

刚开始时我们还会很认真地回答这样的提问，后来我们发现很多时候人家在故意找新闻点寻开心，于是我们的态度也变得圆滑起来。"搭档就是搭档嘛，当然会经常在一起出现。我们俩在一起的时间比和他们那口子在一起的时间还多，关于对方有什么想知道的事情尽管问。"后来，再遇到这样的提问，我还会装出一副很遗憾的样子回答："叶大教头带我的时候已经结婚了，相见恨晚呀！"而江川老兄更逗，他会说："当年我选谢军现在的先生进我们训练小组备战世界冠军赛，谁知道那小子摆棋的过程中顺带着把人也骗走了，看来下次给女队员选男助手，要特别小心。"言者轻松，听者哈哈一笑，如今再也没有人问我们是不是一家人的问题了，更没有人把话茬往感情问题上引了。

随着时间的推移，我们合作的年头也在一天天延长。期待着几十年后的一天，我们在夕阳金黄色的余晖中拉开战局，那时候我一定争取在棋盘上好好"教训"一番管了我几十年的叶江川，然后对他说："这个局面你应该这样处理……"想象一下两位七八十岁的老人为一局棋争得面红耳赤，场面一定很有趣。

新岗位 新挑战

不知从哪一天开始，我们这对棋坛师徒之间讨论的问题不仅仅局限于如何提高棋艺，如何保持稳定的竞技状态了。如今，我们各自都有了新的工作岗位，叶大教头担任了中国国际象棋协会的秘书长、中国棋院国际象棋部的主任，如今国内只要跟国际象棋沾边的事情他都要过问。我自己则担任了北京棋院的院长（2010年12月到首都体育学院任职），如何让棋类运动项目在首都蓬勃发展变成了工作重点。比赛的时候，我们仍旧是棋手。但更多的时候，新的工作岗位需要我们从完全不同的角度来看待问题和进行思考。

角色的转变，刚开始的时候我们也像刚刚在一起搭档训练那样需要重新磨合，因为新的情况要求我们必须重新定位才能在工作上配合好。刚刚踏上基层领导岗位的时候，不少时候我都不太清楚应该怎样协调各方关系，把纸上的工作计划变成实际行动。很多时候，我一遇到困难就会想到叶江川，因为自己内心还没有完全适应从运动员到官员的转变。我总天真地觉得，一切都像从前在棋盘上遇到问题时那样，只要师徒二人多下功夫，困难就会迎刃而解。那时候叶江川的主要工作角色还是国家队主教练，他劝我最多的一句话就是："回到棋盘上来吧，这里才是你的世界。"

别看叶江川平常外表挺有绅士风度的，其实他才是个急脾气，脑子里想到的事情恨不得立刻变为现实。自从他担任中国棋院国际象棋部主任之后，主要的精力逐渐由技术转到行政管理方面来，平常需要考虑的事情头绪多了，说话的节奏也更快了。一次大家一起吃饭，江川太太半真半假开始抱怨我们的叶大教头自从行政岗位"转正"之后，有时候半夜三四点钟醒了就睡不着了，翻来覆去开始思考项目发展问题。

是呀，担任中国国际象棋协会秘书长的职务的那个人无形中就是这个项目的大管家，项目经营得好坏、发展前景如何都在他考虑之列，可谓责任重大。叶江川的工作角色转变了，他把视野放到了整个项目发展的高度上，如何把国际象棋运动在我们国家开展得红火是他最关心的事情。于是，叶教练变成了叶主任，他的工作重点不仅仅在棋盘上了。于是，他的变化也影响了周围的人。现在，三天两头他总会打电话来传递参加活动的邀请，很多时候我不得不这样答复他："老兄，这个时间不行，局里有一个会我必须参加……知道你那里的活动很重要，但你不能还像过去只做棋手时候那样要求我呀，我现在手边也有一大摊工作呢。"

重新上路

2004 年 7 月，在中国女队处于新老交替的特殊时期，为了备战 10 月即将在西班牙开战的第 36 届奥林匹克团体赛，我又披起了战袍。为了让我在最快的时间里恢复状态，叶江川也抛开了手中的行政工作，我们师徒二人重新变成了棋盘上的黄金组合。可现实却是，自从 2000 年最后一次卫冕世界冠军之后，我逐渐淡出棋坛。三个月的时间能把三年的空缺弥补吗？

同样的疑惑不仅仅在我心中，对我能否迅速恢复巅峰时期的状态，叶江川一样没有把握。困难面前，我们没有低头，甚至我们彼此之间从来没有讨论过如何去克服困难。过去合作的岁月让我们都明白，困难面前唯有付出十二分的努力，除此没有更好的办法。我们彼此都太了解对方，不需要更多的语言，制订好了训练计划之后，便开始夜以继日地工作。

再次面对棋盘，叶江川又变成了那个严厉的教练，对棋本身，从来都容不得半点怠慢。因为有一段时间没有进行大运动量的训练了，无论从身体上还是心理上，我的适应过程可谓困难重重。

封闭训练过程中，叶江川远在无锡的奶奶去世了。叶江川从小在无锡由奶奶带大，所以和奶奶的感情很深。那天，叶大教头把训练计划安排好之后，面露难色地悄声告诉我他要离开队伍几天，因为父亲和其他兄弟姐妹都远在美国，所以他必须回无锡去为老人奔丧，临走叶江川还特意关照我千万不要惊动当地接待的工作人员和队里的其他年轻队员。没过两天，叶江川就以最快的速度风尘仆仆赶回到队伍中。棋盘摊开，紧接着就让我把他离开时间的训练内容摆给他看，那表情就像什么都没发生一样，仿佛他只是刚刚出去开个会回来。那一刻，我的心里说不出是什么滋味。所有的付出和牺牲都是为了女队卫冕团体世界冠军这个目标，作为棋手本身，我们没有理由不全力训练。虽然比赛的时候，中国女队只有三名棋手坐在棋盘边，但我们的身上承载了太多人的期望，我们的背后洒落了太多人辛勤的汗水。

2004 年 10 月，中国女队在西班牙举行的第 36 届国际象棋世界奥林匹克赛中以较大的优势成功卫冕团体世界冠军，实现了四连冠的目标。这冠军的奖杯既镌刻着棋手，也镌刻着教练的无上荣耀。

老搭档的新合作

17 年合作，这些年我获得了四次个人、三次团体世界冠军，军功章上至少有一半的功劳应该记在教练叶江川的名下。现在看着队里的小队员们一声一声地叫他"叶老"，不自觉间突然感到自己也属于老前辈的行列了。是呀，队里有些棋手的年龄还没有 17 岁呢，我们两个人却已经合作了这么多年，年龄岂能不老。

如今，我们更多的是从管理者、组织者的角度来讨论棋，讨论如何策划好赛事活动，如何与赞助商合作，如何加强队伍管理培养年轻队员，平常难得有工夫静下心坐在一起讨论棋局变化。

以后的岁月会是怎样，我们至少还会再合作个 17 年吧？遥想未来，我很好奇，同时也满心欢喜地期待着。

注：本文写于 2005 年年初。

"好人"李文良

即便你不认识李文良，在国际象棋国家集训队成员中想找到他也很容易，那个全队身材最瘦的、总是坐在训练室进门第一个桌子旁摆棋、每逢赛事活动总跑前忙后的便是他了。在集训队中，很难把李文良具体定位在哪一个职务上，他既是运动员也是教练员，既是副领队，同时还是中国棋院国际象棋部的成员。总之，凡是与国际象棋有关的事，找李文良一准儿没错。

十几年前，在北京棋院训练室里，我无意间从一本打开的训练笔记本上看到了几句诸如"几年内要拿国际大师、特级大师称号，什么时间要赶超国际先进水平，为国争光"之类宏伟计划的时间表。给我留下深刻印象的是每一句话后面都打着若干个惊叹号，可见写下这些豪言壮语的人态度是非常认真的。后来我碰到了一个身材瘦瘦十七八岁的少年，别人告诉我，他就是笔记本的主人———黑龙江棋队的李文良。再以后，我们进入了国家集训队，成了一同训练比赛了十几年的队友。

命运仿佛故意在跟这个有志向的年轻人开玩笑。年复一年，好几次他离自己的目标已经触手可及，但最终却总是差那么一点儿。不知不觉间，李文良从一名年轻棋手变成了队伍中的老大哥，一代又一代更年轻的棋手成长起来了。现在，李文良除了自己训练之外，把更多的精力投入队伍管理和年轻队员的培养上。尽管在队伍中的角色变了，但他从未放弃过十几年前在训练笔记本上写下的成为国际特级大师的理想，一直坚持不懈地朝着自己的目标努力着。

可能不止我一个人会对李文良留下这样的印象，在集训队中，无论技术训练、身体锻炼还是平时的纪律性，最优秀同时也最认真负责的非他莫属。大到带领少年队员出国比赛，小到摆放训练室的桌椅板凳，只要事情交给李文良办—准儿错不了。集训队里如果谁有事需要帮助，第一个想要找的人就是李文良。这么多年下来，大家已经习惯了。

记得有一次我们去海南参加比赛，由于第二天上午要参加活动，领队林峰老师让李文良早晨叫大家起床。后来我们得知，由于李文良手边没有闹钟，那一晚他就没有睡踏实，生怕误事。最后一次醒来是清晨5点，他就不敢再睡了，一直醒着到天亮。

尽管平时的李文良身体很棒，但一般每次比赛最容易感到时间紧张、最先觉得累的也就属他了。每步棋的变化算不清楚就不落子，难怪他会比别人更早感觉到体力不支呢。这么多年了，我们从来没有见到过一个稍稍胖一点的李文良，原因也许就在于他凡事太认真了吧。

也许以后的生活会发生很大的变化，但在我的眼中，李文良永远是一名棋手，一个好人。我相信，一名棋手总会不停地在棋盘上编织这样那样的梦想。虽说好事多磨，但好人迟早会交好运的。

注：本文写于2001年，发表在《中国体育报》。

莎士比亚与国际象棋

新近英国发现莎士比亚的笔记本的消息引起全世界不小的轰动。这些存放在两个铁柜中的莎士比亚 35 个私人笔记本真实记录了他 1592—1598 年的生活，其中有相当部分的棋艺生活。

这批笔记本中记录了莎翁从开始对国际象棋发生兴趣到痴迷的过程，同时还有他本人在法国、意大利和西西里群岛对弈的 142 局完整的对局记录。这些历史资料的发现，不仅让世人可以更完整地了解莎士比亚，同时那些精彩的对局和逸闻趣事也为丰富国际象棋历史增添了美丽的一笔。

莎士比亚的学棋经历颇有些戏剧色彩，由于 1592—1593 年冬季伦敦的流行疾病带走了数以万计的生命，为避免灾难进一步蔓延，英国政府不得不颁发指令关闭所有的公众场所。以传播舞台艺术为生的莎士比亚被迫远走异乡，开始了流浪生活。他先是到了法国，然后又来到欧洲文学艺术的中心——意大利，奔波不定的生活却激发了莎士比亚的创作灵感，他先后写出了诸如《威尼斯商人》《罗密欧与朱丽叶》等流芳百世的作品。在意大利期间，一位名叫罗伯特·罗西的好友带他走进了国际象棋的世界。在莎士比亚的笔记中，他真实地记录了自己刚一接触国际象棋便深深陶醉其中的感觉，国际象棋不仅激发了他的创作灵感，同时使他的逻辑思维更加严谨。为了提高棋艺，他每日习棋长达 8 个小时之久，刻苦的学习使他的棋艺突飞猛进，很快罗西便不是莎士比亚的对手了。在莎士比亚的欧洲旅行中，他开始寻找当地的国际象棋高手过招，并且不停地学习掌握当时最为流行的开局变例。在莎士比亚与对手较量过程中，最令他骄傲和得意的事情莫过于以采用对方最为擅长的开局来赢取整盘棋的胜利。

回到英国，莎士比亚在朋友圈子里以棋坛高手自居，但以后发生的一件事却令他狼狈不已。事情是由于莎士比亚租赁的剧院马上到期，而剧院的拥有者决定不再续签合同引起的。莎士比亚看过剧院老板下棋，认为自己的水平胜过对手，于是他发出挑战书，条件是自己以大笔现金为筹码，而如果老板输了，只需要同意续签 25 年合约供剧团演出。

剧院的老板欣然应战，他抓住了莎士比亚下棋喜好攻杀、缺乏耐心的弱点，把对局引入漫长的局面战斗。莎士比亚在笔记中真实记录了自己在此次比赛时的感受："每局棋持续超过百步，耗时十四五个小时，这哪里是下棋，简直就是考验忍耐力。"不用说大家也已猜到，如此心态的莎士比亚难以取胜，最后他以 2.5 比 3.5 的比分败北，为赛前的狂妄自大付出了代价。

这场对抗赛成了莎士比亚棋艺生涯中永远的痛，以后他对自己的棋艺水平信心大失，把主要精力投到了文学创作中。

现在也许人们应该庆幸莎士比亚没有成为职业棋手，不然的话，他哪里有时间为人类留下如此规模浩大的文学遗产，毕竟他更具备一名作家的才华。

怀念陈老

置身于中国棋院大厅，我就呆呆地仰头望向中国棋院二楼大厅中悬挂着的、蒙着黑纱的陈祖德老师的照片，总觉得眼前的陈老不是照片上的一个影像，而是依然站在那里，风度翩翩地给我们这些年轻棋手讲授棋道。泪光中，照片上的人仿佛变成了一个彩影，在中国棋院的大楼里四处忙碌着，多少年来一如既往。

"真该选一张陈老下棋的照片！他的一生……"话未说完，情绪早已不能自已。

"放心，在另一个世界，陈老一定有棋相伴！"身边不知有谁说了一句。

听着身边人的对话，和着低沉的哀乐，我只觉得泪眼模糊，往事如昨，一幕幕清晰而来。

心细的陈老

2003 年"非典"期间的一天，结束训练出门的时候，我在棋院的大厅门口遇到了陈老。"谢军，家里孩子怎么样？忙得过来吧？"陈老关切地问我。

"小丫头棒着呢，这不我正要赶回去给孩子喂奶呢。"半年前我刚刚成为母亲，还没有给孩子断奶。

"快走吧！要不小家伙该饿了，呵呵。"陈老说罢，抬脚欲走时又想起了什么，"对了，送你的书我早放在国际象棋部了，以后不许那样公开讨书啊！哈哈。"伴随着爽朗的笑声，陈老以他惯有的流星步伐走进棋院。

什么叫公开讨书啊？陈老的话让我听得一头雾水。第二天，我从国际象棋部里拿到了扉页上有着陈老签名的《超越自我》。哦，原来陈老指的是我 2002 年 9 月 26 日在《中国体育报》发表的一篇文章呀。

一本书的启发

刚刚过去的这个夏天似乎格外难熬。不知是因为天气确实反常的燥热，还是由于自己"一体两人"做起事来有些力不从心，反正，心中少了几分宁静，干什么都有些无精打采的。也许每个女人都会经历这样一个特殊的阶段，但身在其中，还真不知道怎样来调整适应。面对一天比一天不再完全被自己支配的身体和大脑以及来自周围人越来越多的照顾，所有一切对于一直习惯于忙碌奔波的自己来讲，都颇有些无奈。

这个时期的生活伴随着一种很奇特的感觉。一方面，要逐渐去适应，以一份好心情去做一些自己力所能及的事情；另一方面，当自己能够安心享受这份轻闲时，心中又时刻充满了不安和恐慌。扪心自问，不久的将来，当生活又踏入正轨，自己能否像一名战士那样重新回到赛场、校园和工作岗位上？自己能够从容迎接未来的挑战吗？

脑子里突然出现了小时候曾经在队友那里看过陈祖德老师创作的一本书，当时尽管把那本叫作《超越自我》的书看了不止一遍，但也都是囫囵吞枣，对里边写的事情并不全懂。很多年过去了，对那本书的内容已经有些记忆不清了，只记得那是陈老师在重病中用生命写下的自己的经历和对人生的体会。

现实生活中往往有这样那样的理由让人停顿向上跋涉攀登的脚步，或者是已经到达了一定的高度，想停下来歇歇脚，欣赏一下眼前的风景；或者是感觉到前进的阻力太大，得不偿失；还有可能就是累了，找不到继续前行的动力……总之，各种各样的理由足可以让自己好好地休息一下，而这一停，可能就连自己也不知道会到哪一天才能迈开双脚，继续前行。

随着年龄的增长和人生阅历的慢慢积累，才逐渐体会到一个人为了达到某个目标，在短时期内付出艰辛努力并不是很难做到。而在人的一生中朝着新的目标，不断地挑战自我、超越自我，才是最难做到的一件事情。是的，不断地超越自我、挑战自我应该是人生最难达到的境界。正如登山者常说的那样——世界上没有比人更高的山峰。领悟了这个道理，突然觉得，陈祖德老师想通过自己的体会向读者们传达一种精神，特别是让我们这样的年轻读者能够尽早地领会到在漫长的人生旅途中不断超越自我的意义。

记得著名文学家苏轼曾经说过的一句话：早年读书无甚解，晚年省事有奇功。庆幸自己少年时期偶然的阅读对现在遇到困难出现困惑时的帮助，当年的小姑娘现在已经长大了，很想把《超越自我》这本书仔细地重读一遍，但不知什么原因，现在已经很难在书店里找到这本书了。

想想家中书架上缺了这么一本让自己对人生颇有感悟的好书，还真是挺遗憾的一件事。

2002 年 9 月 26 日《中国体育报》

两次非正式邀请

总觉得，棋手到达一定境界之后，在思路的某个领域中存在着很多共通的东西，比如说刚强好胜、心境单纯。并且，至少有那么一个阶段的人生轨迹要视棋如命，否则，不可能在棋艺的领域中登堂入室，达到高峰。但是，像陈老这样直到生命的最后一刻，还用超一流棋手上场比赛的劲头与病魔搏斗，争分夺秒创作棋书的，我不知道全中国是否还有第二位。

通常，棋手的职业生涯会随着年龄的增长和生活环境的变迁，伴随着老棋手的实力日渐被后来棋手追上，棋盘上的胜负便不再是他们生活中唯一的内容。老实讲，这未必不是一种识时务的选择，在合适的时间做适合自己能力的事情，运动员退役转型本是常事，棋手这一行业即便运动寿命比其他项目长，但是职业新老交替的规律也无例外。但是，这样的规则在陈老那里却行不通。至少，在他眼里有些棋手能够运动寿命无限长。

"你只要往那里一坐，对手就会害怕！冠军的气势就是不一样！"2006年，当陈老听说我退出国际比赛的意向已定的时候，居然说出这样的"外行话"来劝我。知棋者如陈老，当然明白棋盘上的胜负是双方棋手一个回合、一个回合拼出来的，高手之间哪里存在谁往那里一坐，便会取得先机的事情。

但是，当陈老找不出更合适的理由来劝说一名36岁、已经淡出棋坛好几年的女棋手时，什么因素都可能变为重回冠军状态的理由。

"现在已经是小一辈年轻棋手的世界，我哪里还有什么优势，您这么说是怕我伤心吧？"不敢答应陈老，因为自己的状态自己心里最清楚，我知道复出绝不是简单地重新坐到棋盘边上，棋力渐渐恢复便可以上场比赛的。

"唉，太可惜了！你看我，这么大岁数还参加比赛呢。能下棋，多幸福啊！"陈老不再硬劝，说到下棋，一脸开心的表情。末了，陈老像孩子一样补了一句，"当然，我现在的成绩不能提了"，陈老说话的神情，就像一个淘气的孩子偷吃了谁家的糖。

如果说2006年时陈老劝我复出更多的是出于棋手恋战的情结，那么2002年时陈老托人让我考虑是否参赛就更"可爱"了。那一年的夏天，怀胎已经七月的我还在有规律地参加比赛，并且战绩不俗，有些比赛的表现甚至好于自己运动员鼎盛时期。而同年的10月，世界奥林匹克团体赛即将开战，中国女队面临着卫冕的重任。

"谢军，外国女性都不坐月子。生完孩子继续坐镇中国女队一台吧。"一位老师开玩笑般劝我。

生完孩子马上代表中国队打世界比赛？对我棋力水平的信任程度也未免太高了吧？

"您别跟我别开玩笑了，我的预产期可是在 10 月呀。"我没头没脑地回复了一句，生怕别人不知道我的预产期正好与奥赛时间冲突。

"我们知道，外国女棋手就有生完孩子后几天就去打比赛的。"那位老师仍在试探着劝说我认真考虑一下参加比赛的建议。

"可是，如果孩子过了预产期才出来呢？"我一边说，一边乐，心想棋界的人真会开玩笑，就算夸奖我这个准妈妈棋力不俗，也不能把时间跨度一下子跳跃到生孩子之后呀。

有关能否不坐月子去参赛的话题告一段落，后来，那位老师告诉我，当时是陈老很认真地向他提出的这个建议，所以他才会说出这么"不切合生理实际规律的"话来。

说老实话，这两次谈话一直隐隐地埋在我的记忆深处，虽然自己当时并不觉得这是什么好建议，但内心深处更加真切地感受到了陈老——面对棋盘上的挑战，无条件接受，即便是以生赴死的决绝，也会以飞蛾扑火的勇气欣然前往。

或许，我当年的决定是具有自知之明的选择。但不知道如果换成陈老，以他的刚烈性格，会不会扬帆启程奔赴赛场了呢？我想陈老多半会义无反顾接受挑战的。尽管后来我们当玩笑般旧事重提时，陈老说我当年的决定并没有错。

期待奇迹

2011 年 2 月 22 日，著名作家陈祖芬大姐在《北京晚报》上发表了文章《人生是一份没有打上蝴蝶结的礼物》，文字中记录了一个姐姐对弟弟的无限怜爱。看着看着，我的眼泪便止不住落了下来，因为祖芬大姐的弟弟正是备受我们年轻棋手尊重的、棋坛一代宗师性的传奇人物——陈祖德老师。

过去的岁月像一幅画一幕幕重现眼前，画面那么清晰，清晰得让人不禁战栗。可恨的病魔又一次向陈老伸出了黑手，胰腺癌，多么可怕的三个字。

心中充满了悲伤和不舍，唯有祈祷奇迹发生，我含着泪写下了一篇小文，六天之后的 2011 年 2 月 28 日，发表在与祖芬大姐相同的版面上。

祈祷 R 变成 L

最近，自己一直期待着却又怕看到陈祖芬老师的文章，因为她的弟弟——中国棋界传奇人物陈祖德老师患重症刚在医院做了手术。所以，我怕祖芬老师会写弟弟的故事，怕她那些附有思念精灵的文字触动自己心底最软弱的部分。

在棋界，很多年前大家就管陈祖德老师称呼为陈老，虽然那时他不过 40 多岁。提起陈老，自己内心中既觉得很亲近，又时不时感到几分敬畏。那种来自骨子里的天然亲近当然是因为陈老懂棋，虽然围棋和国际象棋的棋种专业不同走法各异，但棋理相通。在爱棋的人眼里，棋是有生命的，你必须要用心去爱棋。因此，天下爱棋的人都只有一个相同的心仪对象——棋。说到敬畏，不仅因为陈老在业内德高望重，是中国第一位打败日本棋手的职业围棋九段；也不因他曾是负责国家棋类项目全局发展的总司令；还有早在 30 年前刚从生命的鬼门关闯出来，他便给世人献上的那本充满人生哲理的《超越自我》……

所有元素都统一在一个人身上、一个曾经孤独求败的棋坛高手身上时，陈老在我们这些晚辈棋手眼里便多了几分传奇色彩。这样的前辈，我们当然永远仰视。

陈老最喜欢看到年轻棋手成长，在他眼里似乎每个晚辈都是自己的孩子，都是未来冠军好苗子。没出成绩的时候，总觉得陈老对我们这些年轻棋手有点恨铁不成钢。大会小会上他的讲话，一般都是表扬简单几句带过，主要是对我们未来更高的目标和期待：冲击冠军、夺取冠军，再不就是蝉联冠军。听陈老讲话，我总想起容国团的那句名言"我爱荣誉胜过我的生命"。当然，每次讲话的结尾，陈老总会用一种带着美慕甚至有点眼馋的话语补上一句："能下棋太幸福了，我真想和你们交换位置！"那神情，只有用生命去爱棋的人才会有；那语气，只有超脱于现实生活框框的人才会有，无论如何是装不出来的。

世人谁都知道，赛场没有永远的冠军，时光不能倒流。不过，每当我听到陈老嘴中说出这些应该只有不食人间烟火的超人才能讲出的话语时，心中的感觉总是触电般麻麻暖暖的。谁不想在自己深爱的领域里幸福生活一辈子？可现实世界还是要考虑柴米油盐琐事吧。该叫他陈老还是小小陈？保持一颗孩童般的心去面对生活，这样的人总是离幸福更近一点吧。棋是纽带，把爱棋的人组成了一个大家庭，很多年来，那个最操心的当家人就是凡事追求完美的陈老。

一直想告诉陈老：我们这一代棋手都很努力，没辜负您当年的教导。有幸在您这样的大师身旁成长，您已经用多年的言传身教告诉我们：做一个大写的人，挺直腰朝着光明勤奋前行，无论什么样的梦想都有可能实现。

英文癌症 cancer 这个词遇到您的时候，已经被您取消 cancel 掉过一次了。所以，cancer 的最后一个字母 R 在您这里一定会第二次变成 cancel 中的 L。陈老，中国棋界有太多后起之秀还没有听过您讲"下棋太幸福了"呢，快点出院给我们继续您的"老调常谈"，好不好？

《北京晚报》2011 年 2 月 28 日

后记

时间的流逝能让人脑海中很多记忆从清晰逐渐变为模糊，然而翻开过去记载下来的文字，却又将一切复原成过去的老样子，仿佛时间停滞了一般。让两篇相隔八年发表过的文章与今日的伤痛融合在一起，以此寄托对陈老永恒的敬意和跨越时空的思念。

总觉得陈祖德老师并没有离开，或许，是他强大精神力量中的某些因子已经随着多年岁月的教导，潜移默化成为自己身体中的一部分。用生命去爱棋，勤奋学习不偷懒，做事全身心投入，不断超越自我，善待身边的每一个人……但愿陈老的在天之灵能够听到我们对他永远也说不完的话，想托风儿告诉陈老：晚辈们会不断努力；想托云儿转达：我们会用不同的方式永生爱棋；想托阳光捎句话：陈老，天堂里的您又当上棋司令了吧？有空歇歇别太累，学会珍视健康，善待自己……

　　注：文章完成于 2012 年 11 月。

在那座青砖四合院

　　新世纪的钟声敲响了，古老的北京城正日新月异发生着翻天覆地的变化，位于北京西城区西旧帘子胡同的北京棋院将面临拆迁，那座承载自己儿时记忆的四合院也将随着市政建设的重新规划从北京市地图上永远消失。北京棋院旧址对我有着特别的意义，因为那里曾经是我生活、成长的地方，小院里留下的不仅有我美好的童年回忆，还有很多耐人寻味的故事……

　　从北京天安门广场往西走有五六百米的样子，有一条名不见经传的胡同——西旧帘子胡同，胡同中的一栋坐北朝南的二层小楼在周围平房中显得与众不同。走近前来，一座古色古香具有北方特色的青砖红顶的四合院便映入眼帘，它便是从 20 世纪 80 年代初成为首都棋类事业的大本营的北京棋院。

　　10 岁那年，我睁着一双好奇的眼睛，兴高采烈一蹦一跳地走进这个颇有点神秘色彩的四合院，谁能想到从跨入大门的那一刻，我便在无意中选择了未来人生的道路，我的棋艺生涯也从此开始了。

　　记得那一天晴空万里，我被大人们领进这座四合院，不大的院子里安静极了，偶尔几声噼啪的棋子起落声显示着小院的高雅。还模糊记得后来我在二楼的棋艺训练室下了几盘棋，被不知何方高手杀得全无招架之功，大人们在周围不停地议论着我这个小不点儿。

　　印象最深的是棋院的午餐特别好吃，餐后每人还有水果，第一次享受如此丰盛的"免费大餐"，把我撑了个肚儿歪；院子里有一架枝叶茂盛的葡萄藤和一棵结满果实的海棠树，海棠枝头的果子虽然不大，红艳艳的却把人馋得口水直流。

没过多久，我从中国象棋转为学习国际象棋，同时开始了在北京棋院的集体生活，每日上午到附近学校上学，下午训练、食宿都在那个不大的小院里。

少年不知愁滋味，虽然自己的棋艺水平在很长时间都保持着原地踏步，可这一点儿都不妨碍我在小院中度过自己快乐的少年时光。这个院子虽然空间不大，却是棋界藏龙卧虎的地方。

80年代，中国棋界的一些重要赛事经常发生在北京棋院这座不大的四合院中。不经意间，你可以看到被誉为统霸中国象棋界"南北二谢"中的"北谢"——谢小然，脸上总是挂着笑容，伴着略微发胖的身材，一副慈祥的模样。

亚洲棋后谢思明，独占巾帼风骚，除了在棋盘上以刻苦努力闻名棋界，每天早晨无论刮风下雨，必在院子里踢腿弯腰练她的那套健身基本功。

围棋界泰斗小过老——过惕生，干干瘦瘦的一个小老头，端着个肩膀，穿着打扮都保留着旧时代的痕迹，周围的人不管对围棋有没有兴趣，对他老人家可都是毕恭毕敬。聂卫平，圆圆的脸上架着一副深色框边的眼镜，除了与棋院围棋队的队员分析棋局外，他在大棋盘前的挂盘讲解也是小院里最受欢迎的独特节目。

还有中国第一个国际象棋的国际大师刘文哲，总是西装礼帽低着头有心事般匆匆走过小院，活脱脱像一个寻根的海外华人……

当时的北京棋院还是各省市棋手互相交流棋艺的地方，来自五湖四海的年轻棋手经常是铺盖卷一铺就到棋院修炼棋艺，众多年轻人生活在同一个屋檐下成了室友。

时光不知不觉间过去了，伴随着年轻一代棋手的羽翼渐丰，老一代的棋手大部分退出了一线战场，有些老前辈永远地离我们而去。

经历了最热闹的80年代之后，不知是因为市场改革的经济大潮使得棋类比赛逐渐在全国范围地方化，还是由于90年代初中国棋院的建立使得北京棋类活动的中心发生了转移，北京棋院里的比赛越来越少了，往日热闹的门庭也渐渐清静下来。

在体育局及各方面领导的关心下，新棋院的筹建工作正在有条不紊地进行着，计划中的新北京棋院仍将建在北京市区的中心，是一座既符合国际棋类比赛的要求，又能展示首都文化品位并具有综合功能的建筑。

但那座青砖四合院将永远保存在我的记忆中，明天的新北京棋院也在我的美好憧憬之中。

后记

我是用一种挺复杂的感情来完成这篇文章的，在这个小小院子里发生了太多值得记述的事情，我有着强烈的冲动，在拆迁之时提起笔为这座四合院——旧北京棋院写点什么。无论是作为一名棋手还是新任的北京棋院院长，我和我的同事们都深切地期盼着小院里曾经发生过的美好故事在新棋院里继续下去。

注：本文写于 2003 年，发表在《中国体育报》。

我心目中的棋坛大姐大

在我 10 来岁刚刚踏上国际象棋旅程的时候，教练经常给我讲围棋的芮乃伟、国际象棋的刘适兰和象棋的谢思明三名顶尖女棋手的故事，从教练的言谈话语中我明白，三位大姐不仅仅是我追赶的目标，更是自己学习的榜样。

20 世纪 80 年代初期，这三名女棋手在各自项目上的运动成绩出类拔萃，傲视群芳，每次比赛都表现得极为"霸道"，几乎包揽了所有冠军奖杯，几乎没有给同龄的女棋手留出一点施展才华的机会。教练让我仔细揣摩她们身上独到的地方，还说如果我能够集这三名女棋手的特长于一身，将来必有所成。闻此言，年少的我心中不禁暗暗叫苦，甭说是吸取三位顶尖高手的长处，就是达到她们当中的任何一位的水准，在我当时看来似乎都是遥不可及的事，这样高标准的严格要求真不知教练是怎么想出来的。

围棋选手，被大家称为"乃兄"的芮乃伟无疑是我最仰慕的女棋手。当时因为中国棋院还没有兴建，各项棋的比赛又基本上不安排在一起，所以我很少有机会见到她本人，她的故事我都是通过围棋队的棋手和新闻媒体上的报道知道的。也许正因为如此，芮乃伟在我心目中更是所有女棋手中最棒的，在她纤瘦的身体中蕴藏着那么多的与众不同，颇有一点神秘色彩。

芮乃伟不单单是在女子赛场上独领风骚，稳坐围棋界"大姐大"的宝座近 20 年。在她与男棋手的较量中，更是巾帼不让须眉，屡创佳绩，令人刮目相看。即使在棋盘之外的生活方面，这位"乃兄"也处处显示出她不是一个平平凡凡的弱女子。例如，可能"乃兄"从来不认为足球场是只属于男人的世界，尽管只被安排到了一个守门员的角色，但高度近视的她还是会逞能和男队员一起踢足球。还记得当我听同屋的棋友说她为了锻炼自己的意志，单枪匹马从秦皇岛骑自行车回北京，令很多男棋手汗颜的故事时，我的眼睛睁得大大的，心中羡慕极了。

"乃兄"除了高超的棋艺和好胜的个性之外，她在其他领域的才华也令人啧啧称奇。例如报刊上她写的游记，令人读起来如同身临其境；闲来无事，"乃兄"参加体育系统的书法大赛，也轻松地获奖而归；谁也没见过她学日语，怎么就能够"叽里呱啦"地和日本棋手聊起来没完没了……

当芮乃伟作为世界上第一位女棋手获得围棋九段称号的时候，我把刊登在报纸上的报道剪下来贴在床头，每天看着她的大幅照片，心中除了崇拜之情，感到都有些绝望了。唉，这个"乃兄"把我们年轻棋手甩得也太远了。

如果把"乃兄"比喻成一朵似火盛开的红玫瑰，那么国际象棋的刘适兰则是一枝含苞待放的幽兰，虽不张扬，却时刻散发着淡淡的清香。她不仅仅是亚洲的第一位女子特级大师，更在 80 年代初，中国棋协刚刚恢复参加国际象棋世界比赛的时候，以闯入世界个人女子八强的骄人战绩向世界棋坛宣布：中国人来了。

少年的我刚刚踏入国际象棋的神秘殿堂，对同一个项目的顶尖棋手自然有更多的亲切感，心中也暗暗把刘大姐定为自己的榜样和追赶目标。从外表看刘适兰本人更像个邻家的漂亮姑娘，一点儿都不像一个叱咤风云的运动员。现在我的脑海里还留着 1985 年年初见她时的样子，长长的头发盘在头顶，黑色锦丝绒旗袍衬托着她姣好的身材，特别是当她迈着轻快的脚步走近你用四川人特有的柔声细语与你交谈，我真觉得大街上没有谁比我们刘大姐更漂亮了。

刘适兰的棋下得聪颖灵慧，声东击西是她的拿手好戏，经常在对手没有防备的情况下打一个漂亮的歼灭战。教练还特别让我多观察刘适兰的言谈举止，她为人处世总那么谦和大方，不管见到谁，听到什么，都是笑脸一张。

教练讲，有一次在国外比赛的闭幕式上，赛事主办者特意为各国女棋手准备了各式各样的礼品，获奖棋手可以根据比赛成绩依次上台任意选择自己最喜欢的东西。刘适兰是那次比赛的冠军，第一个上台的她没有选择手表、项链、化妆品等价值较高的被大家早已看好的物品，相反，她选择了一束鲜花。当地的观众无不为这位中国姑娘的选择赞叹不已，在雷鸣般的掌声中刘适兰怀抱鲜花款款从台上走下来。年少的我听到过太多关于她的赞美之词，让我觉得自己想学到刘适兰棋以外的功夫仿佛比追赶上她的高超棋艺水平还难。

其实那时因为接触不多，"乃兄"也罢、刘大姐也好，对我来说她们都像教科书中的英雄人物一样——形象光辉，神秘无比，高不可及。其实，自从我踏上国际象棋之路，生活中自己能接触到的、最可亲的还是象棋的亚洲棋后谢思明。说起她来，话可就长了，因为从某种意义上讲，"谢大姐"改变了"谢小姐"的人生成长轨道。

大家都知道，我从小是学象棋的，还在北京市的儿童比赛中拿过冠军呢。后来我作为苗子送到北京棋院之后"被迫"转行到国际象棋，也跟谢思明当时的成绩太好有关。可能那时教练们都觉得，既然象棋领域里北京有"大谢"顶着，那么"小谢"还是聪明点转行在国际象棋的地盘上发展吧。对于这样的决定，我嘴里不说可心里却有几分不情愿呢，凭什么人家象棋下得好好的就不让干了，谁说我有一天不会超过我这位本家大姐？就这样，我们各自虽然下着不同的棋，却在北京棋院同一间宿舍里住了好几年，谢思明还帮我扎过头上的小辫子呢。随着时间的推移，我也开始被国际象棋六十四个黑白格子迷住，渐渐地，也把自己曾经对象棋的迷恋抛到脑后了。

象棋在我们国家几乎到了人人会下的程度，正因为如此，想在这个项目上做到一枝独秀、统领江山更是难上加难。教练总讲，以谢思明自身的素质，她绝不是当时国内女子棋手里最出色的，但她却是最用功、最有韧劲儿的。那时，在北京棋院不大的四合院里，每天无论刮风下雨，谢思明都早早起床，踢腿弯腰练她的那套健身基本功；晚上，她也总是离开训练室最迟的人；比赛期间，她也经常会手捧一副磁铁象棋，见到高手就请教。反正，大家谁也没有见过谢思明空闲的时候，只要她想做的事，付出再多她也不会放弃。

初入棋坛，教练总是不厌其烦地给我灌输诸如"天才等于99%的汗水加上1%的机遇"、"勤能补拙"、"笨鸟先飞早入林"之类的话，让人听了之后觉得连每天吃饭、睡觉都是浪费宝贵时间、犯错误了似的。说老实话，尽管教练对谢思明赞许有加，可少年的我在很长时间里并没有看出她身上有什么特别之处。经历了时间的打磨，人到中年的我才慢慢体会到那时教练"老生常谈"的可贵。要想做一名好棋手，只有经过千锤百炼才能登堂入室，而百折不挠的精神就是那开启成功大门的钥匙。谢思明正是以持之以恒的精神和刻苦努力的训练，达到了自己事业上的高峰。

光阴似箭，在告别了20世纪跨入了崭新的21世纪的今天，当年的三位棋坛女杰仍旧在自己的领域里不停地奋斗着，她们依然是我们这批小字辈的楷模。"乃兄"还是像当年那样视棋如命，年届40已被围棋专业记者封为"魔女"的她还在棋盘上继续谱写着她的传奇故事；刘适兰虽然"退居二线"，但她在享受家庭的温馨幸福的同时，还把自己的精力倾注在培养国际象棋的少年棋手上；而谢思明则摇身一变成了广告公司的"谢总"，商海中的她成为联系各项棋类大赛与商家之间的红娘。

这么多年了，我一直努力追寻着几位大姐成功的轨迹。每当自己有一点进步的时候，在欣慰之余，总感觉离初学棋时教练对自己的要求还缺一点什么。不过仔细想过之后，心中便也释然。芮乃伟、刘适和谢思明三位大姐太优秀了，即便是竭尽自己全部之所能，又怎能兼三位大姐的特长于一身？

只要向着目标努力过，也就没什么好遗憾的了。

维克多教练

　　平常，中国棋手的训练以国家队为核心基地，形成一个相对封闭独立的系统，很少像国外棋手那样跨国组合一起训练。在国外棋手中，对我影响最大的莫过于现瑞士籍男子国际特级大师维克多·科尔其诺依了。老先生（维克多·科尔其诺依本人看到这样的称谓一定不高兴，他从不服老，但不这样称呼他确实有点儿不礼貌）出生于 1931 年，最有特色的是他头顶上一撮数量不多但永远立起的头发和虎视眈眈的好斗眼神，加上他说话时厚重的嗓音，使人一看到他脑海中就会浮现出一只好斗的大鸵鸟的形象。维克多·科尔其诺依本人曾经经历了坎坷又有着厚重的政治色彩的棋艺人生，起伏跌宕，充满了传奇色彩。

　　1974 年年底，维克多·科尔其诺依从苏联移居至西欧，用"移居"这个词来记述那段历史也许有些不准确，确切的词应该是"叛逃"。因为在当时苏美冷战的高度敏感时期，作为男子个人世界冠军候选人的维克多·科尔其诺依的擅自改变行程、申请政治避难的举动无疑触到了马蜂窝。接下来的很长日子里，维克多都是一名无国籍棋手，没有什么比赛组织者敢于冒风险邀请他参加比赛。1978 年维克多·科尔其诺依在瑞士扎下了根，阔别棋界三年，他已经 47 岁，在这个几乎是所有棋手的棋艺生涯都滑入低谷的年龄，维克多开始谱写自己的棋坛传奇。如飓风般凌厉，维克多·科尔其诺依在 1978 年、1981 年接连两次单枪匹马、一路过关斩将闯入男子世界冠军决赛。即使在 21 世纪的今天，他仍然是棋坛活跃的同年龄段中实力最强的棋手。

　　我曾经有机会于 1998 年到他瑞士的家中向他请教棋艺，那段时间简直是把我累惨了。每天早晨 8 点我就得从下榻的宾馆步行 40 分钟准时赶到老先生的家中，摆棋的过程中老先生时刻让我处在紧张状态，上午 4 个小时的训练一气呵成，中间没有一丝喘息的空闲。中午 12 点我在外面餐厅随便用餐之后，2 点还得准时去"维克多教练"那里报到，又是高强度的 4 个小时。当夜幕降临，我的脑子开始发木、想棋没有思路的时候，老先生还神采奕奕没有一点疲倦的样子呢。难怪老先生的运动寿命这样长，他的身体可能比我们年轻人还要好呢。

　　我还曾有幸与他在比赛中多次交手，赢了棋他会像小孩子一样开心，比赛对局解拆室里准会响起他爽朗的笑声；如果哪天碰巧不想与他硬碰硬，经历了一局平淡的和棋之后，他总会用一些类如"你的斗志哪里去了"、"这个局面你根本不懂"的尖刻语言把我好好嘲讽一下；如果这局棋他输了，那可是一件不得了的事情，他会借任何机会把自己的狂怒发泄出来。反正只要他在对局中没有取胜，他就会不开心。无论棋局内外，维克多·科尔其诺依都改变不了自己好斗的性格，他总会想方设法干扰别人的平和心情，这已经成为他常用的心理战术了。不过，有的时候他因为自己棋局过程中犯下错误而生气怨不得别人，接下来就免不了要狠狠地施怒于自己。记得曾经有一次比赛，我碰巧与维克多·科尔其诺依夫妻住隔壁，两个房间是由一个大套间改造的，中间有一道门紧锁着。我正在房间里分析自己的对局，只听见隔壁突然传来了维克多特有的大嗓门，紧接着是来回走动的杂乱脚步声，脚步声越来越急，说话声音也越来越大，最后变成了困兽般的咆哮。我正在思量不知他输给了什么人，使得他如此愤怒的时候，只听见哗啦一声响，一个人从两个房间之间锁着的那扇门中撞到我的房间里——维克多·科尔其诺依愣愣地站在那里。一时间，什么声音也没有了，维克多自己也被这个意外吓着了，手扶着门呆站着。他的太太赶紧跑过来，三个人的目光聚在一起，不禁哈哈大笑起来……

　　与维克多·科尔其诺依接触得越多，越体会到在他的世界里，国际象棋有多么重要。想象不出来没有棋的日子他会是个什么样子，尽管连他自己本人都承认自己在慢慢走向衰老，但是当他坐到棋盘边上时，眼神仍然炯炯有神，棋风依旧好斗，因此维克多的这份老态又似乎是故意装给别人看的。于是，看他的行为不再感觉怪异，老先生也成为棋界最受欢迎、最受尊重的棋手。维克多·科尔其诺依就像国际象棋界的古董一般，越老越受到人们的敬仰。

　　也许正是蹉跎岁月把我们"可爱的维克多同志"造就成世界棋坛上永不言败的"雄狮"，一名宗师级的棋手，一位让人不得不脱帽致敬的人物。维克多·科尔其诺依对我影响最大的正是他对棋艺事业的那份热爱，国际象棋已成为他骨子里不可缺少的组成部分，也确立了他在当今棋坛的独一无二的地位。

也许有一天，我也会随着年龄的增长失去了鼎盛时期摘金夺银独霸一方的威猛，这是残酷的竞技场上谁也无法抗拒的自然规律，但维克多·科尔其诺依教会了我：只要坐在棋盘边上，棋手就要不停地战斗，只有如此才能够享受国际象棋给生活带来的快乐。

我的象棋教练胡荣华

2003 年 10 月 11 日至 18 日，受国家体育总局委派，中国棋类代表团一行 8 人赴法国参加由中法两国政府签订的文化交流活动。虽然这次出访不是什么正式比赛，但因为这次活动是当年在法国举办的中国文化年的一部分，所以中国棋院对代表团的人员组成显得格外重视。代表团由中国棋院党委书记裴家荣带队，象棋、围棋和国际象棋三个项目选派国内有代表性棋手参加。

三棋同台海外竞技表演，这还是建国以来开天辟地的头一回。要问我在法国期间除了参加两国人民友好联谊活动之外最大的收获是什么，那就是我找到了一位德高望重的象棋教练。

千载难逢拜名师

我的这位象棋教练在国内的知名度极高，就是胡荣华老师。

朋友们看到这里一定会说，胡荣华老师不是下象棋的吗，难道你还要半路出家改行不成？其实，无论是哪一种棋，下棋的道理都是相通的。往往，当棋艺达到一定水平之后，棋手对棋的理解，他（她）的思想境界就是决定比赛胜负的关键。

胡荣华老师在 1960 年刚刚 15 岁时就登顶全国冠军宝座，2000 年相隔 40 年之后又夺取了他的第 14 次全国冠军，他一人集获得冠军年纪最小、获得冠军年纪最长和获得冠军次数最多的纪录于一身，所以胡荣华老师绝对是国内最具传奇色彩的棋手，他辉煌的棋艺生涯本身就是一个奇迹。当年他战绩辉煌横扫千军的时候，棋界的朋友都叫他"胡司令"；现在他已 58 岁了仍战斗在比赛第一线，所以胡老师又有了一个"不死鸟"的称谓。能得到这样水平的大师的指点，对我辈棋手绝对是一个千载难逢的机会。

虽然自从学棋开始，胡荣华老师的名字就如雷贯耳，不过由于这两种棋的比赛很少放在一起举行，所以这些年与胡老师本人的直接交往并不多。在我的记忆里，除了在一些大型活动中有过几次短暂的接触之外，最长的一次就是 1999 年参加建国 50 周年十大杰出棋手庆典时我们曾在一起待过的两天。

胡老师还记得 20 年前的我

不过，胡荣华老师说，早在 20 世纪 80 年代他就在北京棋院指导过我，他现在还记得我当时的模样呢。可惜，20 多年前我还是个十一二岁的小毛丫头，早把这些忘得一干二净。

因为国际象棋界有不少棋手都是下象棋"出身"，所以在我们队里，胡荣华老师的崇拜者可不止我一个。记得前几年我们国际象棋队出访欧洲的时候，我看到自己的"专职"教练叶江川在比赛闲暇的时候，整天手捧一本胡荣华老师的棋谱苦思冥想。我从来没有看到过叶江川崇拜过谁，就是面对世界棋王卡斯帕罗夫的棋，他也要带着客观的态度来评价分析。但是，摆起胡老师的象棋谱可就不一样了，他总是一边看一边在嘴里念叨："高手，真是高手，他简直就把棋里的东西都看明白了。"看到自己的教练对胡荣华老师的棋谱如此毕恭毕敬，我对"胡司令"更是增添了几分敬仰之情。对我们年轻棋手来说，胡荣华老师简直就是一个跨时代的传奇人物。

客串表演有情趣

虽然代表团此次出访巴黎只有短短的一周时间，但在法期间每天的日程都被安排得很满，当地的报纸也对活动进行了充分的报道。大大小小的表演赛几乎天天都有。有一次为了抓紧时间让当地的棋迷朋友多操练几把，负责接待代表团的潮州会馆甚至把擂台摆在一家中餐馆里。海外侨胞的热情和棋迷朋友对棋的痴迷程度真是令人感动。

也许因为当地的棋迷朋友太想在棋盘上赢上大师们一盘，所以他们都很在乎输赢。虽然这些棋迷朋友对自己的实力也有客观评价，但不管怎么说，屡战屡败的结果还是让他们心里怪不好受的。于是，在我的象棋教练胡荣华的倡导下，我们代表团就适时地推出了棋手"客串表演"，也就是说我们与当地棋迷朋友交流的时候不是用自己的专业项目，而是下另外一种棋。

不过，千万别小瞧了这些大师在"副业"上的棋艺水平，胡荣华老师的围棋起码是属于有专业段位棋手的水准，叶江川教练的象棋更是参加过全国比赛的。只有我这个曾经在 10 岁的时候拿过北京市象棋比赛的少儿组冠军，水平既不算太强，却也还能在棋盘上比画一番，属于符合"市场需求"并且最适合做友好工作一类。所以后来不管是中国驻法大使馆的公参，还是接待我们的潮州会馆的馆长，我都会被作为象棋选手"隆重推出"。虽说大家的水平纯属业余，几乎每局棋都是在双方错来错去的过程中结束的，但因为棋逢对手彼此水平相当，不仅棋下得有滋有味，1 比 1 之类的平局结果也让大家皆大欢喜。

言传身教　受益匪浅

在巴黎的时间虽然只有一周，但胡教练对我这个徒弟也是"认真执教，严格要求"，让我从胡教练的言谈话语中受益匪浅。比如说，胡荣华老师一再强调棋手在赛场上要时刻摆正自己的位置，这样才能保持平常心和清醒的头脑。谈论到棋手如何保持一流的竞技状态问题，胡老师的观点更让我深受启发。他的体会是，下棋时不能让自己一味地停留在鼎盛时期的"幻觉"中。一名合格的棋手既要客观面对随着年龄增长带来的实际困难，又要不断地挑战自我，保持高昂的战斗精神和求胜欲望。无论在哪个阶段，棋手都要让自己处于一种不断学习的开放状态，当你拥有不断完善自己技术水平的愿望和完善的能力时，不管年龄大小，在棋盘上都会是一名斗士。胡荣华老师还半开玩笑地举了个例子，他说自己最怕去一些小学参加活动，因为孩子们稚声稚气一声"胡爷爷好"把人都叫老了。

无论是以往与他的接触还是在巴黎度过的日子里，不管开心也罢，烦恼也好，胡荣华老师一概是嬉笑怒骂潇洒自如，外人很难从脸上看出他的内心真正的感觉。作为一名久经沙场的棋手，胡荣华老师虽然经历过太多的输输赢赢，但可贵的是他能够一直保持平和的心态。

我那时刚刚担任北京棋院的领导工作，所以在行政管理方面免不了要向已经担任多年上海棋院院长的胡荣华老师讨教。从一个管理者的为人处世到如何提高运动员的训练质量和比赛成绩，从加强行政人员的业务能力到调动单位所有人的工作积极性，胡老师都向我传授了不少宝贵经验。

活跃气氛的主角

由于此次巴黎之行的主要任务就是进行友好工作，所以我们中国代表团的联欢应酬活动也比较多。自从拜师之后，每天吃饭的时候，我都把胡教练左边的位置牢牢占住，华以刚老师则一口一个"大师兄"地叫着，坐在胡荣华老师的右边。每次饭桌上他们两个人绝对是活跃气氛的主角，只要两个人一开口，饭桌上就变得热闹起来，活脱脱的一对老顽童。每当找到一个话题之后，他们总能尽兴发挥，如果把他们的妙语连篇记录下来，完全可以编一本"巴黎语录"。

华以刚老师在围棋界有"故事大王"的美称，让他讲述什么事情简直就像听评书一样，再加上胡老师时不时给敲一下边鼓，他们俩一唱一和总能把大家逗得捧腹大笑。有一次大家侃得高兴，两位老师又多喝了几杯，于是华老师非要表演单腿下蹲的节目来证明他的酒力远不止如此。当时，没有人相信华老师的话，且不说这是在几瓶葡萄酒下肚的情况之下的"醉"话，单凭华以刚老师50多岁的年纪，不喝酒想完成单腿下蹲这样的高难动作也难。但令人难以置信的是，华老师在"假模假式"做了一番热身运动之后，居然轻而易举地只用一条腿便蹲了下去，顿时，大家惊叹不已。

小小的遗憾

如果说我对我的教练还有什么"不满"的话，那就是胡荣华老师说因为我是带艺投师，所以只能算他的记名弟子，不能列入正式徒弟的行列。咳，这样一来我就没有做胡老师关门弟子的福分了。罢罢罢，能够有幸得到胡荣华老师的言传身教足矣，就别太在乎什么名分了。

孩子几岁开始学棋好？

当了很多年的棋手，就读于以"学为人师，行为世范"为宗旨的北京师范大学多年，目前从事的是教育管理工作，对于我来说，把自己的本专业国际象棋与青少年儿童的教育结合在一起是很自然的事。

经常会遇到一些家长和我交流，他们问得最多的问题往往是：我的孩子应该什么时候开始学棋？孩子下好棋应该具备哪些条件？

国际象棋有"智慧的体操"的美称，不言而喻它是锻炼人的大脑的一项活动。早期的启蒙教育是非常重要的，所以孩子学习国际象棋的时间当然是越早越好。从生理角度来讲，人的大脑从在胚胎期逐渐形成雏形，到 4 岁时儿童脑的大小便已与成人十分接近。这之后伴随着体积的增长，头围也相应变大。科学研究表明，如果以一个人 17 岁时的智力作为 100% 的标准，那么儿童从出生到 4 岁的智力达到了 50%，4 ~ 8 岁获得另外的 30%，最后的 20% 则是在 8 ~ 12 岁时获得的。从中可以看到，0 ~ 5 岁是儿童大脑高度发展的时期，所以教育开始得越早，儿童的潜在能力的实现就越大。当然，国际象棋训练对儿童来讲，是一项既简单又复杂的活动。说它简单，是因为国际象棋本身生动活泼的造型，简单的行子规则，对于儿童来讲比较容易当作游戏来接受；说国际象棋复杂，是因为这项活动本身要求参加者能够进行合乎逻辑的思考，并且在多种变化的可能性当中进行合理的选择。应该讲，儿童在 4 ~ 5 岁已经具备了参加国际象棋正规训练的能力。

从一个孩子对国际象棋产生兴趣到参加训练直至取得优异成绩是一个漫长的过程，无法用分子式的方法把这个过程罗列出来。不过，国内外的教育工作者的观点还是可以借鉴的。比如，美国教育学家曾经认定，"天才"儿童应具备以下条件：1. 中等以上的智力（包括一般智力和特殊智力）；2. 对任务的承诺（包括强烈的动机、责任心等）；3. 较高的创造力。他们认为，"天才"儿童是由这三种心理成分相互作用、高度发展的结果。虽然，这仅仅是一家之言，但从中我们也可以得到培养教育儿童成才的信心。众所周知，95%的儿童的智商在正常范围内，属可塑之材，只要教育得法，几乎所有的儿童都可以成为天才。中国的教育工作者则强调了儿童非智力因素的重要性。在此，我想根据自己的经验，对期望自己孩子在国际象棋方面成才的家长们提一条建议：兴趣是最好的老师。儿童对国际象棋本身的兴趣是最为可贵的，一定要根据孩子自身的发展规律，结合孩子自身发展的特点，顺其自然施以教育。

儿童参加国际象棋训练的目的不仅仅是创造优异成绩，更重要的是可以通过参加这项活动开发儿童的智力，提高儿童的思考能力。另外，通过国际象棋训练，能够使参加者更好地认知自己的能力，调节并控制情绪的变化，胜不骄，败不馁，从而帮助儿童形成健全的人格，这一点，恐怕比取得优异成绩更为重要。

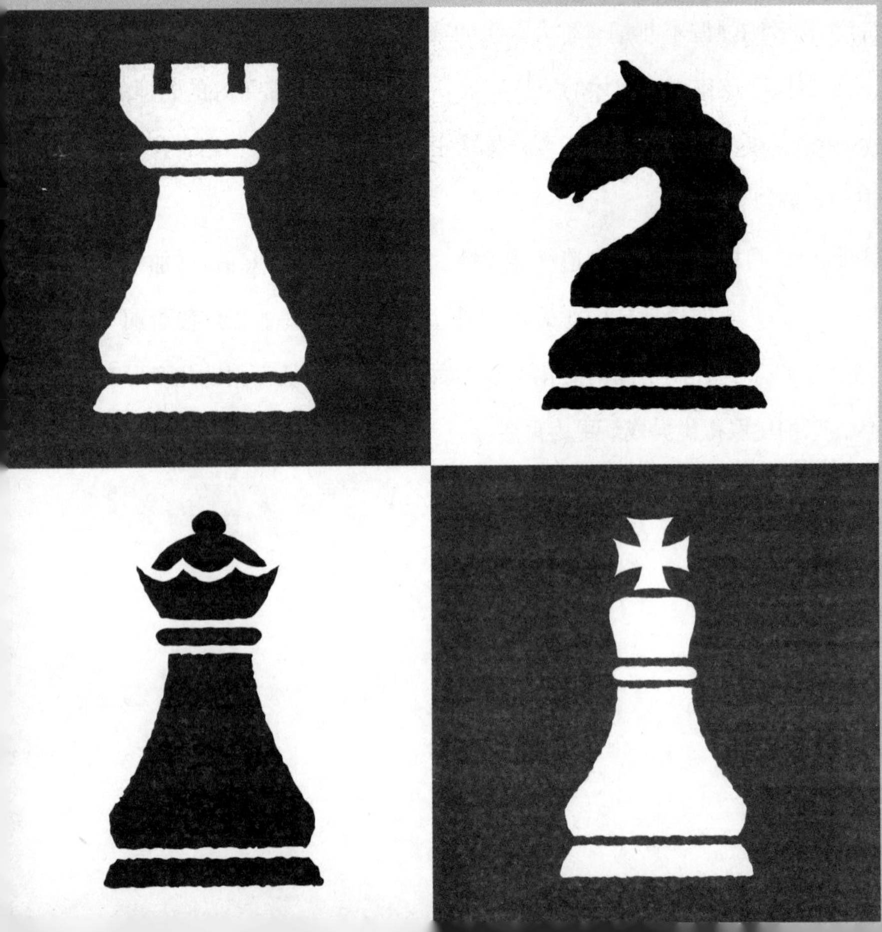

第四章

校园成长之旅

从 1991 年进入北京师范大学开始本科阶段的学习，一直到 2007 年完成教育学博士后工作的研究，10 余年的学生生活我过得不亦乐乎，大学校园对我而言更像一个自由自在成长、不断补充知识养分的空间。其实，下棋对于棋手、读书对于学生来说就像人要喝水吃饭，是一件再正常不过的事了，只不过自己比大多数人在校园里生活的时间更长一些吧。又一想，毕竟在别人眼里我自己是一名特殊的运动员学生，在大学的校园生活和正常的学生终归有些不一样，这里就写写读书的感受吧。

功夫不仅在棋盘上

下棋，从很小的时候开始便成为我生活中的一部分，一直以为只要下好棋，走遍天下都不怕。可自从参加国际比赛后我才发觉，由于语言的障碍，出国旅行、与外国棋手的交流是那么困难，这使我出国比赛时无论干什么总觉得缺少点自信心。此外，随着年龄的增长，我才发现，生活中光是棋艺技术超群远远不够，还有很多领域需要综合的知识素养作为支撑。而这些，都是每天只把眼睛盯着棋盘所不能解决的。

就拿外语来说吧，我第一次出国是 1986 年，从飞机抵达莫斯科的那一刻开始，我就感觉自己变成了聋子和哑巴。处处需要翻译，一下子变成离开别人的帮助就寸步难行的状态，整个人的底气顿时弱了好几分。想到英语是世界范围内应用最广泛的语种，于是从 1988 年起我开始抱着收音机自学许国璋英语，断断续续学了一阵后，英语总算能结结巴巴凑合着用了，可心里还是希望能够得到更好的机会进修一下。1991 年，在多方的努力下我成了北京师范大学外语系英语专业的本科生，入学时我兴奋的心情不亚于夺取世界冠军！最初，我只把提高外语水平作为进入大学校园重新开始学生生活的目的，但后来随着自己棋艺水平的提高，我渐渐意识到，下棋的功夫不单单在棋盘上，还有很多让人琢磨不透的因素产生着重要的作用。于是，进入大学校园系统学习，便成了我提高自己综合素质的努力方向。

20世纪90年代初，现役运动员到综合大学学习还属于需要特批的个案。那时，大学校园还有着金字塔的美誉，如果一个年轻运动员已经在某项运动领域中展示出超群的才华，那么去大学校园无非是为了补个文凭，镀镀金罢了。那时的政策机制和相关部门都对运动员采取一种比较简单的管理办法，认为既然成为一名运动员，就应该把全部的时间投到赛场和平常的训练中，现役阶段去综合大学学习无异于耽误时间和精力。也就是说，这些具有体育才华的年轻人如果想要进入综合大学读书，先要选择退役结束运动生涯。对于现役运动员而言，顶多选送到某个体育专业院校，只有那些离开了竞技场的退役运动员，组织上才会推荐送到综合大学进修。

如今，处于求学年龄阶段的运动员大多同时拥有另外一个身份——大学生，应该说这些具有超群体育才华的年轻人得到了更好的全面发展的机会。就我当年而言，不选择进入体育专业院校而是决定成为北京师范大学的一名学生，这个过程多少也有点误打误撞的成分，并非当年的我具有远见卓识。因为当时我一门心思想的是学外语，而专业体育院校设立的学习科目显然不能满足自己的学习需求。再加上棋类运动员的运动寿命长，等退役之后再去上学就要变成"阿姨"辈分的学生了，因此才会想到在现役运动员阶段就回到大学校园，走训练学习两不误的道路。

"头悬梁，锥刺股"的精神

万事开头难，刚开始的时候我根本不知道该怎样协调安排时间，入学没多久我就有点不知所措了。那时的我，既不敢耽误棋艺训练，又不想在学校的班级中成绩太差。可当时我刚刚夺得世界冠军，本来就因为比赛耽误了学习进度，再加上平日里棋艺训练一点不敢耽误，因此难免影响到了学习，好强的我便在晚上训练后把一切可能利用的时间都用于读书，周末再赶到老师家补课，希望赶快追上同学们的学习进度。

　　磕磕绊绊的学生生活开始了，本来自己的文化基础就比别的同学薄，再加上平时学习时间无法保证，我这名运动员学生在校的状况简直可以用惨不忍睹来描述。虽然自己恨不得拿出古人"头悬梁，锥刺股"的精神，把训练和比赛之外一切可以利用起来的时间都放在学业上，但现实状况却是，我感觉与其他同学的差距越来越大。在学校的功课进度上落后于同班同学不说，由于休息不足造成了心态不稳，我平时的棋艺训练质量也大打折扣。

　　苦恼了很长时间后我才逐渐明白，自己必须面对客观现实。作为一名国际象棋女子世界冠军，一名在该项目达到世界级水平的运动员，自己的角色首先必须是棋手。别的同学是"全职"学生，而我是"兼职"学生，及时调整心态和学习进度，踏踏实实完成自己力所能及的课程才是最明智的选择。接下来，我给自己制订了把主要的精力用在下棋，根据比赛和训练安排适当减少每学期选择的课程科目，延长学业年限的计划。毕竟，作为一名运动员，完成大学的学习任务只是人生的一种必要的补充，最能发挥自己才华的地方还是在 64 格的棋盘上。

　　不再要求自己勉为其难按时完成学习任务，因为下棋耽误学习，功课跟不上学校正常的进度就会把完成学业的时间拉长。想明白之后，我重新调整了心态和时间安排，把去学校读书的时间主要安排在国际大赛之后的调整阶段，这期间内抓紧一切时间来完成学校的功课。真感谢学校那些敬业的老师，几乎外语系所有的老师都曾为我加班补过课。就这样，我拿出了愚公移山的劲头，开始慢慢攻克学业这座大山。

不经历风雨，怎能见彩虹

　　必须承认，作为一名在一线拼杀的运动员，同时把下棋、读书两件事坚持做下来并不是一件容易的事，这不仅需要我舍弃同龄人的种种休闲与乐趣，更需要付出超人的艰辛努力。

　　北师大没有体育特长学生的特殊学习政策，我必须同其他普通学生一样，通过各种检验和考核。在学习的过程中，我曾不止一次想过放弃这样同时在训练、学习两条道路上前行的努力，放弃理想中的目标，放弃这种旁人看来是苦行僧般的生活方式。但最终，我还是既无法割舍国际象棋的吸引力，又无法改变对大学校园生活的执迷。经历了反反复复的彷徨思索，经历了无数次整夜坐在书桌旁苦读却仍然找不到正确答案不知所措的苦闷，最后我还是选择了咬紧牙关继续，用拼搏的青春坚守梦想。

慢慢地，成长的经历使我体会到了许多书本上学不到的东西。校园里浓厚的学习氛围，使我逃离开现今社会中的浮躁，学会了沉稳；师大"尊师重教"的风气，影响了我为人处世的准则；充满艰辛坎坷的漫漫学习经历，使我的骨子里多了一份坚韧；合理调配时间应对各种有待完成的任务，使我养成了良好的学习习惯，懂得了万事"一分付出，一分收获"的道理；最重要的是，学生的身份使我能更客观地评价自己，而不是一味沉浸在暂时的比赛胜利中。

1996 年，我终于用 5 年的时间完成了英文本科学业。原本以为自己已经从"炼狱"中走出来了，再也不用同时承受运动场和学业的双重煎熬了。谁知，当我得知有相关优秀运动员进修的政策时，又在第一时间向学校提出继续攻读硕士研究生的申请，并如愿成为师大体育系的硕士研究生。那时我的想法很简单，毕竟还不知道自己的运动员生涯要到哪一年才会终止，作为一名职业体育工作者，有必要从理论方面对体育加以系统的学习研究。此外，本科阶段的学习经历虽然艰苦，但是我自己比谁都清楚，这种挑战自我极限的学习方式不仅夯实了自己的知识底蕴，更打开了自己棋局之外世界的窗口。

从心底里感谢北师大对我这个运动员学生的宽容。在那个还是处于模式化管理的年代，学校从未在学习时间方面对我施加压力，也不会高抬贵手让我轻松过关。正是考试这道铁门槛，逼着我的课程学习必须达到相应的水准；正是这道不设时间的铁门槛，让我不用担心某次不过关就会失去训练、学业双轨前行的机会。现在，学生进行学分制灵活方式培养的方式已经比较普及，但是 20 世纪 90 年代初的时候，不知道学校里是不是只有我一个学生可以采取学分制来攻读学业。

平凡的学生生活

在师大做学生的日子，普通而平凡。早晨一定要按时起床，然后拎着暖瓶，打仗一般抓紧时间赶在开水房关门之前把水瓶灌满；吃饭必须要在食堂开门的第一时间，否则可供选择的菜肴会让自己的肠胃提意见；洗澡一定不要安排在周五，那一天学校的浴室像煮饺子一样，人满为患；听热门讲座要提前一个小时到校内的学术报告厅抢座位……可不要小瞧了诸如此类的小窍门，这些也是自己学习多年"总结"出来的经验，它可能适用于每一个在校的大学生。

与其他同学没什么两样，我的学校生活同样是背一个旧书包，骑一辆破自行车，在校园的科技楼、图书馆、实验室、林荫道间穿梭，每当此时，一天的快乐开始从心底荡漾出来。我的同学们还给我起了另一个可爱的雅号：呼呼。没办法，谁让我在学校里总是风风火火的呢，另外，我还有一个最大的爱好就是喜欢睡觉呢。"可恶"的是，虽然我不仅一次声明睡觉是本人最大的业余爱好，但在宿舍里却一直都得"屈尊"住在上铺，同学们说我经常比赛出差请假不在宿舍住，被安排在上铺没什么好客气的……

当然，快乐只是一种心态，做学生的日子确切地说应该是苦不堪言。不管你怎样努力，如何挑灯夜战，却仿佛永远有弄不明白的学问看不完的书，还有不知不觉间由心底生出的怨言。然而回头想想，假如换另外一种活法儿，这日子会不会过得如此的心甘情愿呢？

就像一只自由的鸟

2000年我完成了硕士研究生的学习，终于用9年的时间进修完了其他同学7年的课程。这些年，虽然因为比赛成绩突出，学校在政策上给了我不少关照，但在具体生活和学习方面对我的要求一如平常学生，而这正是我所向往的大学生活。这也使我经常发自内心感叹，国内也许有很多更具吸引力的大学，但北京师范大学对我来说是最好的选择。一进到校园里，我的感觉就像一只自由的鸟。

攻下体育专业的硕士学位，我已经完全适应了下棋和学习同时进行的生活方式，因此在心里很自然产生了继续攻读博士学位的想法。既然博士研究生已经到了现行教育体制当中最高的阶段，那么干脆选择一门自己最感兴趣的学科——心理学。其实我早就想到心理学领域进修了，无论是在棋坛上的征战还是生活的经历都让我感觉到：决定事物的结果往往是一个人的心理状态，而北师大的心理学专业在全国数一数二，有这么好的学习机会，自己当然不会轻易错过。

9年的时光，我对校园生活已经有了依依不舍的感觉。我喜欢师大的老师用渊博的学问、谦恭的态度言传身教，指导我们如何读书，怎样做人。我庆幸自己拥有同学间的真诚情谊，每当自己需要帮助的时候，总有无数双手从四面八方伸过来。面对学校和老师们对我的那份宽容，我的心中永远深怀感激，有了这些我才能够同时保证参加比赛并兼顾学业。

随遇而安

生活中，每个人都会遇到偶尔出现身体不适，整个人一点儿精神也没有的状况。偏偏，这时手边碰巧有一大堆事情有待完成，但不管怎样也无法把自己的精力集中到该做的事情上，工作效率一向较高的大脑也开始罢工，一时间仿佛它也不属于自己了一般。

经常庆幸自己是一个幸运儿，以往成长的过程中，周围总有一大群关爱自己的人，让我无时无刻都能够感受到浓浓的来自大家的亲情。每当想到这些，心中的不适感、烦躁感顿时减少了很多，整个人由内到外充满了幸福感。

烦恼人人皆有，学会调整心境最为重要，我的经验是既然做"正经事"效率不高，索性随遇而安，跟着自己的感觉走，干一些难度不高的事情。例如研究棋谱，不必非钻牛角尖找那些有挑战性的局面，摆摆世界各地最新比赛的对局，抱着一份欣赏佳作的态度，有意无意间也能吸收不少有用的养分。学习也是如此，既然目前阅读理论性强的书籍进度太慢，不如先选择阅读书目表中相对容易的材料，或者干脆在大脑工作效率不高的时候做一些要求手工性强的项目。工作任务更要采取逐个击破、机动灵活的方式来处理，先从条件成熟比较容易取得进展的项目来入手，对于那些复杂烦琐的问题，要学会采取抽丝剥茧的方式来推进，不能总想着一口吃个胖子。

感觉累了便休息，看到室外阳光宜人就出去溜达一圈，脏衣服放在盆里几天了可以假装没看见，实在什么事也不想干，躺在床上做一整天的白日梦也没有什么了不起的，明天的太阳一样会升起。想开了，只要自己保持一份好心情，养精蓄锐，相信一切都会纳入正轨的。只要心态平和，身体状况也一定会随着心情好起来。不知不觉间蓦然发现，那些看似难以逾越的难关已在身后了。

其实，偶尔出现一点状况低迷或诸事不顺真是算不得什么。面对生活中的种种困难，有时需要我们咬紧牙关来克服它，有时则需要我们顺应自己的感觉暂时避开它，选择合适的时机、条件解决它。

常言道，人的一生中不顺心的事十有八九。生活中最大的困难无非是如何不断地超越自我，如此更应该把持好自己的心态，顺其自然，随遇而安。

我爱我"家"

离开了棋手的身份，转到另外一个工作领域，从此从形式上我不再是国家队的一名运动员或教练员，似乎与这个集体彻底脱离了关系。不过，棋已经牢牢扎在我的内心深处，这份已经浸到骨子里的感情，恐怕一辈子都会伴随着自己了。

不再是棋手之后，如今以旁观者的视角回头看那些曾是我生命中最重要的东西，似乎又多了些全新的感受。比如说国家队这个充满流动性的队伍，对于我来说它意味着什么？它仅仅是一个集体、一段经历吗？在这个集体里生活了很多年，如此这样一个问题以前从来没有进入过我的脑海。

国家队的前身是建立于 1986 年的临时国家集训队，那一年，经过一番颇为残酷的选拔，我有幸成为这个集体中最年轻的一员。那时，面对比自己年长几岁的棋手，我总是抱着一份不服气的心态，各种大赛前一定会摩拳擦掌，跃跃欲试，但搞不清为什么最后代表中国队参加国际比赛的阵容中总是没有自己的名字。现在想想，原因再简单不过，自己的实力不够强，不足以令教练组信任担负中国队的大梁。新人固然有冲劲，但是老将更为有经验，当两者实力相当的时候，可能更多的人都会选择比较有经验的老将，而不是新人。比赛可不是光有一份激情就可以打赢的。

在队里，我每日的训练生活无外乎是摆棋谱、与教练队友解拆分析难题，棋手必做的功课一天都不敢耽误。日子就是这样简单而平凡地过着，偶有事情发生，也很快恢复平静。就这样过了几年，我终于可以在老队员的带领下代表中国参加国际比赛了。又过了几年，我已经坐到了中国队第一台主力的位置上，队伍中也开始有了比自己更年轻的面孔。这一切变化都发生得顺其自然，从来没有感觉到生活中有什么太大的变化，甚至我都没有感觉到时间在身边匆匆逝去的脚步声。

已经记不得从哪一天开始，自己早已不再是棋队中年龄最小的成员，等到某一天突然间醒悟过来的时候，自己已经变成年轻队员们的"谢姐"，变成队伍中最年长的一员。把周围熟悉的脸孔仔细打量一番之后我才觉察到，那些曾经很多年被自己称为"大哥""大姐"的身影早已没了踪迹。又过了几年，更多新人充实到队伍中，自己被晋级到阿姨辈分。竞技体育是属于年轻人的，自己已经成为一员老将，不管你愿意不愿意，这样的情况在现实中发生了。在国家队这样一个代表全国棋艺水平最高选手的集体里，人员变动比较频繁，每年总有几次新老队员交替，没有意识到这其中的变化恐怕只是因为自己的粗心大意吧。

平时训练中，我们一直把下快棋作为劳累之后的调剂，输棋者钻桌子是对弈者间最常见的惩罚。随着队里人员的变化，自己遇到的对手好像越换越年轻，而棋桌的高度仿佛却越变越矮。其实，棋桌的高度没有变，只是我变得越来越胖，变得没有勇气当着一群十几岁孩子棋手的面从棋桌下艰难地爬来爬去。岁月啊！

　　像前面几批老队员一样，脱下国家队战袍的一天终于到了，那一刻，我说不上是如释重负还是恋恋不舍，心中的万千滋味恐怕不是用语言文字可以描述的。我想，不管自己身在何方，我对这个集体的感情都不会有什么质的变化。从某种意义上讲，每每回到国家队，看到训练室里的棋盘棋子，我都有一种回家的感觉。因为，那里有我人生最美好的一段回忆，有越来越多、越来越出色的我的兄弟姐妹。

观棋感受

　　用了好几年时间，我才适应了看别人下棋的感受。如今，无论比赛多么重要紧张，我都会要求自己心情放松，抱着平和的心态去观棋，而不会像当年还在一线棋手时那样，看别人下棋比自己上场还心焦，一遇到中国棋手失误就心急如焚，仿佛世界末日到了似的。

　　下面的文章是 2001 年 12 月观战女子世界锦标赛时写的一篇小文，那是我从 1990 年到 2000 年连续 10 年征战后第一次没有参加世锦赛。论下棋，自己经验丰富；论观棋，那时的我真正是一名新手。

紧张观战记

　　从来，自己扮演的角色都是身先士卒在赛场上拼杀，比赛虽然激烈，但沉浸在其中，并不觉得有什么特别紧张的感觉。赛后经常听周围的人形容观棋时如何如何屏住呼吸，甚至不敢驻足停留面对棋局，每到此时自己也只能装出一副明白别人感受的样子，附和几句，然后再把对局经过自我检讨一番。除了这样，我想不出还能说什么、做什么。观棋的人怎么会比下棋人更紧张？自己没有亲身体会过，这种感觉始终有些不懂。

感谢当今科技的发达进步，使自己能够有机会通过互联网在北京现场观看2001年的莫斯科世锦赛，多多少少体会到了作为一个观棋者的感受。比赛开始阶段，我也只是偶尔到转播比赛的网站上看看结果，胜也罢，负也罢，作为旁观者，心态真可谓是逍遥自在。几轮之后，参赛的选手少了一多半，我观棋的兴趣越来越浓，停留在网上的时间也开始多了起来。我的心情会随着比赛的结果发生变化，有时看到一些棋手在大好局面下屡出俗手，被对手上演一幕幕大逆转的"悲剧"，自己的情绪也会忽高忽低，毕竟是外行看热闹，内行看门道。同是棋手，比赛中有太多的情况我都亲身经历过，我能够体会到对弈者的感受。比赛进入了最后阶段，中国女棋手高奏凯歌，双双挺进半决赛，这真是令人振奋的消息。去年的此时，是我和秦侃滢在棋盘上与外国棋手斗智斗勇，今年的赛场上又出现了相同的一幕。自豪啊，因为我是这个实力强大的集体中的一员！

然而比赛的进程却不是那么一帆风顺，许昱华在先胜一局的情况下被对手追平，快棋加赛失利；另一个战场上，诸宸涉险出线，挺进决赛。比赛的火药味越来越浓了，我开始体会到为什么别人会在比赛之后告诉我观棋时心跳会加速，难以控制情绪。决赛四局，诸宸首局失利；连扳两局之后，形势一片大好，谁知最后一局风云突起，俄罗斯小将执黑力挽狂澜。在线观棋，看到这局棋黑方引诱白方把子力放置到似是而非的位置上，我的心都提到了嗓子眼儿上。正可谓是当局者迷，旁观者清，诸宸一个不留神，中计失子，我也在电脑旁坐立不安。比分又平了，最后的胜者要看隔日的快棋加赛。

晚上接到母亲的电话，询问比赛情况。有我这个女儿多年在棋盘上征战，使母亲对国际象棋的比赛消息格外关注，即使我没有参加比赛，只要有中国棋手，她也总是跟着提心吊胆。我劝慰母亲早点休息，她的一句话却触动了我："此时我和你父亲最能体会诸宸父母的感受，你们做儿女的不懂……"从来没想过自己这些年的比赛会让双亲如此牵肠挂肚，于是，一夜无眠。

终于，诸宸在快棋加赛中胜出，把冠军头衔留在中国。我那悬着的一口气总算松了下来。

观众说得没错，这看别人下棋的感觉一点不比下棋轻松啊。

不一样的感觉

　　2002 年的世界奥林匹克团体赛与我的预产期正好时间撞车，从 1988 年刚出道代表中国队参加国际比赛，我已经连续参加了 7 届奥林匹克团体赛了，对奥赛的感情可谓一言难尽。从一名新手到队中的主将，每一次参赛的感受都不尽相同。习惯了两年一度的全球棋手的盛会，今年缺席，我的心中竟然产生了一种特别奇怪的感觉。

　　人虽守在家中，我的目光却飞到了遥远的斯洛文尼亚，两年一届的国际象棋奥林匹克团体赛正在那里如火如荼地进行着，各国棋坛高手在棋盘上各施绝技，激烈拼杀。相比于其他比赛，打团体赛最深刻的感觉就是一个字——累。参加这样的比赛，你会感受到背后有比平常更多的关注，因为团体赛关系到的是集体的成绩，意义格外重大。无形中，比赛过程中的每一次行棋，每一个决定都会要求自己更小心一点、再谨慎一些。这几年，特别是中国女队经历了夺冠和卫冕之后，这种要求更高、责任也更大了。因此，参加完上届奥赛后，我曾在心中感叹一番："但愿下届奥赛晚点儿到来，也能好好地喘口气儿。"不过，真的轮到自己在家观战的时候，还真是不适应呢。

　　曾经，日复一日年复一年的艰苦训练、激烈的比赛，以及一年数次漂泊不定的旅行，让我面对棋盘上的 32 个木头棋子产生了深深的厌倦情绪。那时，我最大的愿望就是远离赛场，过一个普通人的生活，只要能够待在家里就行。

　　如今，为了完成一个女人的特殊使命——给这个世界创造一个美丽的小生命，我终于"如愿"拥有"梦寐以求"的生活了。过去的几个月里，我的生活里没有了超负荷的日常训练，缺少了充满火药味的比赛，至于长途旅行，更是遵从医嘱想也不敢想了。但我却发现，自己很难完全适应这样的生活，常觉时间过得很慢，再不就是心底升起一股躁动不安，好像做错了什么事情一般。仔细品味，总觉得这样的生活缺少了点什么。下棋参赛是一种已经习惯了的生活方式，骤然改变，如同饮食中缺少了自己熟悉的味道，时间长了，面对再好的饭菜也会索然无味。

　　奥林匹克团体赛把 100 多个参赛国家、几千名棋界各方人士会聚在一起，因此，对于棋手来讲，每一次参加奥赛不仅是各队成绩和名次上的争夺，更是欢庆国际象棋的一次盛大节日。没能参加这次奥赛盛会，尽管是身不由己，但心中还是多少有些遗憾，那是一种说不清的感觉。

此时的我，除了希望队友们能够在本届奥赛中发挥出色、再次卫冕，最大的愿望便是时间过得快一点，这样我就可以有机会早点儿参加自己的第8次、第9次国际象棋奥林匹克团体赛了。

一个人对生活的感受可能就是这么奇怪，在不断的反复中更深刻地体会人生的意义。突然明白了这样的道理——既然选择了天空，就应该去展翅翱翔……

注：此文完成于2002年10月，国际象棋世界奥林匹克团体赛刚刚开战之时。

苦中有乐的比赛经历

在我的记忆中，我经历的条件最艰苦也是最快乐的旅行有两次，第一次是1990年独闯马来西亚世界冠军区际赛。那次比赛被安排在山上举行，在漫长的一个月里，我不仅仅要在棋盘上与来自各国的强手对抗，下完棋自己更要时刻与孤独作战。那一次我吃够了不会说英语的亏，明明平时棋手之间都很友好，但因为当时我不会说英语，所以只能眼睁睁地看着别人叽里呱啦又说又笑，自己干坐在一边发傻。不过最终比赛结果倒是令我笑得合不拢嘴，我不仅过关斩将拿到了女子国际特级大师的称号，还进入了世界八强，获得了参加世界冠军候选人赛的资格。更可喜的是，这次"难熬"的经历促使我回国之后发愤补习外语，现在无论再让我独自去哪个国家旅行，我连眉头都不会皱一下。

另外一次是1998年赴俄罗斯艾里斯塔参加世界奥林匹克团体赛，我们中国队一行人浩浩荡荡刚抵达比赛驻地，就被组织者来了个"下马威"——居然让我们拿着行李待在露天之下好几个小时没有人管。几经交涉之后我们才被安顿下来，20来号人按照性别分在两座小"别墅"里。中国队的驻地从外表看还不错，有那么一点洋房别墅的意思，但其实狭小的屋子里放好几张床之后就满满当当的了，每人拥有室内最基本的桌椅板凳和柜子简直就是奢望。因为实在没有空间可以塞下床了，队员有被安排在花房里睡的，有被安排在餐厅里的沙发上的，甚至后来连厨房里也摆上了行军床。住得紧一点还不算，明明是新房子，可楼梯扶手竟然摇摇晃晃，抽水马桶也经常"罢工"，两栋房子整个是"金玉其外，败絮其中"。

生活条件虽差，但中国棋手还是能够坦然处之，把精力全部投入比赛当中。苦中取乐是我们的拿手好戏，开饭前人手一个苍蝇拍美名曰饭前开胃操；饭菜千篇一律，不上场的队员便和领队翻译一起到市场采购，然后围裙一系，国际象棋特级大师摇身一变成为"特级厨师"。比赛间隙我们还尽可能地想办法调剂一下紧张的神经，几乎每天分析完棋之后，我们都要去室外一边散步一边吟诗唱歌，回到住处后再腾出一点地方几个人凑在一起打"拱猪"，当被打败的一方被罚钻桌子的时候，中国队的驻地传出朗朗笑声。1998年的艾里斯塔之行无疑是历次奥赛当中食宿条件最差的一次，但因为在那里我们中国女队第一次夺取了团体世界冠军，所以回想起来，记忆里还是充满了快乐，所有的苦也都变成了甜。

难过的旅行

最难过的旅行除了1996年春节期间在西班牙哈恩世界冠军对抗赛莫名其妙地失去王冠之外，当属2000年10月的南斯拉夫之旅了。南斯拉夫一直是热衷国际象棋活动的国家，我也曾屡次到这个国家参加国际比赛。1990年中国女队第一次获得奥林匹克团体赛奖牌，1991年我又在那里取得了世界冠军候选人赛的胜利，是中国队和我自己取胜的风水宝地呢。

当时写下的几篇日记颇为详细地记录了当时的情景：

2000 年 9 月 28 日

虽然凭着飞机起飞前两小时机票刚刚到手的"好运气"，我才踏上了飞往贝尔格莱德的班机，但这丝毫没有影响我对参加这次高级别的男子国际比赛的高涨热情。除了比赛的高级别之外，还有一个原因促使我对这次旅行充满期待：我想看看阔别 10 年，特别是经历了 1999 年北约炮火洗礼之后的南斯拉夫变成什么样子了。

第一次乘坐南斯拉夫航空公司的班机，一踏上飞机便觉得气氛与其他航空公司不一样，机舱内灰暗的颜色和乘务人员一脸木然的表情，让我想起了曾经有过的乘坐苏联国内航班的经历。也许是因为乘客中有太多的携带大包小包的国际倒爷了吧，很快，机舱内不大的空间就满满当当的了。记忆里没有哪次旅行比这次更长，这是怎样的 10 个小时的长途旅行啊！机舱内弥漫着浓重的香烟气味，肮脏的厕所，加上你根本无法听清的所谓机上"娱乐"节目，完全是持续的噪声（机上没有提供乘客自用耳机）。旅行刚刚开始就这样不顺利，这不禁让我对这次行程的期望大打折扣了。

入关又费了不少周折。守关的南斯拉夫士兵三三两两地在一旁懒懒散散说笑着，任凭等候的队伍在仅仅开放的两个窗口前排得长长的。几个小时后，当我终于拿到自己托运的行李却再一次接受海关人员的检查时，面对如此缓慢的节奏、烦琐的手续不禁感叹，这个国家难道真的倒退了吗？

2000 年 9 月 30 日

昨天好不容易挺过去了，抵达的第一天往往是时差反应最难熬的一天。早晨从被窝里拖出困倦不堪的自己，我强打精神到街上走走。

街上仍时不时可以看到砖瓦废墟，闹市区隔几个店铺就能看到一个被纸张蒙上玻璃的空房子，比赛组织者告诉我，这里原来是外国名牌商品专卖店和书画古董店，炮击开始撤走还未回来。电视里米洛舍维奇在滔滔不绝地发表着演说，据说 7 天前的选举他已经失利了，但选举结果还未公开，不知这个时刻对南斯拉夫这个国家意味着什么。城市的筋骨还在，血肉已不丰满。

不知不觉走到一个公园里，远远望去，新贝尔格莱德城就在河对岸。在去年的北约轰炸中，那里遭到了极大的破坏。从这边可以看到还未完全被修缮完毕的南斯拉夫饭店，而被炸毁的中国大使馆就在离饭店不到 200 米远的地方，那里只剩下残垣断壁！很难用语言来形容自己此时的心情，我只希望类似的事情永远不要再发生。河水在静静地流淌着，美丽的多瑙河与南斯拉夫最大的内陆河萨比河交融在一起，汇成一体。

2000 年 10 月 1 日

早晨到银行换到了当地的钱——第那尔。奇怪的是，偌大的银行大厅里只有我一个顾客。墙上挂着各国货币换当地钱的电子汇率牌，可能由于生意不好，汇率牌根本就没有通电，所以只能看到各个国家的名字，但什么信息也没有。仔细看了一下，虽然是南斯拉夫文，但参照着国旗倒能看个八九不离十。在美国的国旗前没有写 America 而是 SAD，"伤心"无疑是南斯拉夫人对美国这个国家最真实的感情写照。尽管在银行里费了不少时间，可我的心情还是不错，毕竟有钱花了，了却一桩心事。

独自一人在房间摆棋，时差使人精神不振，可后天就要开始比赛了，千万不敢睡觉。强打精神继续，真希望这次出访的人多一些，有人说话就不这么困了。已经拿到了参赛棋手名单，这个比赛可真够我出点儿汗的。除了南斯拉夫本国的棋界宠儿，便是来自东欧国家一些声名显赫、屡建战功的男棋手，我从没有和其中的任何一个人较量过。东欧国家棋手由于社会体制的关系，一般都是科班出身，他们的真正实力一般都比他们的等级分要高一些。相同级别的比赛，由西欧棋手组成的阵容可能要分量轻些。Well，既来之，则安之。我万里迢迢来到这里，不就是为了练棋吗？再者说，我也要证明自己头上的女子世界冠军称号不是谁白送的，在这里也要给女棋手争点面子呀。

今天饭厅里的女招待虽说是一个高高大大的中年妇女，又操着一口蹩脚的英语，但她却是我这两天来打过交道的第一个会笑的陌生人。久违了的笑容不禁令我食欲大开，看来今天的饭菜会好吃些。饭后我拐到邻街的超市，这里的物品种类倒挺丰富，只是水果和蔬菜没有得到很好的照顾，失去光泽的表面上很多都开始打蔫。这情景和现在国内及西欧的超市反差很大，倒和20年前国内的菜场有些相似，看来主要还是管理问题。我随便拿了几瓶矿泉水便出门了，路边有几个年岁很大的人摆设的摊位，上面放着芹菜、胡萝卜、西红柿等不多的几种蔬菜，陆陆续续还有人从自家的车上往下搬着货箱。这里的东西看上去新鲜多了，勾起了我购买的欲望。我胡乱要了几个西红柿，然后找出钱夹里面值最大的一张纸币。虽然语言不通，可交易起来并不费事。往回走的路上，想起和江川在国内一同进餐时他总是管服务员讨西红柿，在集训队里还大力推广被他称作"精力果"的西红柿的种种好处，而自己总是会说一些风凉话时，不禁看着手中的东西暗自发笑。但愿这些被江川称作"精力果"的西红柿能使我在接下来的两个星期里体力充沛些。除了西红柿之外，不知道自己在贝尔格莱德期间有没有更多的蔬菜选择余地。

2000 年 10 月 2 日

买了几张明信片，趁着赛前放松给国内的朋友们寄去我的祝福。就是这几张明信片，却耗去了我计划中的午睡。饭店前台的工作人员冷冰冰地回答了我的提问，"对不起，我们没有邮票。""邮局，顺着马路问就可以找到。"那一脸"与我无关"的表情更使我怀念国内服务业的细致周到，这是怎样一家所谓三星级的饭店呀。接下来的日子，我不奢求别的，但求平安无事。

街上在游行，难怪一早起来就被汽车喇叭声吵醒。游行的导火索是现任总统米洛舍维奇不公开选举结果，引起了国人尤其是年青一代人的愤怒。工人罢工，所有交通停运，整个国家正处于非常时期。没想到自己这个局外人竟成了这个特殊时期的见证人，在国家动乱时期搞国际象棋比赛的还真不多。没人说英语，只能按照常规惯例，见到有绿色标志的房子就进去试试，屡屡碰壁，真有一点欲哭无泪的感觉，我开始后悔自己为什么要接受这个比赛邀请，不然的话，现在应该是和家人朋友一起共庆国庆佳节，何苦自己在这里受洋罪。

晚上的技术会议比预定的时间晚开始了近一个小时，与其说是棋手的技术会议，更像是一个非正式的开幕式。主席台上的大屏幕上放映着关于此次比赛的背景介绍，当地的官员逐一上台讲话。这时，我们几个外国棋手刚刚被告知，原定参加比赛的两个棋手不能按照协议参加比赛，他们是来自乌克兰的依万丘克和俄罗斯的鲁比列夫斯基。真可惜；他们可是此次比赛的一二号种子选手。据介绍，依万丘克的原因是病了，而鲁比列夫斯基则是因为俄罗斯政府建议本国居民在这个时期不要在南斯拉夫旅行。南、俄两国曾是关系密切的兄弟国家，现在却成了彼此仇视的近邻。唉，也许这就是政治……替换了棋手使比赛下降了一个级别，真可惜。

2000 年 10 月 3 日

今天的贝尔格莱德成了一个不受控制的城市。一清早，我就被窗外的警车笛声、嘈杂的汽车喇叭声和人的喧闹声吵醒，迷迷糊糊的就觉得自己是睡在马路边上，半梦半醒间也不知人身在何方。早饭后信步走到外边，街上的情景让我想起了正大综艺节目中那句千年不变的解说词，"不看不知道，世界真奇妙"。今天可比昨天热闹多了，交通路口都被汽车、垃圾桶和各种可以充当障碍物的东西堵着。看来今天的游行规模更大了，昨天听说今天贝尔格莱德要交通瘫痪是真的了。在这么一个动乱时期举办国际大赛，也够难为当地比赛组织者的。比赛今天就要开始了，我的对手是南斯拉夫老牌特级大师依万诺维奇，他是这次参赛棋手中等级分最低的，另外今天我有先行之利，所以我对这局得分抱有很大希望。

去赛场的路上，我对游行给城市造成的破坏有了进一步的认识，贝尔格莱德最繁华的大街人声喧杂，宽阔的行车道变成了名副其实的人行道。地面上飘满了垃圾、树叶和碎纸屑，这使得去位于市政大厅赛场的道路显得格外长。

对局赢了，对局后看了看别列亚夫斯基对弈，他超人的求胜欲望感染了我。晚上的街道通车了，只是秋风中的城市在街灯照射下显得又脏又旧。明天会怎样？

2000 年 10 月 4 日

今天是个好天气，晴空万里，气温也暖和了不少。早餐之后我例行到室外转了一圈，街道已经被打扫干净了，马路上也有车辆通行，看来游行已经成为历史了。由于每日的比赛在下午 3 点 30 分才开始，晚餐通常要 9 点半左右才能开始，所以想为下午的比赛准备一点食品，这样才能保证充沛的体力。卖东西的商贩很多，但货物的种类很少，我满大街地找了很久都没有发现卖香蕉的摊位。尽管多多少少有一点点遗憾，可还是不想因为这点小事影响了好天气带来的顺畅心情。上午准备开局时的思路不时被窗外的噪声打断，难道游行的人们睡了一个懒觉之后又出发了？不会吧。

去赛场的路途要走 15 分钟，街上到处都是游行的队伍，自己"被逼无奈"也成了示威队伍中的一员。一点一点地往前挪吧，没别的办法。人潮向前涌动着，游行者的表情却看起来几近麻木，个别人还有敲锣打鼓，唯恐天下不够乱似的。他们是关心国家命运还是在联欢，或者这只是当地人们的一种对生活不满的发泄方式？突然间，脑海里显现出小时候看的反映"二战"期间南人民不屈不挠战争的电影画面，今天这里的人民正用他们特有的顽强精神经历着国家分裂、被破坏、整理、重建的过程。

因为大多数参赛者都迟到了，所以比赛推迟了几分钟开始。棋下得很奇怪，明明均势的棋局却找不到行动计划，犯了个局面错误之后，眼看着对手一点点推进自己却束手无策。

2000 年 10 月 5 日

下棋多年，比赛过程中这么惊险的还是第一次。

今天在午饭时，很奇怪地看到了此次比赛的组织者，因为平常他们不住在饭店内。第六感觉告诉我，一定是有什么事情发生了。果然，饭后我得到通知，所有参赛棋手将在大厅集合，一同去赛场。细问之下才得知，原来今天在市政广场有集会，估计会有几十万人参加，为了安全起见，组织者才想出了这样一个办法。去赛场的路上果然比往日拥挤，车辆早已不可能行驶，主干道上全是密密麻麻的参加游行的群众。看看周围棋手们，除了一点忧虑之外更多的是心不在焉，完全不是通常比赛前的样子。唉，谁知道等待着我们的是怎样一个场面。

位于市政大厅的赛场与人们集会的广场完全就是一体，区别只不过是一个在墙内，另一个在墙外罢了。第三轮比赛按时开始了，这无疑是自己多年比赛最为特殊的一次经历，广场上的哨音、喇叭声和人们嘈杂的喧闹形成了强大的声浪，在耳边环绕。这样的情况下，我完全无法把注意力集中到棋盘上，于是我只好把行棋的速度放慢，重新调整情绪，尽快进入比赛状态。

比赛大厅的门突然被推开了，外面开始有人三三两两鱼贯而入。他们旁若无人地大声喧哗着，根本无视比赛的存在。其中一个年纪很大的妇女更是一脸愤怒的表情。虽然我听不懂南斯拉夫语，可从这些人的肢体动作和表情，我知道他们此时在抗议比赛的存在。他们明明在说，都什么时候了，你们还在这里逍遥，下什么鬼棋！！！更多的喧闹声、哨子声、锣鼓声传了进来，这哪里是什么比赛场地，简直比集市还要热闹。这时，我的对手乔治耶夫向我建议和棋，我无法拒绝他的提议，因为他告诉我，警察为了防止局势进一步恶化，在门口放了催泪弹！

今天的经历可能会是自己下棋这么多年来绝无仅有的。催泪弹、冲出重围、眼睛在发涩，一定是空气中催泪弹的成分在发生作用。游行的人们什么样的表现都有，不少人一脸茫然。议会大厦上空冒着黑色的浓烟（后来在餐厅的电视英文节目 Sky News 中得知，那里被游行的人点着火了），警察进行阻挡，有人的生命就在这个混乱的过程中消失了。南斯拉夫，你正在经历怎样的灾难啊！

回到饭店惊魂未定，发觉餐厅的物价居然比早晨涨了 200%！据说街上黑市德国马克换第那尔的比价在一天内上扬了 330%。国家变成这个样子了，谁还敢拥有大量当地货币呢。等比赛结束时，该国货币的贬值速度该不会需要用麻袋装钱吧，这样的事情几年前在南斯拉夫刚刚发生过。

孤身在外，碰到这样的事情可真让我受到不小惊吓，一时半会儿很难缓过来。谁知道未来又会有什么事情将发生呢？特殊时期的特殊旅程，早知如此，当初我无论如何也不敢接受邀请了。还有 10 来天才能回国，日子可真难熬。夜深了，游行的人们还没有回家，窗外的噪声一如白天，事态到明日会朝什么方向发展呢？不知今夜何时才能入睡，梦里我一定会回到北京，那里不仅有我的家人和朋友们，还有一个安定的社会环境，一个可以专心做事的环境。

那次比赛的结果可想而知，怀着一份归心似箭的情绪是没办法下出好棋的。

不再向往出门旅行

我第一次出国是 1986 年去莫斯科，不满 16 岁的我因为能够对弈国际象棋王国的好手兴奋不已。第一次乘坐飞机，第一次踏上异国他乡的土地，当时的我看什么都好奇。可能是情绪感染所致，或者是那时年龄小，那时的我根本没有生活节奏混乱、需要调整时差一说。每天吃得香，睡得着，该比赛就下棋，该游览就出去玩，整个人时刻处于饱满的情绪当中，觉得出国简直是一件天大的美事儿。刚出道的时候，我就盼着有国际比赛，这样就可乘上那带翅膀的大铁鸟飞到遥远的地方。异国他乡的风情使年轻的我兴奋不已，那时候总觉得在国外的比赛日程比国内的短，往往是还没待够，就到了返程的日子。

不过，这种对出国比赛的渴望随着年龄的增长和比赛阅历不断增加越来越淡，且不说时差反应令人难以快速进入比赛状态，就是那旅途当中动辄 10 个小时之上在狭小的机舱里窝着的感受，也不是让人觉得多么愉快的事情。

恼人的旅行

国际象棋的比赛大多在欧洲、美洲举行，参加国际比赛往往是一脚刚刚离开英国，另一只脚便踏上了美国的土地。算来我已经有过很多次长途旅行的经验了，而其中最特别的要数不久前的一次，现在想起来还有些头疼。

2011 年 8 月底，我应邀参加阿根廷的比赛，离开盛夏的北京，来到了正值冬末春初的南美洲。待入住宾馆，看看手表，从离开北京的家算起已经有 48 小时了。此时，我整个人的感觉是头重脚轻，走路就好像踩在棉花上一般，好不容易可以躺在床上歇一会儿了，闭上眼，梦中的自己却还在旅途中。北京与布宜诺斯艾利斯的时差有 11 个小时，刚刚好是黑白颠倒，难怪刚抵达的那几天总觉得自己有些反应迟钝，看到什么、听到什么，总需要停一会儿才能在大脑中得到反馈。时差的反应大概持续了一个星期才算完全消失，没过几天正常的日子，又到了离开的日期了，接下来我要直接赶赴格鲁吉亚参加另一个比赛。

在机场挥挥手，告别了比赛组织者和热情的中国驻阿根廷使馆的朋友们，我便开始了奔赴格鲁吉亚的旅程。我盼望着从布宜诺斯艾利斯到德国法兰克福的飞机能够准时，这样我才能够赶上接下来飞往伊斯坦布尔的航班，之后还要转乘一次飞机才能够到达位于格鲁吉亚边境 300 公里的一个小城市，然后乘车赴格鲁吉亚。我不停地看表，唯恐飞机晚点，因为接下来每个航班只间隔一个多小时。

事情往往是你越怕它越发生。在候机厅等了老半天，却迟迟不见通知登机，一会儿乘客们被告之飞机出现故障，机械师们正在检修，起飞时间不确定。陷在乱哄哄的人群中，我的心中还存在着一丝幻想，也许飞机马上就能修好，时间还来得及。一个小时过去了，幻想变成了忧虑；两个小时过去了，忧虑变成了焦躁不安；三个小时过去了，心情反而变得坦然起来，接下来的航班肯定赶不上了，还有什么值得发愁的呢？终于，机长出来与大家讲话了，他向乘客们解释："飞机的故障无法修复，值得庆幸的是故障不影响飞机起飞，但在着陆的时候会由于重量过沉发生问题。目前的解决办法是把飞机的部分机油卸下来，然后飞机在飞往法兰克福的途中降落，补充机油。"头一次碰到这样解决飞机故障的办法，有一部分乘客叫嚷着要求改乘第二天的航班，他们在要求得到了满足后离开了候机室。唉，下面比赛的日期临近，我是没有办法换航班了。既然选择了乘飞机旅行，也只能是听天由命了。飞机在飞行 7 个小时之后在太平洋的一个叫 Sal 的小岛降落，加油。正值夜深人静，我只看到了机场不宽的跑道，跑道旁高低不平的荒草，一个人影也没有。机舱内光线很暗，恍惚之间昏昏欲睡，也不知道自己身在何方。

终于抵达了法兰克福机场，后来我才知道赴格鲁吉亚的艰难"长征"路才刚刚走过一个开始。接下来的经历也可以说是"奇妙无比"，由于航班延误，我只能乘坐下一班飞机抵达土耳其的伊斯坦布尔，到了那里才发现当日飞往格鲁吉亚边境的飞机已经没有了。怎么办？只好改签机票，选择第二天的航班。可是，晚上在哪里度过呢？好在中国护照不需要签证就可以在土耳其出境，还是先出了机场找个宾馆住下吧。

可是，当我拉着行李走出机场的时候，整个人彻底傻了眼。机场所有服务的台子都已经下班关闭，机场接站大厅的昏暗灯光下，只有一些当地出租车司机跟你嬉皮笑脸打招呼。这可怎么办？不安全的感觉一下子袭来，我不由得拉着行李飞快地往外走。突然，我看到一个 30 岁左右的男士手里举着某某旅行社的牌子，想来这个人总算是"有单位"的，应该还算稳妥些，于是我赶紧走上前去用英文跟他打招呼。对方用非常蹩脚的英语答复着，甭管我问什么，人家说得最多的一句话就是"Yes"。就是他吧，只要明早能够把我送到机场，不耽误我下一段行程就好。

跟着他离开机场上了大巴，那位男士把旅行社的牌子一收坐上了驾驶座位，整个车上只有我一个人。原以为把我送到车上之后他还会到机场等待别的客人，谁知"轰隆"一声车子就开动起来了，沿着说不上来什么样的小路七转八转到了一座黑洞洞的建筑物前才停下来。我的头发根都竖起来了，莫不是遇到打劫的匪徒？尽管心里特别害怕，但是外表上还不敢轻易表现出来。

还真是到了一家宾馆，虽然用钥匙打开房门之后，发现条件之差与自己交的费用极度不符，但是此时自己已经顾不上那么多了，能够确保安全已经是万幸！进门之后先检查门锁是否严实，然后把行李堆到门口顶上，洗手间没有热水就先不洗了，房间里没有暖气温度低就不脱衣服睡了，定上闹钟，确保明早起床不误机就行。

凑合了一晚上之后，第二天总算按时赶上飞机，可是到达之后我才知道，组织者不是在机场而是在格鲁吉亚的边境等候，可是这里距离格鲁吉亚还有 200 公里呢。又是一番上上下下同组织者交涉联系，最终发现没有比叫一辆出租车更直接的解决办法了。总算是狼狈不堪入了格鲁吉亚的边境，等我拖着疲惫的身躯抵达赛地的时候，距离离开阿根廷已经整整 48 小时了。经过这一番折磨，我整个人真是累得连话也不想说了，比赛的状态更是可想而知了。

不知道一个人是不是随着年龄的增长而越来越恋家，总之，年龄渐长后，出门旅行对于我来说变成了一件不那么令人向往的事。

准备做个快乐妈妈

一切得从 2002 年的春节开始说起，从那时起我的身体就发生了点儿说不出的异常情况，先是情绪因为一点小事就特别容易波动，然后是动不动就头晕脑涨，接下来连平日里的饮食习惯也完全改变了，搞不清身体的哪一个环节出了毛病，就这样稀里糊涂地总算把春节长假熬过去了。

为人父母的通知单

大年初四医院恢复门诊检查，我赶紧奔到那里去验血，看到薄薄的化验单上标注的一个小小的"+"号，我知道自己的生活从此将会发生重大的改变。拿着化验单，我说不出是高兴还是意外，先生和我都有些发呆，不知道怎样用语言来形容那一刻的感觉。这是一张自己即将晋升母亲的通知单，意味着我们的两口之家就要加入一个新小人儿，他（她）会给我们的生活带来怎样的变化呢？

初期的"苦难"日子

接下来的日子真是苦不堪言，虽然从有关书籍中我早已了解到怀孕初期的反应，多少有些心理准备，但在生活中好像没有什么实际帮助，整日里人的感觉只有一样——难受。

就像大病初愈，躺在床上的我感觉浑身软绵绵，坐起来头晕目眩，站起来更是头重脚轻，如同踩在棉花堆里一般。只有在睡觉，只有在梦里，自己才能舒心地喘一口长气，但只要一睁开眼，苦难的一天便又开始了。

起床后刷牙的时候，我总要在洗手池边呕个不停，胃里空空的，却像有什么东西在往上翻。从厨房里飘出的味道一点儿也闻不得，什么美味佳肴都没有胃口，不管多香的饭菜送到嘴里，喉头里的感觉只是有异物存在，条件反射一般恨不得马上把嘴里的东西吐出来。那段日子真难熬啊！

3月，新学期开始了，我回到了校园，继续一个普通学生的生活。学校学生宿舍的条件与家里是没有办法相比的，旧式的筒子楼、公共洗手间、按时开放的热水房和食堂，还有严格的校规都在约束着自己。奇怪的是，相对简陋的生活条件反而一下子把我怀孕早期的反应给"治"好了。

不论是早晨冒着初春的寒风拎着热水瓶去打开水，还是在混杂着菜味和其他各种味道的食堂里买饭，这些原先想都不敢想的事情我都得硬着头皮去做。但是，令人难以置信的是，我一次也没有吐过。看来人的能力不是练出来的，而是逼出来的。虽然整日里还是昏昏沉沉的，学习工作的效率也不高，但比起在家睁着眼睛消磨时间，什么都做不了，我已经觉得谢天谢地了。

几天过后，老师和朋友都知道了我怀孕的事情，都千方百计在生活上照顾我，同学们更是为我有了小宝宝而兴奋，大家的关心让我感动不已。尽管在学校的生活开始踏入正轨，但毕竟校有校规，我还是根据研究生管理的有关规定，向导师请假，休学一段时间，待身体恢复之后继续学业。

屡败屡战，也要愈战愈勇

4 月中旬，我返回棋院开始训练，为 5 月中旬的全国体育大会做技术准备。当时我心中一点底都没有，且不说参加比赛的都是全国顶尖水平的棋手，单说自己像被糨糊塞满的大脑，看书摆棋的效率奇低，面对熟悉得不能再熟悉的棋盘也只有发呆的份儿，什么最新棋谱、行棋运子计划全都被抛到了爪哇国去了，快棋训练也几乎是屡战屡败。

那是一段苦恼的日子，直到有一天我终于想明白了，生活本来就应顺其自然，人这一辈子哪能事事顺心如意，既然重新坐在棋盘边，就应该从容迎接各种挑战。于是，生活一如平常地进行着，虽然快棋训练自己还是胜少负多，但我要求自己即使屡败屡战，也要愈战愈勇。

随着时间的推移，怀孕早期的反应阶段慢慢过去了，我开始能吃能睡，生活渐渐恢复正常状态，罢工了两个多月的大脑终于也重新运转起来。尽管孕妇的状态怎样也无法与常人相比，但毕竟生活渐入正轨，想到肚子里的宝宝在一天天健康长大，快乐心情开始在我心中弥漫。

神勇的准妈妈

2002 年 5 月，我参加了在四川绵阳举行的全国体育大会。此时已进入夏季，膨起的肚子再也藏不住了。不知道自己是不是参加比赛的几千名运动员中唯一的"两人一体"，但我可以感受到来自周围无微不至的关照，以及棋友之间善意的调侃，毕竟，挺着肚子参加比赛在国际象棋赛场上并不多见。比赛期间我开始能够感觉到胎动，在这之前，我只是在医院借助医生的仪器听到过胎儿快而有力的心脏跳动声，感觉到一个小生命正在自己的身体里孕育成长。但当自己能够真切地感受到小家伙在你的身体里活动时，那种新奇的感觉还是让我体会到生命的伟大。虽然只是那么轻轻地拱一下或者踢一脚，但快要做母亲的感觉开始变得真实起来。在绵阳的比赛期间正是怀孕中期，我的饭量好像一下子大了很多，变得能吃能睡。虽然只要干一点事就很容易感到疲倦，整个人变得懒懒的，但比起怀孕早期时整日里晕头转向如同大病初愈的阶段，日子真不知要好过多少倍。

体育大会是快棋比赛，我整个人在很多时刻都处于一种紧张的状态，或者面临时间紧张，要不然是局面复杂判断不清，更糟糕的时候是对局出现大逆转时，自己很难把持住稳定情绪。特别是当对局进入了后半段，整个赛场都是此起彼伏的棋钟拍起声，这更给对局增添了一些紧张气氛。不过，那时候肚子里的宝宝好像很听话，只要在对局开始时用手抚摩几下，再用只有我们母子间可以沟通的语言轻柔地暗示几句，一般情况下在整个对局过程中小家伙不太淘气。白天他（她）是不是都在睡觉，我搞不清。但晚上夜深人静时，宝宝肯定要开始自己一天的身体锻炼，动个不停，让我睡不了一宿整觉。

比赛出乎预料的顺利，没怎么费劲儿，冠军便被据为己有。接下来，我的日程开始繁忙起来，先是参加了无锡和广东澄海的国际象棋青少年训练基地的揭牌仪式，然后转战上海、济南、北京，参加中美对抗和世界棋后与英美棋王的对抗赛。虽然自己的身体越来越"发福"，行动也要加倍地小心，但自己在特殊时期还能够做这么多事，这份满足感是任何事情都无法代替的。怀孕已经到了第 7 个月，除了那开始像气球一样膨胀的身体和每时每刻都可以感受到的来自周围的特别关爱，小家伙也在一天比一天更多地用行动证明着自己的存在。他（她）好像生怕被人忽略了一般，动得厉害的时候，旁人甚至可以从我的衣服外面看到。

在这种情况下参加比赛，感受真是很特别，难怪当我出现在中美对抗赛的赛场上时，大家都用与平常完全不同的眼神看着我。说实话，对局前连我自己也不知道能否把整盘棋坚持下来。7 个月大的胎儿比 5 个月时要强壮得多，也活泼得多，不管我在比赛前和对局中怎样与他（她）好好商量、轻柔安抚，也不论棋局进程如何，小家伙总是不停地在我的肚子里弯腰踢腿、动来动去，那意思好像在说："别忽视我的存在，我才不会让你老是坐着想棋呢。"没办法，很难把时间都用在棋局上，只好趁对手思考时赶紧站起来，活动两下已变得笨拙的身躯，用手抚摩宝宝的位置，和他（她）说几句悄悄话，期盼着这个小淘气能安静一会儿。也不知道再过一段时间，自己坐在棋盘边上时还会有什么新的感受。

随着时间的推移，一些身体上的不适开始找上门来，先是耻骨连接处隐隐作痛，然后就是动不动就腰酸背痛的，正如某本书中写过的："女人挺大肚，坐不得，站不得，躺不得。"

好心情比任何补品都重要

到了孕期第 8 个月的时候，我一天比一天更强烈地感觉到了宝宝的存在，有时他（她）在你肚子里上蹿下踹顽皮起来的时候真让你感到无可奈何。接下来的时间不能到处乱跑了，医生嘱咐，过了 30 周就要避免长途旅行。不过，绝不能因为怀孕就让自己变懒了，一定要想方设法让自己忙起来，不然没有点儿事情牵着，整个人就会萎靡不振、无精打采的，生活中也好像缺点什么似的。没错，怀孕时期保持一份好心情比任何补品都重要，积极向上的人生态度是我准备送给即将出世的宝宝的最好的礼物。

尽管有这样那样的不适，但一想到宝宝正在一天天长大，想到做母亲的日子在一天一天的临近，我的心中总是充满了喜悦。我一直不敢忘记导师张厚粲先生的教导："只要你想做的事情，就一定能做到。"她本人用行动证明了这句话，古稀之年的她精力一点都不比我们年轻人差。虽然自己不敢说领会到了导师渊博学识的精髓，但，生个健康宝宝的同时量力做一些事情总该难不倒自己吧。何况，肚子里的小家伙将给我们未来的生活带来无穷的快乐。

新妈妈日记

编者按：像个小女人的"新妈妈"谢军让我们觉得陌生，却也非常亲切。提起谢军，人们首先想到的就是她端坐在棋盘前沉思的模样，她的赫赫战绩和"北京棋院院长"、"国际棋联女子委员会主席"的新身份。谁知，刚刚当了妈妈的她用笔记下的全是女儿成长过程中琐琐碎碎的瞬间。

2002 年 10 月 26 日

小丫头昨天整整折腾了一夜。

深夜两点，女儿的低声啼哭把我唤醒，怎么这么快小家伙就又饿了。今晚喂过几次了？糊里糊涂我也记不清。对只有两周多大的女儿，我实在不忍心运用什么育儿教科书中所谓的"喂奶要定时"的理论，女儿饿了，她的哭声对我这个当妈的来说就是命令。从温暖的被窝中睡眼蒙眬地爬起来，胡乱披上外衣，趁女儿的哭声还没上升到"高音部"的时候得赶紧给她喂奶。

还没吃几口，女儿的嘴巴"工作"的节拍就放慢了，在妈妈的怀中呼吸均匀地又睡了。怕惊醒了女儿，不敢马上把小家伙放回到床上，就那么抱着已经睡着了的女儿，困意阵阵袭了上来，于是我也坐在那里打起了瞌睡。对于我这么一个曾经视睡觉为业余爱好的大懒虫来说，没有什么比剥夺睡眠时间更令人无法忍受的了。可自从有了女儿，我就没有睡过一个安稳觉。身边的这个小东西时时刻刻有吃喝拉撒的需要，能有连续两个小时的睡眠时间不被打搅就是莫大的幸福了。

瞌睡醒来，看见怀里还抱着个小人儿不禁吓了一跳，要是自己不知不觉手一松，那后果可不堪设想。这一下瞌睡全消，赶紧把小家伙放到床上，再小心翼翼地替她掖好被角，然后伸伸自己坐得已经有些发麻的腰准备脱衣服睡觉。正当我掀开被子时，女儿忽地睁开了眼睛，小嘴还不停地蠕动着。真神了，一点动静都没有，女儿是怎么知道妈妈要离开她回自己的被窝里去的？难道刚刚她是装出沉睡状来给妈妈看的不成？夜深人静，我们母女俩就这么相互对视。看着女儿专注的眼神，心中不禁有几分感动，感觉时间也仿佛静止不前了似的。

这一幸福时刻还没容我这个新妈妈"自作多情"地陶醉够，女儿的小嘴就开始撇了起来，小眉毛也一皱一皱的。凭经验判断，女儿这样的表情准有要求，不是尿湿了，就是想吃东西。我赶紧把小家伙抱起来，先摸她的小屁屁，尿布是干的；再用手指轻轻地触一下她的嘴角，女儿的嘴马上就朝我的方向张开，看来还得重新解开衣衫，继续我的"奶妈"职责。谁料想，乳头刚刚碰到女儿的嘴巴，她便"哇"地一声大哭起来，在万籁俱寂的深夜，小家伙的哭声显得格外刺耳。

哭声把婆婆从另一个房间唤了过来，从我手里接过哭闹不停的小家伙，她头一句话便是："喂喂奶试试吧？"可当我的乳头重新凑到女儿嘴边，小东西的"表演"更上升到一个新的高度，她越哭越委屈，越哭越凶，小脸儿因为使劲用力气憋得通红，简直有些声嘶力竭了。不管你横抱还是竖立，轻拍加上慢摇，柔声细语或者低声吟唱，所有的招数都用遍了，女儿哭闹就是不停，也不知道她小小的身体里究竟哪儿不舒服。过了好长时间，女儿哭的声音渐渐嘶哑起来，大人们也被她折腾得筋疲力尽。没办法，婆婆把女儿抱到另一个房间去了。听着隔壁传来女儿断断续续的哭声，我睡意全无，心里酸溜溜的……

唉，这当妈可真不是一件容易的事情。

2002 年 11 月 14 日

这个多愁善感的我与那个曾经自控能力很强的我是同一个人吗？该不是得了产后抑郁症了吧？

今天是女儿接种乙肝疫苗的日子，一想到细皮嫩肉的小家伙挨针时的痛苦样子，我这个当妈的就受不了，于是早早声明不能跟着一起去。清早，父母和婆婆一起带着女儿去保育站了，把我自己留在家里。

自从女儿降生之后，家里好像一下子到处都有人影在晃动，往日已经习惯了的清静日子不见了，取而代之的是孩子哭、大人叫，家中不大的空间里发生的变化简直是翻天覆地，似乎绝不仅仅是增添了一个小人儿那么简单。整日的忙忙碌碌，一天到晚脑子里晕乎乎的也不知道自己都干了些什么。好不容易女儿过了满月。尽管如此，我还是在父母、公婆的"监视"下继续过着"月婆子"的日子。

这段时间家人给我的待遇虽说不上是衣来伸手，但确确实实体会了把饭来张口的感觉，根本搞不清一天究竟吃了几顿饭、喝下多少汤水。为了辛苦操劳的长辈，为了孩子，尽管心里不愿意，但我无法拒绝。淡之无味的饭菜，泛着层层油花的猪肘子汤、鸡汤、牛肉汤和鱼汤，来者不拒——吃吧，喝吧，感觉自己就像只填鸭一样；一天要弄湿好几身衣裳，不是因为冒一身虚汗贴在前胸后背，就是由于漏奶在衣服的前襟上画起了"水彩画"，可洗澡却不是天天被准许的；还有什么凉水不能碰、窗户不能开、房门不能出，就连水果也要煮熟了才能吃。这还不算，从小读书下棋，从来都是一个脑力工作者，没干过多少体力活。可有了女儿之后这一个多月，脑力活一概取消，取而代之的是一次次把女儿抱起、放下，搂在怀里喂奶，这可不是一个小负荷的体力劳动。总之，坐月子的滋味可真不怎么样。

先生在女儿出生 12 天、我出院后身体刚刚复原便离开家去国外工作了，也说不准归期是哪一天。女儿回家之后，公公婆婆特意从老家安阳赶来帮忙，我自己的小小两居室一下子住不下那么多人，父母只好住在他们自己位于城北的家中。大冬天的，让身体欠佳的两位老人整日里南北横穿偌大的北京城，叫我这个独生女心里真是放不下。

这段时间我的情绪变化真不小，不知怎的经常为一点小事闹别扭。第一次和公公婆婆单独相处，看到两位老人照顾我的起居实在很辛苦，就是情绪不好，自己的潜意识里却怎么样也不敢太任性。但只要自己的父母在身边，我的脾气不知道怎么一下子大了起来，找个理由就嚷嚷一通，大肆发泄一番心中的闷气。父母很辛苦，每次都知道自己发脾气根本没有什么道理，却又控制不住自己。事情过去之后都后悔，但第二天又会重新来一遍。扪心自问，这个坏脾气的我与那个曾经自控能力很强的我是同一个人吗？该不是得了产后抑郁症了吧？我越想越伤感，该怎么办呢？可不能让自己的情绪再这样不受控制了，放纵下去真成了病，后果就严重了。就是为了嗷嗷待哺的女儿，我这个当妈的也得快乐坚强起来呀。

有了孩子，生活就像发生了 180 度的大转弯，身体上的不适和心理上的变化加在一起，确实需要好好地调整一番。

2002 年 11 月 25 日

时间过得真快，也记不清从哪一天开始，女儿不再是那个浑身软软的、抱她时都让人不知该从哪里下手的小人儿了。其实，满打满算她也只不过是个一个月多点儿大的奶娃娃。

朋友打电话询问做母亲有什么感受，"哪里是当妈呀，我现在整个是闺女的大奶妈！"我的回答当然有几分调侃，但更多的是无可奈何。一天到晚女儿那饥饿的胃好像永远也喂不饱，虽然女儿已经离开了妈妈的身体降临到这个世界上，却感觉小家伙似乎时时刻刻贴在自己的身上。而且最近的情况更糟，因为长大了一点的女儿开始对妈妈的乳头表现出了惊人的兴趣。

今天她吃奶饱了之后，不再是口一松、头一歪，对嘴边的乳头置之不理。小家伙先咕咚咕咚地使劲吮上几口之后，便开始停停歇歇、眼睛半睁半闭很放松地享受吃奶的过程。明摆着，她在尽可能地延长自己的吃奶时间。女儿用露出来的小手紧紧捧着，两眼还直直地盯着妈妈的乳房，那个认真劲儿仿佛是坚守着自己的阵地一般。当我试着用手想把乳头从她的嘴中移走的时候，她便牙关紧闭死死咬住口中妈妈的乳头，然后头歪向一侧顺势把放在妈妈乳房上的手使劲往外一推，那阵势就好像是在尽全力驱赶进入自己领地里的"不速之客"。整个吃奶的过程变成了女儿一个人独享的"圣诞大餐"，她缓慢而有节奏地用嘴吮吸着，为了让自己更好地着力，还不时更换着嘴唇的位置。稍不留神，乳头从她嘴中滑出来的时候，小家伙全身的动作都会处于暂停状态，那样子仿佛是在用自己的小脑袋思考着什么问题。这样停了一会儿之后，她会把自己的嘴唇拢成圆圈状，一边"啊啊"地发着声音，一边上下前后左右地四处胡乱在妈妈的乳房上寻找目标。几次尝试未果之后，小东西开始发脾气。她突然扬起头，委屈地哭起来。哭声由低至高，让妈妈我不得不把已经被她折磨得隐隐作痛的乳头重新塞进女儿已经不再饥饿的口中。终于，女儿吃饱了也玩够了，她把头使劲向后一扬，吐出妈妈的乳头，然后鼓起浸着奶汁的嘴唇，慢慢吧嗒几下，似乎还在品味嘴中的奶香。最后她舒服地伸一个懒腰，嘴角下意识地浮现出一个迷人的笑容之后，一合眼皮便呼呼地睡着了。

一天喂几次奶，这个过程就重复几次。除了感到腰酸背痛、困倦不已之外，自己最大的感受便是今年冬天暖气的供热不够，要不然怎么喂着喂着奶我就感到有点儿凉意。

大冬天的，"可怜"的妈妈为了给宝贝女儿喂奶老那么袒胸露怀地坐着，不感觉到凉才是怪事呢。

2002 年 12 月 26 日

都说音乐对婴儿健康有益，所以每日女儿醒着情绪好的时候，我都会给她放音乐、讲故事。但女儿似乎对这些都没有什么特别爱好，听着优美的钢琴曲，她只是睁大眼睛，身上却什么动作都有。有时她好像在注意地倾听，但更多的时候只是在冬日阳光的照射下自顾自地手舞足蹈；她或者发出"哎哎"的哼唧声，再不然就嘴一噘，一脸的委屈。给小家伙讲故事更无异于对牛弹琴，只不过讲故事的人充分地发挥着自己的想象力，体会着所谓的母女真情交流的幸福并陶醉在自己"伟大"的母爱中。娇小的女儿还停留在只有她自己才能够明白的世界里，她的小脑子里究竟装了些什么呢？哪一天她才能领略大人的一番苦心呢？

大概也就是从一个星期以前开始，女儿会笑了。不是那种出生几个小时以后无意识的笑，而是冲着看她的人，咧开嘴、眯起眼睛、带着声音、让人一看就可以忘却所有烦恼忧愁的纯真的笑。女儿一笑的时候，怎么看都像一个胖乎乎的小佛爷。往往，小家伙一觉醒来，便咿咿呀呀地哼个不停，只要有人搭腔，她便会腾地一下把小脸转过去，眼睛注视着目标，眉开眼笑。早晨、晚上通常是她最快乐、最给"面子"的时候，这几天已经形成了规律。尽管女儿还小，但她每一天都给我们带来意外的惊喜。

　　女儿今天突然对"说话"发生了兴趣。晚上给小家伙喂吃奶，把她放在一个高枕头上，她就那么半靠半躺，一双大眼睛不停地东瞧西看。只要我们两个人的眼神对视在一起，女儿的小脸上马上展现出她那极富感染力的微笑，让我怎么看也看不够。放了一盘女儿在我肚子里时胎教用的音乐磁带，熟悉的乐曲让小家伙越发欢快起来，"呢——啊——哼——哈——呜"几个音节从她的口中传出。从来没有听过女儿嘴中"说"出如此复杂的音节，令我忍不住把脸凑到女儿的小脸蛋上亲了一口，然后嘴里模仿女儿的发音"哼哼哈哈"地和她交谈起来。不知道女儿是不是真的听懂了连妈妈自己都不明白什么意思的话，不过她躺在那里情绪越发好起来。边说边笑还伴着踢腿扭腰，同时一双小手在空中舞不停。才不过是两个多月大的小人儿，却给我的世界带来了无限的惊喜。一下子，这些日子来所有的辛苦都被我抛到了九霄云外。

　　打电话给父母，向女儿的姥姥、姥爷通报小家伙的进步。听了我一大通女儿怎样乖、如何聪慧的赞美之词以后，母亲仅在话筒的那一边轻轻地说了句："这算什么，以后她会表演的节目还更多呢。"这算是姥姥对外孙女的表扬吗？我这个当妈的有些为女儿愤愤不平了。我们这么小，有这么大的进步容易吗！把话筒放在女儿嘴边，"乖，跟姥姥说句话！"女儿似乎听懂了妈妈的话，马上对着电话"哎——呜——哈哈"地叫唤起来。电话那一端女儿的姥姥姥爷听到了小家伙的声音之后，立刻兴奋起来，"哎、哎，姥姥姥爷听到了，佳颖真乖！呜——啊——嘿嘿。"快60岁的老两口一下子变成了老小孩了……

2003 年 1 月 1 日

　　女儿，今年妈妈有好多好多事情要重新开始，2003 年将会是她生命中最忙、最累的一年。

凌晨喂奶时想到又是新的一年开始了，心中不禁感叹光阴似箭，流年似水。暗黄色的灯光洒在怀中女儿的小脸上，她一副满足的模样。窗外一片寂静，这一时刻的世界似乎只属于我们母女二人。宝贝女儿，此时妈妈心中有太多的话想对你说。

虽然我们真实地在一起相处只有短短的两个多月，但我们彼此之间却是那么熟悉。记得吗？我们曾经在一个身体里你中有我、我中有你，我们共同生长、相互拥有。我们在前生一定有个美丽的约定，妈妈无法分清你的生命与自己有什么区别。

女儿，你的到来改变了妈妈的生活。这段时间妈妈生活的重心全部围着你转，看着你一天天地长大，感受着你对妈妈的依恋，珍惜着你成长过程中的每一个美妙时刻。无论你皱眉、咧嘴、醒着、睡梦中，也无论你乖也罢、闹也好，给妈妈带来的都是那么真实的幸福感受。多少次看着你，妈妈的心中都充满了感激。因为你的出现，妈妈的世界才打开了全新的一扇窗，才有机会领略到生命另一领域的伟大和神奇。

女儿，不过几个月的工夫罢了，你这个可心的小人儿让妈妈渐渐成熟起来，是你的出现让妈妈知道自己原来也不过是一个没有完全长大的孩子。当照顾你累得腰酸腿疼的时候，妈妈才开始体会到成长需要付出的代价，才意识到原来自己被照顾、宠爱了这么多年。女儿，因为有了你的存在，妈妈对人生才有了更深刻的认识，是你让妈妈学会了担当、学会了感激。我们之间有一份生命的承诺，既然把你带到了这个世界上，妈妈就要把你照顾好，就要尽己所能让你拥有幸福的人生。

女儿，不记得妈妈可曾告诉过你，虽然现在她把时间全部放到你的身上，但除了想当一位称职的母亲之外，你的妈妈还拥有一份她非常钟爱的事业。妈妈是一名优秀的棋手，勤奋的学生，下棋读书是妈妈的最爱。在你没来到这个世界之前妈妈很忙，她有很多事情要做。

宝贝女儿，你在一天天长大，过些日子妈妈就不能把注意力全部都放在你的身上了，妈妈还有很多没有做完的事和尚待实现的梦想等在那里。你的妈妈是一个做事非常认真的人，对钟爱的事情从来都没有学会放弃过，她相信天道酬勤，坚信只要付出就会有收获，她想同时拥有家庭、工作和学习中全部的快乐。女儿，今年妈妈有好多好多事情要重新开始，2003 年将会是她生命中最忙、最累的一年，你会帮助妈妈渡过难关，让这一年成为她生命中最成功的一年吗？

女儿，希望你像天下所有健康、快乐的孩子一样拥有幸福的人生，长大了成为一个坚强独立、充满爱心、对社会有贡献的人。宝贝女儿，世界对你来说还很陌生，你就睁大眼睛好好观察生活的绚丽多姿吧。

睡吧，我的宝贝女儿，愿你在人生的第一个新年夜有个好梦！

注：此文发表在《北京青年报》。

忙得像陀螺

第一次把女儿娇小的身体拥入怀中时的情景好像还是在昨天，今天的我却已回到了熟悉的学习和工作岗位，女儿也已经是个知道要人抱、会撒娇的小精灵了。时间过得真快！

来回奔波

产假休完开始上班，每日里的生活不仅仅要围着孩子转，还必须准时准点地离开家去棋院。为了不中断母乳喂养，我这个当妈的像个陀螺似的一天到晚在单位和家之间来回奔波。

回想刚上班的头几天可真不容易，眼看着上班要迟到了，但女儿就是不醒。把奶头塞进她的小嘴里，小家伙也不睁开眼，最多勉强张开嘴应付几下。看着呼呼大睡的女儿，实在不忍心唤醒她，打搅小东西的白日美梦。有时想想，大人要干事业，辛苦一点也就算了，但刚过百天的孩子的作息时间也跟着受约束，老觉得委屈了孩子似的。

随着女儿一天天长大，小家伙开始有了自己的要求，变得缠人起来。每天早晨女儿都是 5 点多钟就醒，在床上开始伸懒腰，然后就用她特有的声调哼哼唧唧地叫，好像在说："懒妈妈，天亮了，起来给宝宝喂奶吧。"世界上还有什么比清晨的暖被窝更让人留恋的地方，尽管心里老大的不情愿，我还是要在 5 分钟之内穿戴整齐，新的一天就在睡眼蒙眬中开始了。

梦想清闲

老人们常说有了孩子家才像个样子，可家里增添了这个小宝贝之后，多了很多繁杂的家务事，就是再急的性子也被磨得没了脾气。平常先生总是出差在外根本指望不上，多亏有父母公婆做我的坚强后盾，真不敢想象没有老人的帮助会怎么样，别提上学和训练了，能把自己的"小窝"收拾好就谢天谢地了。

好不容易盼到了周末，以为总算能好好喘口气，在家轻松一下了，可还是忙得团团转。一天大部分的时间都在电脑前度过，除了浏览世界上最新比赛的对局之外，整理一周的训练笔记也是挺耗时间的一件事。另外，亲戚朋友的到访，欠下的"稿债"要偿还，还有女儿等着妈妈陪她玩，一脸的期待……我恨不得一天有 48 个小时才够用。

拥有一个完全可供自己消遣的休息日变成了一个美丽的梦想，这个梦想不知道要等多少年才能实现。如果这一天到来，我会这样度过：早晨赖在床上睡懒觉直到太阳升得老高；走出家门在街上无目的地闲逛；吃着零食到影院里欣赏一部大片，总之，一整天什么正经事也不用做……再仔细想想，如果真能有这样的清闲日子，我可能又苦恼无事可做了。

在棋院训练室里，感觉还没摆几盘棋谱就到了中午，得赶紧回家给女儿喂奶了。是不是人到了一定的年龄就感觉时间过得特别快？看到小队员们讨论棋局时有说有笑一副不知愁滋味的样子，心里说不出是羡慕还是别的什么滋味。自己也是从这个年龄过来的，那时候没觉得时间是个问题，可以尽情地干自己喜欢的事情，脑子里要牵挂的事情也没那么多，哪里想到成长也要付出代价呢。

面对新角色

棋手的生活像一个巨大的磁场让自己欲罢不能，有了孩子之后的谢军在棋盘上还会像原来那样勇往直前吗？

面对挑战，我除了迎接之外别无选择。自己现在比以往任何时候都努力，也比以往更知道珍惜所拥有的一切。体育赛场上的竞争是残酷的，作为一名征战多年的棋手，自己现在是"老牛自知夕阳晚，不用扬鞭自奋蹄"。

担任了北京棋院院长工作以后，我要求自己必须用一种新的角度来考虑棋类事业的发展。一线的运动队要抓好训练，保证比赛成绩；还要培养更多的新生力量，北京棋类市场的基层普及管理工作也要加大力度；市场经济影响到社会的每一个角落，还应如何把国际象棋、中国象棋和围棋更好地推向市场，得到社会上更多的支持……

一年之计在于春，我时刻提醒自己在新的岗位上要虚心向周围的同志学习，以踏踏实实的工作回报大家的信任。

虽然每天在棋院、学校和家之间来回"疲于奔命"，不过我还是挺喜欢现在的日子，毕竟人生的每一个阶段内容都是不同的。不是吗，能在从事自己热爱的事业的同时，还可以到校园里不断地用知识充实自己；不仅能够在赛场上争取好成绩，还能在其他舞台上为棋类事业的发展做更多的事情；自己从为人子女到为人妻、为人母，尽管扮演的角色多了、肩上的担子多了、分量也比以往任何时候都重，可生活就是因为内容丰富才绚丽多彩啊！

注：文章写于 2003 年，发表在《中国体育报》。

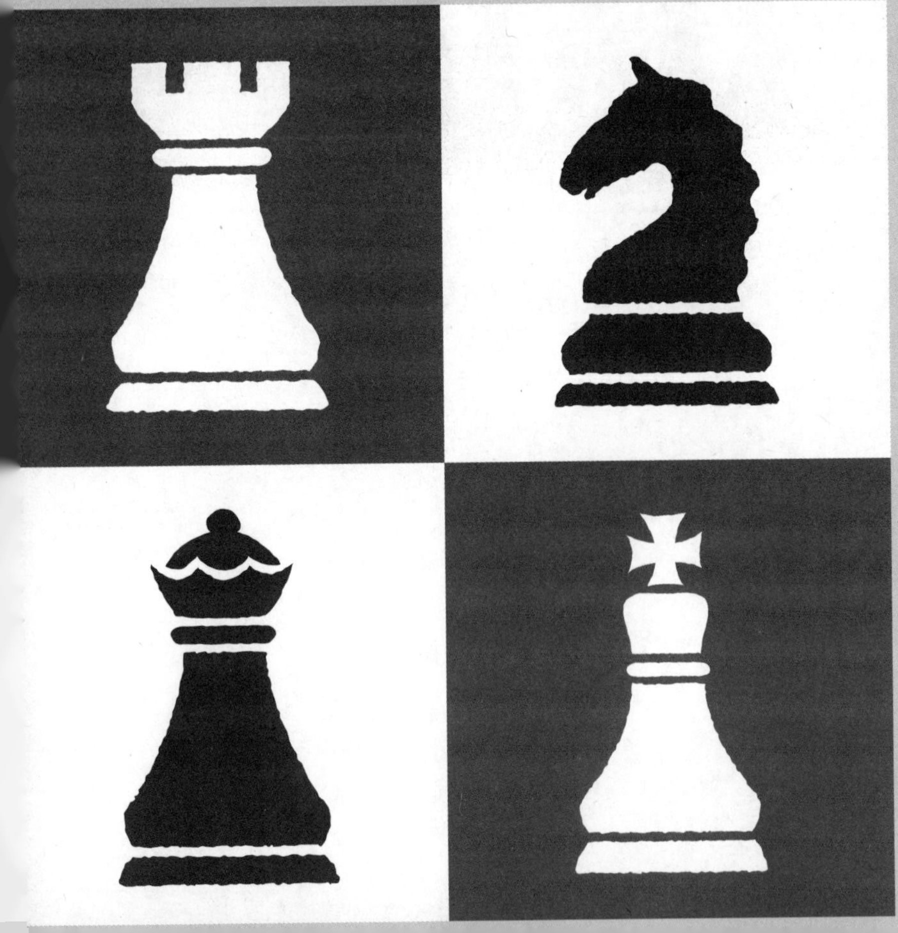

第五章

精彩棋谱

谢军—齐布尔丹尼泽

1991 年弈于菲律宾马尼拉女子国际象棋世界冠军锦标赛决赛（1）

开局编号：C67

第一次以挑战者的身份参加世界冠军锦标赛决赛，自己心里当然会感觉到大赛将至前的紧张。当然，除了紧张感之外，感受更强烈的是按捺不住的期盼。

第一局比赛马上就要开始，不知道自己的世界冠军赛决赛首秀会有什么样的表现，也不知道对手会在这次比赛中采取什么样的开局策略，一切疑问都将随着比赛棋局正式开战找到答案。

1.e4 e5

对抗赛在两名棋手之间进行，多达 16 局棋的较量过程中，棋手在开局阶段的准备工作意义重大。对手采取了对王兵开局，这多少有些出乎我的预期。

玛雅·齐布尔丹尼泽是一员久经沙场的老将，在她曾经的对局中几乎涉及了所有可能的开局下法。第一局玛雅执黑采取对王兵的下法，实际上并不是中方技术团队的重点准备内容，其中的道理很简单，

因为我本人在执黑对付王兵开局的时候，也会采取对王兵开局，因此不太容易想到玛雅执黑时会选择与对手相同的开局。在赛前的开局准备工作中，我们猜想对手执黑可能会采取稳健的卡罗·康防御，执白棋时可能采取施加持久压力的行棋策略。

2.Nf3 Nc6 3.Bb5 Nf6 4.0－0 Nxe4

柏林变例，黑棋在西班牙开局中最为稳健的一种下法。这个变化当中，黑方快速将棋局转入残局阶段的较量。在 2000 年男子世界冠军对抗赛中，俄罗斯选手克拉姆尼克对这个变化偏爱有加，之后柏林变例的坚固防守理念被更多棋手所接受，变得流行起来。

5.d4 Nd6 6.Bxc6 dxc6 7.dxe5 Nf5

这是我第一次在实战对局中遇到柏林变例，以往对这个开局变化的了解仅仅局限于平时训练中摆一摆，有一个粗浅的了解。

8.Qxd8+ Kxd8

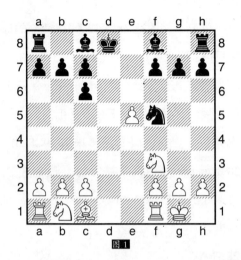

图 1

棋局刚刚经历了 8 个回合，双方的后和一个轻子已经兑换掉，棋局进入残局阶段的较量。坦白地讲，自己对这个变化引发的残局结构没有什么特别的体会，因此在对局过程中，尽管双方的棋子大量兑换棋局转入残局，但是自己感到的压力却比面对复杂多变的棋局还要沉重。

9.b3

临场时我想了很久，才决定采取侧翼出动后翼象的下法，目的在于防止黑棋的 f 兵反击中心。当时我的核心想法是确保中心 e 兵稳稳占住，这样白棋就能够保证一定的空间优势。

现在，白棋也可以采取正常出子的方式来发展棋局，经过 9.Nc3 Be6 10.b3 Bb4 11.Bb2 Bxc3 12.Bxc3 Bd5 13.Rad1 Ke7 14.Bb4+ Ke8 15.Nd4 Nxd4 16.Rxd4 a5 的变化，形成一个大体均势的局面。

除此之外，白方走 9.h3 和 9.Rd1 的下法也在很多棋局中出现过。

9...Ke8

黑王在 d8 格的开放线路上肯定要遭到白棋的攻击，因此提早把王走到相对安全的位置不失为是一种安稳的选择。当然，因为棋局已经进入残局阶段，所以白方也难以组织起大规模的进攻，因此黑方也可以不用着急把王从开放线上走开。例如，黑方可以采取 9...a5!? 的下法，经过 10.Nc3 Bb4 11.Bb2 Bxc3 12.Bxc3 c5 13.Rad1+ Ke8 14.Rfe1 Be6 之后，黑方建立一个牢固的局型。

除此之外，黑方也可以采取等待的下法 9...h6，目的在于提前防护住 g5 格，免得黑象走到 e6 格之后，可能遭到白马的攻击。对此，白方可以采取 10.Nc3 Be6 11.Bb2 Kc8 12.Rad1 b6 13.Ne2 c5 14.Nf4 g5 15.Nxe6 fxe6 的下法，白棋获得小而持久的局面优势。

10.Bb2

如果白方在后翼上尝试其他出子方式，

将会带来 10.c4 a5! 11.Nc3 Bb4 12.Bb2 Bxc3 13.Bxc3 a4 的变化，黑方后翼 a 兵积极行动，掌握打开线路的主动权。

10...a5 11.Nc3 Be6 12.Rfd1 Be7 13.h3 h5

第一局棋，双方都采取了试探性的谨慎走法。对抗赛开始阶段，棋手采取稳扎稳打的策略很容易理解，首先双方棋手都没有完全进入比赛的状态之中，第一局棋的重点在于热身和打探对手开局准备；其次，甭管是经验老到的玛雅还是初出茅庐的我，在这么重要的比赛当中，彼此心中多少都会存在紧张的情绪，第一局之战中难免有些放不开。

14.a4

既然黑方不允许白棋在王翼上有所动作，那么干脆我把后翼黑方 a 兵向前突破的可能也扼杀掉。

14...f6 15.Ne2

我采取了迂回调子的方式来处理局面。现在，如果白方采取跃马进入中心的下法，接下来的变化将会是 15.Ne4 Kf7 16.Re1 b6(黑方必须防范白方采取战术行动的可能，在 16...Rad8 17.exf6 gxf6 18.Bxf6 Bxf6 19.Neg5+ 的变化中，白棋战术得手。) 17.Re2 Bd5，黑方拥有稳固的防线。

15...Bd5 16.Ne1 Kf7 17.Nf4 Rad8 18.c4 Be6 19.Nf3 Bc8

位于 e6 格的黑象已经成为白方潜在的打击目标，因此黑方适时把象撤退回到 c8 格。

双方棋子迂回调动，目的在于保持棋局发展的弹性，不至于一下子把兵形走得太死板。现在，假如黑棋采取 19...Rxd1+ 20.Rxd1 g5? 的错误下法，将会遭遇白棋 21.exf6 Bxf6 22.Nxg5+! Bxg5 23.Nxe6 的战术打击。

20.Re1!?

白方的愿望是将更多的子力叠放到 e 线，向黑方的阵营施加压力。不过，现在白方也许应该采取 20.Rxd8 Bxd8 21.Re1 h4 22.Re4 的下法，虽然双方兑换掉一个车，棋盘上的子力数量有所减少，但是白棋的子力位置显然优于黑方，可以保持比较持久的局面先手。

20...g5 21.e6+

眼看着再不行动，位于 f4 格的马就要被黑棋驱逐回去，我当然不能接受。为了给白马找到一个好位置，我决定将中心封闭。白兵走到 e6 格的好处是抢占了较大的空间，但是不足之处在于造成局面封闭，并且 e6 兵可能成为黑方进攻的目标。

21...Ke8 22.Ng6 Rg8 23.Nxe7 Kxe7

24.g4

局面战斗骤然间变得激烈起来，如果白棋放慢步调走 24.Re2，可能遭到黑棋 24...g4 25.hxg4 Rxg4 的回应。

24...hxg4 25.hxg4 Ng7

在此，玛雅思考了很久才做出决定。非常诱惑黑棋的下法是 25...Rd3。但是白棋可以应以 26.Ne5!（不好的变化是 26.Kg2 Nh4+ 27.Nxh4 gxh4，黑方得到的局面强于对局中实际发生的变化。）26...Rxb3 27.gxf5（在 27.Ba3+ Rxa3 28.Rxa3 Nd4 的变化中，黑方获得积极主动的子力位置。）27...Rxb2，形成复杂的局面。

26.Nd4 c5 27.Nf5+ Nxf5

在 27...Ke8 28.Nxg7+ Rxg7 29.Bxf6 的变化中，白方强行突破。

28.gxf5

对局时，我一度认为自己获得了优势。可不是，看看白方的 f5 和 e6 兵链，已经强行突破到那么好的位置，黑方的空间少得可怜。但是，显然棋局的内涵不是那么简单，现在双方的象处于异色格中，白方的 f5 兵一旦受到黑棋的进攻，就会带来大麻烦。

28...Rh8

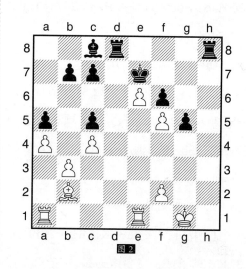

图 2

玛雅走出这步棋后，我越想越觉得自己的局面远远不像早先判断的那样乐观。黑车试图从 h 线上进入，通过 h8-h4-f4 的路径进攻我的 f5 兵。而且，由于黑方另外一个车也占据在开放 d 线上，因此白方的局面让人产生了"漏风"的感觉。思来想去，我决定赶紧改变进攻思路，转入防守的行动当中。

29.Kg2 b6

假如黑方采取 29...Rh4 的下法，白方只能应以 30.Rh1，接下来经过 30...Rd3 31.Rxh4 gxh4 32.Rh1 Rxb3 33.Bc1 Rc3 34.Bf4 Rxc4 35.Rxh4 Bxe6 36.fxe6 Kxe6 37.Kf3 Rxa4 38.Rh7 之后，黑方用一象换得多个兵，形

成复杂的残局。

30.Rad1 Rdg8 31.Kg3 Rh4 32.Rh1 Rgh8

33.Rxh4 gxh4+

如果黑方采取 33...Rxh4!?，白方将应以

34.Rd3 Rf4（如果黑方采取 34...Rh1 35.Kg4

Rb1 36.Bc3 的下法，白方也能顺利防守。）

35.Rf3，白方的车刚好赶到，形成均势的

残局。

34.Kh3 Rh5 35.Rd5!

如果白方采取 35.Kg4 Rg5+ 36.Kf4 h3

37.Rh1 的下法，将会遭遇黑方 37...Rg2 的

入侵。

35...c6

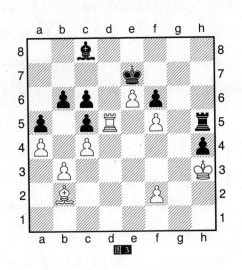

图 3

眼看着 d5 车受攻，白方必须采取紧急

行动，才能保证位于 f5 的兵不会被黑方活

捉。在前面将车走到 d5 的时候，我已经把

接下来的变化计算清楚，将采取弃子战术

确保棋局不失。

36.Bxf6+! Kxf6 37.Rd8 Rxf5

黑象已经无处可逃。在 37...Bb7 的变

化中，白方将通过 38.Rf8+ Ke7 39.Rf7+ Ke8

40.Rxb7 Rxf5 41.Rxb6 的下法获得理想局面；

如果黑方采取 37...Bxe6 的下法，白方将通

过 38.fxe6 Kxe6 39.Rb8 的走法，攻击黑方

后翼最薄弱的 b6 兵，同样可以获得理想

局面。

38.Rxc8 Rf3+ 39.Kxh4 Rxb3 40.Rxc6

Rb4 41.Kg3

走完这步棋之后，我向对手提出了和

棋的建议。因为无论黑方采取 41...Rxc442.

f4 Re4 的下法，还是 41...Rxa4 的下法，棋

局都将走向明显的和棋局面。

玛雅思考了一会儿之后，欣然同意。

对抗赛首局以和棋告终。

齐布尔丹尼泽—谢军

1991 年弈于菲律宾马尼拉女子国际象棋世界冠军锦标赛决赛（2）

开局编号：C45

对抗赛的第一局以和棋告终，自己的紧张情绪稍微得到一些缓解，第一次参加如此高级别比赛的兴奋劲头也得到有效的释放。可不是，甭管自己身处世界冠军对抗赛决赛的赛场，还是平时训练室中的练习对局，眼前摆放的都是 64 个黑白格子棋盘和 32 个棋子，没有什么区别。棋手内心深处的情绪把控，当然是越稳定越好啦！

保持稳定心态的道理说说似乎简单，但是真正做到却不是一件容易的事情。这不是，接下来摆在眼前的挑战就是执黑棋后手作战，对手的进攻压力，自己能泰然承受吗？

上场前，因为不知道玛雅会准备什么样的先手开局变化，自己心中还是有点忐忑不安。

1.e4 e5 2.Nf3 Nc6 3.d4

苏格兰开局，又是自己以前很少在正式比赛中遇到的开局变化。看来，对手的

技术智囊团队认准了我是个初出茅庐缺乏经验的新手，他们想在比赛中充分发挥玛雅富有丰富大赛经验的长处，所以专门找那些我过去在比赛中绝少遇到的开局变化。

对于苏格兰开局，虽然自己在实战对局中遇到的次数很少，但是在赛前的准备当中我的教练团队当然也对此进行过比较细致的准备。唯一令自己感到有些底气不足的是缺乏真正的实战体会，因此在对局过程中我频频进行长时间的思考，生怕在某个环节上出现闪失。

3...exd4 4.Nxd4 Bc5

黑方另外一个常见的变化是 4...Nf6，经过 5.Nxc6 bxc6 6.e5 Qe7 7.Qe2 Nd5 8.c4 Ba6 9.b3 g6 之后，形成复杂的局面。相比较而言，4...Bc5 的下法要稳妥一些，从安全性更高的角度我没有选择 4...Nf6 的下法。

5.Nb3

玛雅走出退马到 b3 格是一种稳健的下法，对手的应变着法传达出她也是抱着谨慎小心的策略。见状，自己心中变得安稳起来，不知怎么脑子里突然冒出一句老话"麻秆打狼两头害怕"。哈哈，原来不仅是我这个新手会感到紧张情绪，久经沙场的老将同样也会如此啊。

白方更常见的下法是 5.Nxc6 Qf6 6.Qd2 dxc6，这之后的变化可能是 7.Nc3 Bd4（如果黑方采取 7...Ne7 的下法，白方可能应对 8.Qf4 Ng6 9.Qxf6 gxf6 10.Bd2 Bd7 11.f3 0-0-0 12.0-0-0，棋局转入残局，黑方拥有比较灵活的子力位置，但是兵形不是很理想。）8.Bd3 Ne7 9.0-0 Ng6 10.Kh1 Ne5 11.Be2 Ng4 12.Nd1，形成复杂的局面。

5...Bb6 6.Nc3 Nf6

看似平淡的局面，不过双方的走棋次序都非常有讲究，任何看似无关紧要的环节，都可能成为影响棋局发展节拍的时刻。例如，现在假如黑方没有及时采取出动王翼马的走法，而是采取中心按部就班排兵，那么经过 6...d6 7.a4 a6 8.Nd5 Ba7（黑象不得不后退，浪费了走棋步数。）9.Be3 Bxe3 10.Nxe3 Nf6 11.Bd3 0-0 12.0-0，白方在出子方面获得一定的先机，实现了夺取空间优势的开局目标。

7.Bg5 d6 8.Qd2

白方也可以把后走离 d 线，这样将来实施长易位之后，有利于白车沿着 d 线发挥作用。在 8.Qe2 h6 9.Bh4 Be6 10.0-0-0 g5 11.Bg3 Qe7 12.f3 0-0-0 13.Bf2 的变化中，双方都采取了长易位的下法，战斗集

中在中心和后翼。

白棋此时不能采取大意的 8.Nd5?? 下法，那样将会让黑方获得 8...Bxf2+ 的战术打击机会。

8...h6 9.Bf4 Be6 10.0-0-0

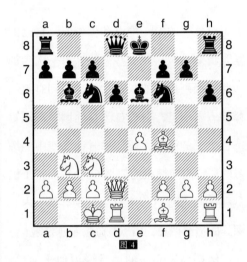

图 4

白方采取长易位的下法，看似摆出一副决斗的阵势。但是，由于双方子力出动速度相当，且阵营形势呈现开放状态，因此只要黑方应对得当，白方长易位的下法不能掀起复杂战火。

10...Nh5 !

好棋！冷静的处理方式，利用开放的线路，黑方开始实施大量兑子将棋局转入平稳残局的下法。现在，如果黑方采取 10...0-0 的下法，就会丧失瞬间即逝的局

面简化机会。例如经过 11.Kb1 Nh5 12.Be3 Qh4 13.Bb5 的走法之后，白方拥有更好的战斗机会。

11.Be3 Bxe3 12.Qxe3 Qg5

兑后已成定局，棋局转入波澜不惊的残局。对抗赛第二盘棋，也是自己第一次在如此重要比赛中执黑棋后手应战，原本以为将承受巨大的后手压力，谁知就这样轻松地化解掉了。

对手的策略是不是要同自己较量残局呢？第一局棋就是残局大战，莫不成第二局玛雅还是对棋盘上没有后的战斗感兴趣？猜不透对手的心思，干脆提和试试吧！如果对手拒绝了我的邀请，那就意味着接下来的比赛中要做好残局大战的准备；如果对手接受了我的提和，那就表明这盘棋的局势发展同样超出了对手的预先计划。

在赛前准备过程中，我方并未想到棋局会这么快呈现如此平稳的局势，因此提和根本不在我们预先的设计当中。不过，赛前的计划是死的，比赛发展形势却是动态变化的，需要棋手临场灵活处理。思来想去，我觉得自己还是应该提和，至少能够试探一下对手的心态。

看到我早早提议和棋，玛雅第一个反应是愣了一下。显然，早早结束此轮的战斗也不在她的计划范畴之内。玛雅陷入沉思，面对一个呈现异常平稳状况的棋局，她此时的心理状况肯定也很矛盾。

双方棋手抱头苦思起来。俩人都明白，正常地发展下去，棋局有很大可能性是以和棋告终。我们更关心的问题是，这么早就结束战斗会给对手带来什么样的心理影响。

时间在一点点流逝，半个小时之后，玛雅伸出手，俩人握手言和。12 个回合结束战斗，这也是我参加所有世界冠军对抗赛决赛中最短的一盘棋。不过，虽然看似这盘棋双方兵不血刃轻松友好，但是其中的紧张感受，非当事人根本无法体会得到。

谢军—齐布尔丹尼泽

1991 年弈于菲律宾马尼拉女子国际象棋世界冠军锦标赛决赛（3）

开局编号：C96

经过两轮棋的预热，我已经进入战斗的角色之中，无论是紧张还是兴奋的情绪波动反应都已经在不知不觉中得到了有效舒缓，对于赛场驻地的环境和异国风味的饮食，自己也完全适应了。

第三局执白，自己的开局所采取的变化相对单一，而经验丰富老到的玛雅则是五花八门什么棋都尝试过，谁也不知道对手将给我准备什么样的开局礼物，因此赛前我方技术团队的准备工作浩大，几乎把所有可能发生的变化都过了一遍。

1.e4 e5

又是对王兵开局，莫非对手还会重复第一局的变化，将棋局早早引入残局领域的较量？赶紧在脑海中把第一局开局变化又在脑子里重温一遍，因为对于那个变化自己没有太多的实战体会，因此在第一局下完之后，教练组特意帮我进行了突击准备。

2.Nf3 Nc6 3.Bb5 a6

对手选择了其他变化，没有重复第一局的下法。变就变吧，反正我方是兵来将挡水来土屯，总要从容应对。

4.Ba4 Nf6 5.0 - 0 Be7 6.Re1 b5 7.Bb3 d6 8.c3 0 - 0 9.h3

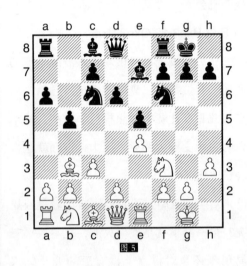

图 5

形成了最"标准"的西班牙开局，对手落子如飞，我当然也不会示弱，一样做到快速应对。棋局至此，双方几乎都没有消耗多少赛时。

9...Na5

没想到，玛雅选择了西班牙开局中相对"稳妥"的一个变例，黑方的目的是快速发展后翼制约白方中心和王翼的行动。在这路变化中，黑马走到a5格，未来将需要一些时间进行调整，否则此马将会脱离全局战斗。

10.Bc2 c5 11.d4 Bb7 12.Nbd2

应该保持中心的紧张状态还是采取封

闭中心的下法呢？按理说此时执白棋的我应该好好想一想。不过，临场为了表明我方随时愿意挑起战火迎接复杂变化的心态，在做出 12.Nbd2 的决定之前自己没有丝毫的犹豫。自己之所以这样果断做出决定，一方面是坚决贯彻赛前准备，另外一方面也是年轻棋手缺乏经验的一种表现。如果是一名经验老到的棋手，在这个时候一定会花费一点时间做出思考后再决断的反应，这样将更容易给对手制造心理压力。

此时，白方如果采取封闭中心的下法，将会带来 12.d5 Nc4 13.b3 Nb6 14.a4 Bc8 15.Nbd2 g6 16.Bd3 Bd7 17.a5 Nc8 18.Nf1 的变化，白棋占有微小的空间优势，黑棋阵营稳固，拥有良好的防守机会。

12...cxd4

看到我没有一丝犹豫便做出保持中心开放下法的决定，虽然玛雅略作思考之后才走出交换兵的下法，但自己完全能够感受到对手也是有备而来。

13.cxd4 exd4

继续在中心采取开放局面的下法，对手的走法令自己陷入沉思，脑子里飞快转动，从记忆库中提取相关变化的知识储备。此时，黑棋更为常见的变化是 13...Qc7，经

过 14.d5 Rac8 15.Bb1 Nd7 16.Nf1 之后，形成白方稍好的局面。

14.Nxd4 Re8

又是一个极为少见的下法。黑棋将火力逐步瞄准了白方的 e4 兵，怎样都回忆不起赛前对于这个变化是怎样准备的，于是临场自己断定对手走出了新着。棋局超出了赛前的"家庭作业"范畴，无奈我只好抱头苦思，争取在临场找到最佳的应对方法。

15.b4

说老实话，走出这步棋的时候自己也搞不清是临场想出来的，还是原本准备好了的开局变化，只是当时自己记不清了。不管怎样，经过反复分析计算，临场时自己认为这是白棋的最佳选择。记性跟自己开了一个不大不小的玩笑，原本这个变化是有准备的，只是我临场把眼前的局面与另外一个变化搞混了。而 15.b4 原本是另外一个开局变化中白棋的进攻手段，被我阴错阳差在这里用上了。这也算是创造性的即兴临场发挥吧，原本准备的变化是 15.Nf1 Bf8 16.Ng3 g6 17.b3 Nd7 18.Bb2 Rc8 19.Qd2 Bg7 20.Rad1 Ne5，形成一个白方空间稍好，黑棋子力位置灵活的局面。

看到我神情镇定地走出 15.b4 之后，玛

雅也搞不清坐在她对面这位年轻挑战者的葫芦里卖的是什么药了。再者，白方采取15.b4的下法也是实战对局中第一次出现，探不清虚实的玛雅频频陷入思考，走棋的速度一下子慢了下来。

15...Nc6 16.Nxc6 Bxc6 17.Bb2

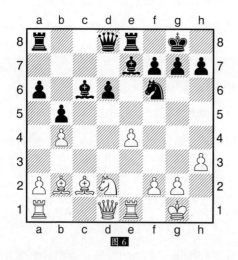

图 6

虽然，困扰黑方的a5马已经与白棋位置积极的d4马顺利交换，但是黑方的任务也并不轻松。紧接着挺兵b4攻击黑马的先手契机，白方加快了后翼子力出动的速度，白象走到b2格，一下子将进攻火力瞄准了黑方的王翼。

17...Bf8?

想了很长时间之后，玛雅还是决定按部就班调整子力位置，显然她的思路还沉浸在原有的赛前开局准备套路中，没能根据棋局的实际发展及时调整。可能她根本没有料到已经瞄准黑方王翼的白方子力会在瞬间爆发出巨大的能量。

现在，黑棋应该采取17...Nd7!的下法，黑方的计划是把象走到f6格，阻止白象在a1–h8斜线上发挥作用。接下来的变化可能是：18.Bb3 Bf6 19.Bxf6 Nxf6 20.Rc1 Rc8 21.Qf3 Bb7 22.Rxc8 Qxc8 23.Qf4 Qc7，白方局面并没有占到明显的上风。

黑方必须阻止白方位于b2的象在通畅的大斜线上发挥作用，假如黑方采取不紧不慢后翼出子的下法，也将令白棋顺利排兵布阵，在王翼上取得实质性的进攻机会。例如，在17...Rc818.Bb3 Bd7 19.Nf3 Be6 20.Bxe6 fxe6 21.Qb3 Bf8 22.Rad1的变化中，白方可以在中心上对黑方的阵地继续施加压力，位于b2格的象威力巨大，黑方防守任务艰巨。

18.Qf3!

一方面瞄准了黑棋在f线上的子力，更重要的是起到防守e4兵的作用，这样白方就可以把白格象走到威力巨大的a2–g8斜线上。

18...Rc8 19.Bb3 Qe7 20.Rad1 Bb7

黑方还在执迷于对白方 e4 兵的进攻上，却忽视了自己在王翼阵地上遭受到的压力。现在，黑方比较聪明的下法是 21...Bd7，准备把象调整到 e6 格，封锁白方 b3 象的进攻线路。

21.Qf5

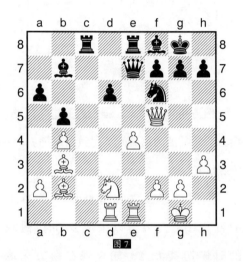

图 7

白方把后走到 f5 格，摆脱了黑方 b7 象的牵制，带来挺兵 e4-e5 中心突破的威胁。当然，现在白棋也可以采取稳健的下法巩固阵营，让黑棋彻底找不到行动方向。例如老练的下法是 21.a3，提前将 b4 兵加固。

21...d5?

黑方贸然从中心反击，当然目标在于破坏白方的空间优势。但是，还是我们前面强调的那样，白棋的双象已经瞄准黑方王翼阵营，现在任何开放局面的下法，都会使白方棋子的威力变得火力更猛。现在，黑棋应该采取忍耐防守的战略，在21...Qd7 22.Qf4 Nh5 23.Qg5 g6 的变化中，黑方王翼上的压力虽然没有得到太多缓解，但是至少在一定程度上分散了白方的进攻火力。

22.e5！ Nd7 23.Ne4！

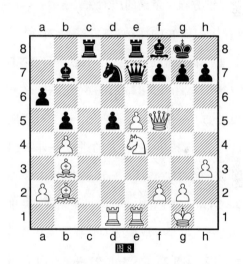

图 8

白马强行跃入中心，黑方受困于 d7 马被牵制，因此只能眼睁睁地看着白马如入无人之境。

23...g6?

压力面前，玛雅陷入了长时间的思考，迟迟没有走出应手。是呀，对抗赛刚刚进入第三局，前两盘棋都是在平稳的残局中进行较量，一下子转入了水深火热的受压局面，换了谁也会思路乱套。

现在，白方的威胁是跃马到 d6 格，对此威胁，黑方显然不能采取 23...dxe4? 的下法，那样只会令白棋 24.Rxd7 之后彻底摧毁黑棋的防线。同样，23...Qxb4? 也不是好办法，因为白方可以应以 24.Ng5 Nf6 25.Re3 的走法取得胜势局面。

黑方唯一正确的应对方法是 23...Qe6，经过 24.Qf4 Bxb4(假如黑方采取 24...h6 的下法，将会遭遇到 25.a3 Nxe5 26.Qg3 Nd7 27.Nf6+ Nxf6 28.Rxe6 Rxe6 29.Bxf6 Rxf6 30.Bxd5 Bxd5 31.Rxd5 的变化，白方获得明显优势。) 25.Re3!(白方的进攻并非一蹴即成，在 25.Ng5 Qg6 26.Rxd5 Bxd5 27.Bxd5 Rf8 28.Rd1 的变化中，白方虽然能够保持进攻态势，但是夺取最终的胜利成果并非易事。) 25...Bf8 26.Nd6 Bxd6 27.exd6，白方借助开放的中心和王翼上的压力，取得明显的局面优势。

24.Qxd7! dxe4 25.e6!

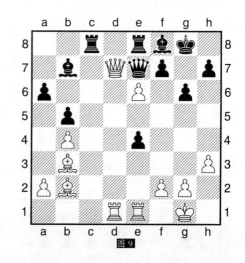

图 9

白方得理不饶人，强行打开进攻线路，白方双象的威力得到淋漓尽致的发挥。

25...fxe6

黑方已经无法坚守防线，在 25...f5 的变化中，白方可以采取 26.Qd4 (进攻的时候切莫大意，如果现在白方采取 26.Qxb7?Qxb7 27.e7+ 的下法，将会遭到黑棋 27...Rc4! 的反击。)26...Bg7 27.Qxg7+ Qxg7 28.Bxg7 Kxg7 29.Rd7+，白方将军得子，取得胜势局面。

26.Qd4 Kf7 27.Qh8 Qh4 28.g3

见到大势已去，玛雅停钟认输。白胜。

齐布尔丹尼泽—谢军

1991 年弈于菲律宾马尼拉女子国际象棋世界冠军锦标赛决赛（4）

开局编号：C90

前一局棋的胜利令中国军团士气大涨。可不是嘛，本来技术等级分就比对手低，还缺乏大赛经验，无论从哪个角度来预测这次对抗赛，我这个初出茅庐的挑战者都不被看好。而现在，比赛的实际情况是率先取胜，比分处于领先状态。开心啊！不仅是因为比赛暂时的领先位置，更让人心情舒畅的是第三局干脆利落的赢棋方式，简直是太爽了！

第四局比赛开始之前，我和教练组一起情绪饱满地进行了赛前开局准备。当然，因为接下来这局棋将执黑后走，我们充分做好了开局受到对手猛攻的心理准备。

1.e4 e5 2.Nf3 Nc6 3.Bb5 a6 4.Ba4 Nf6 5.0-0 Be7 6.Re1 b5 7.Bb3 0-0

我没有按照西班牙开局中黑棋常见的 7...d6 走棋次序，目的是迷惑对手。毕竟，如果白方接下来采取 8.c3 的下法，极有可能面对 8...d5，形成尖锐的马歇尔弃兵变例。

8.d3

玛雅略作思考之后，采取了稳健的下法。这样一下，黑方无法强行弃兵将棋局带入复杂变化，不过白棋付出的代价是中心行动速度放慢，原本挺兵到 d4 格一步棋就可以解决，现在却需要多浪费一步棋。

8...d6 9.c3 Na5 10.Bc2 c5 11.Nbd2 Re8 12.Nf1 Nc6 13.h3 h6

西班牙开局是自己执黑应对白棋王兵开局的主要武器，因此对白棋的主要进攻方式和局面都能做到心中有数。棋局至此，我清楚地知道对手在开局并没有走出什么新花样，在这样一个弹性十足的局面中，双方战斗机会和危险并存，应该说黑棋已经顺利完成了开局阶段的任务。

14.Ne3?!

显然，坐在棋桌对面玛雅的状态不如第一局和第二局时那样表现出的信心十足，显然她多少有些受到上一局失利的影响。而此时，白方将马走到 e3 格也显得有些不伦不类，无论白方接下来采取王翼进攻还是中心行动，白马在 e3 都不是一个理想的位置。

现在，白方比较常见的下法是 14.Ng3，接下来经过 14...Be6 15.d4 cxd4 16.cxd4 exd4

17.Nxd4 Nxd4 18.Qxd4 Rc8 19.Bb3 d5 20.e5
Nd7 21.Nh5 Nc5 22.Bc2 Nd7 之后，形成一个
大致均势的局面。

14...Bf8 15.Nh2 d5!?

是否应该挺进 d 兵呢？对于黑棋而言，
假如按部就班调整子力，将会很容易形成
一个均势的局面，例如在 15...Be6 16.Nhg4
Nxg4 17.hxg4 Be7 18.Qf3 Bg5 的变化中，子
力兑换在所难免，棋局将逐渐转入一个平
稳的残局。

但是，挺进 d 兵意味着中心上获得一
定的空间优势。唾手可得的战斗机会，我
为什么要放弃呢？思考了一段时间之后，
我决定采取中心行动的下法。

16.Nhg4 Nxg4 17.hxg4!? d4 18.Nf5

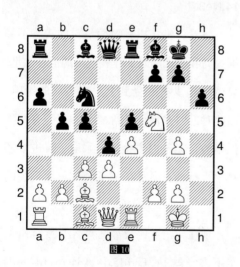

图 10

白方王翼上并没有什么明显的进攻威
胁，不过白马跃到 f4 格，多多少少总是令
人产生大军压境的感觉。白棋后续的行动
肯定在王翼，那么黑方的反击毋庸置疑应
该在中心和后翼，但是问题的关键是什么
时候行动。

18...c4?!

正如刚才所提到的那样，黑方在后翼
和中心行动的大方向肯定在中心和后翼，
但是时机的把握却是非常有讲究的。现在，
黑棋在中心和后翼上的子力部署还没有完
成，匆匆行动势必会遭受白方强有力的
反击。

现在，黑方可以采取子力兑换的方式
来处理，经过 18...Bxf5 19.gxf5 Be7 20.Bb3
Bg5 21.Qh5 Ra7 之后，白方王翼上的攻势没
有得到预期的效果，伴随着黑格象从棋盘
上消失，黑方的空间优势将逐步得到发挥。

黑棋还可以直接打开中心，经过
18...dxc3 19.bxc3 b4 20.Ba4 Bd7 的变化之后，
形成复杂的局面。

黑棋试图兑换白方 f5 马的下法也值得
考虑，经过 18...Ne7 19.Bb3 Nxf5 20.gxf5 Qh4
之后，双方机会相当。

在所有可能走法中，黑棋稳健出子伺

机行动的方案最值得推荐，经过 18...Be6 19.Qf3 Qa5! 的变化之后，形成这样一个局面。

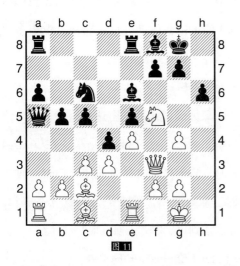

图 11

20.Bd2 dxc3 21.bxc3 Nd4 借助对白方 d2 象的牵制，黑方得到战术入侵的机会，获得局面主动权。可惜，临场时我选择的是最为冒失的一种下法。

19.dxc4 bxc4 20.Ba4

我的注意力都集中在中心和王翼的战场上，冷不防白方的象走到 a4 格，确实超出我的预期。

20...Bd7 21.Bd2 Rb8?!

临场时，我被自己的强大中心兵所迷惑，以为虎视眈眈的 c4 兵和 d4 兵能够制约住白棋的行动。谁承想，经验丰富的对手采取的就是后发制人的策略，白棋正在

谋划破坏我的中心兵形，对此自己还毫无察觉。现在，黑棋应该采取 21...Ne7 的下法，经过 22.cxd4 Nxf5 23.gxf5 exd4 24.Bxd7 Qxd7 25.b3 Rac8 之后，尽管白方能够成功消除黑棋中心连兵，但是黑方的子力位置积极主动，一样拥有不错的战斗机会。

22.b3 cxb3

我的思路依然沉浸在兵形主动的优势心理当中，现在，如果黑方能够及时收手采取稳健的下法，能够将棋局顺利简化。例如在 22...Ne7 23.Bxd7 Qxd7 24.cxd4（在 24.bxc4 d3 25.Ne3 Qc6 的变化中，黑方顺利获得行动先机。）24...Nxf5 25.gxf5 Qxd4 26.Be3 Qxd1 27.Rexd1 cxb3 28.axb3 Rxb3 29.Rxa6，棋局进入一个均势的残局状态。

假如黑方采取积极战斗的姿态，那么可以考虑 22...Bc5 的弃兵下法，接下来经过 23.bxc4 Rb2 24.Qc1 Qb6 25.cxd4 exd4 26.Bb3 Rxd2 27.Qxd2 Bb4 28.Qc2 Bxe1 29.Rxe1 Ne5 之后，形成混战局面。

23.axb3 Ne7

由于黑方的子力尚未达到充分协调配合的状态，因此在积极进攻的诱惑和现实的稳健处理方式当中迷失了方向。此时，如果黑方采取稳健的下法，应该采取

23...Qb6 24.Qf3 Red8 的变化，黑车置于开放线路当中，有可能带来后续一系列的子力兑换。

此时黑方不好的下法是 23...dxc3，经过 24.Bxc3 g6 25.Nd6 之后，白方获得主动的局面。

24.cxd4 Nxf5 25.gxf5 exd4

既想进攻，又想保持稳健的步伐，这样一来黑方的行动便显得犹豫不决，给白棋带来见缝插针的行动机会。假如现在我能够横下一条心与对手拼死一战，那么无疑黑方应该采取 25...Bxa4 的下法，经过 26.Rxa4 exd4 27.Rxa6 d3 之后，黑方借助中心兵的冲击，得到充分的战斗机会。

26.Ba5! Qe7

白方突然而至的战术打击令黑棋很难受，现在黑方当然不能走 26...Qxa5，因为白棋可以应对 27.Bxd7 得子，取得胜势局面。

27.Qxd4 Bxa4 28.bxa4 Qc5

全面进入防守状态，期望着能通过子力兑换将棋局带入残棋阶段的较量。

29.Qd2 Qc4

白方并没有接受我的兑后邀请，现在我的思路都集中在活跃子力方面。其实，不仅是黑后和黑象的位置要处于积极主动

可以攻击到白方阵营的位置，黑方及时将车走到开放线路上，也是此时的工作重点。现在黑方可以考虑采取 29...Rbc8 30.Rac1 Qa3 的下法，借助开放线路，寻求更多的子力兑换简化局面的机会。

30.e5 Bc5

黑方继续走后试图达到骚扰白方阵营目并不能得到理想的结果，在 30...Qg4 31.Qd3 Bc5 32.Rac1 的变化中，白方及时掌握了开放线路，黑方子力配置并不默契，无法达到攻击白方王前阵地的目标。

31.Rac1 Qd4 32.e6 Rb2

将火力集中在攻击白王上面，这样就可以逼迫白棋兑子，将棋局转入残局阶段的较量。

33.Qxd4 Bxd4 34.exf7+Kxf7 35.Rc7+ Kf8 36.Rxe8+ Kxe8 37.Be1 Bb6 38.Rc4 Rb1 39.Re4+ Kf7 40.Kh2 h5 41.g3

双方都平安度过 40 回合第一时限，这意味着双方都拥有了更多的时间来思考。经验丰富的玛雅重新稳住阵脚，白棋的目标是稳步施加压力，等待黑方的局面出现新的破绽。

显然，这是一个白方有利的残局，但是鉴于黑方灵活的子力位置，白方顺利扩

展优势也不是一件容易的事情。例如，在 41.Re6 g6 42.Bc3 gxf5 43.Rf6+ Ke7 44.Rxf5 Bc7+ 45.g3 h4 46.Kg2 hxg3 47.fxg3 的变化中，白方的优势并不明显，黑方拥有良好的防守机会。

41...Kf6 42.a5 Bc7 43.Bc3+ Kxf5 44.Rc4 Bd8 45.Rc5+ Kg6

　　白方看似失去了耐心，连续将军几步将军有些令人捉摸不透。其实，这正是玛雅经验老到之处，白棋在不损害自己局面的前提下，为黑棋制造了更多麻烦。只要稍不留神应对出错，白棋便可以畅通无阻拓展自己原有的局面优势。优势方采取这样"边挖陷阱边作战"的打法，最能消耗防守方的赛时和信心，无形当中达到提升取胜机会的目的。

　　此时，我把王走回到第六横线是一个错误的判断，显然黑方此时不能采取 45...Kg4 的下法，因为白方可以应对46.Kg2，接下来准备 47.f3 将杀黑王。

　　然而，黑王不能走到g4格，并不等于否定 45...Ke4 的下法应该是此时黑棋的最佳选择。接下来在 46.Bxg7（如果白方采取46.Rxh5 的变化，黑方可以应对 48...Rb5。）46...Rb5 47.Rxb5 axb5 48.a6 Bb6 49.f4 b4

50.Kh3 Kf5 的变化中，黑方的防守将会给白棋制造更多的麻烦。

46.Rc6+ Kh7 47.Rxa6 Rc1 48.Bd4 Rd1 49.Bc3 Rc1 50.Ra8

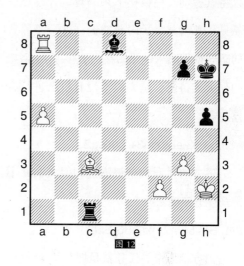
图 12

　　在我死缠烂打的防守面前，玛雅决定不再躲象，允许棋局转入车兵残棋。刚才，假如白方不沉车到底线，而是采取 50.Bd4 Rd1 51.Bb6 Bxb6 52.Rxb6 Ra1 的走法，一样转换成车兵残局。

50...Bc7

　　鬼使神差一般，我选择了逃象！这样一来，最后的守和机会与黑棋擦肩而过了。现在，黑方应该采取 50...Rxc3 的下法，经过 51.Rxd8 Ra3 52.Rd5 g6 53.Kh3 Kg7 54.f4 Kf6 55.Rb5 Ra1 56.Rb6+ Kf5 57.a6 Ra5 58.Rc6

Ra4 之后，白王难以参加攻击行动当中，黑方拥有良好的守和机会。

51.Bd4 Rc4 52.Be3

白象找到了一个坚实的据点，黑方难以将其撼动。白棋接下来的行动计划显而易见，那就是 a 兵向前冲锋。这下子黑方的防守彻底陷入绝望，在白方位于 e3 格象的强大支持下，黑方根本没有机会进行有效防守。

52...h4 53.a6 hxg3+ 54.Kg2 !

黑方的兵看似来势汹汹，但其实并不能产生升变的威胁。

54...Bf4 55.a7 gxf2 56.Bxf2

白方接下来的任务就是把车从 a8 格走到其他地方，然后挺兵升变。眼睁睁看着黑方防守无计可施，我只好伸出手，向对手表示祝贺。白胜。

比分拉平。第四局棋的过程像过山车一样，从最开始执黑小心翼翼到中局夺取行动先机信心满满，然后是行动节拍出错陷入防守，最终却在关键时刻让守和的希望破灭。这样的方式输棋，真是令人有些难以接受。可是，每步棋都是自己走出来的，除了埋怨自己，我找不到输棋的其他理由。

谢军—齐布尔丹尼泽

1991 年弈于菲律宾马尼拉女子国际象棋世界冠军锦标赛决赛（5）

开局编号：C75

第四局失利令自己心绪难以平静，在赛后的棋局分析过程中，教练组也一一指出了我在对局中出现的失误。原本，赛后棋局分析时棋手应该保持一种旁观者的心态客观面对自己的失误，认真总结思考，以期达到惩前毖后的效果。但是，不要忘记这是世界冠军赛决赛对局呀，一想到是由于自己的低级失误将大好的领先形势拱手送还对手，我的心情就难以保持平静。输棋后的那个晚上彻夜难眠，棋局过程就像放电影一样在眼前重现，怎么也赶不走。

人总是要向前看的，第四局已经成为历史，现在应该做的事情是调整好状态，以饱满的战斗激情迎接第五局棋的挑战。不过，道理虽然人人都懂，但是真正能够做到却不是一件容易的事情。一方面第四局失利的阴影一直笼罩在心头，另一方面，我急于用新的胜利来夺取对抗赛领先形势，证明自己的实力。

在第五局开赛的前一天晚上，教练组感觉到我的情绪波动，及时建议我最好向组委会提出申请推迟比赛（世界冠军赛中每名棋手都拥有一次向组委会要求延迟一天比赛的权利）。对此，我的反应是坚决反对，失利就高挂免战牌，那不是向对手示弱嘛！绝对不行！看到我态度这样坚决，教练们也只好收回了延迟比赛的建议，同意第五轮比赛按时进行。

然而，事实证明教练们的担心是正确的，在第五轮比赛中，我表现出急躁冒进状态不稳定的问题，再次吞下失利的苦果。

1.e4 e5 2.Nf3 Nc6 3.Bb5 a6 4.Ba4 d6

玛雅再次选择了西班牙开局，然而她没有重复前两次执黑棋时采取的变化，而是采用了一路相对少见的古典变化。与其他走棋次序相比较，黑方采取 4...d6 的变化相对保守，从开局变化的选择方面，也透露出对方团队此局的比赛策略——慢慢来。

5.c3

白方另外一种处理方式是采取 5.Bxc6+ bxc6 6.d4 f6 7.Nc3 Ne7 8.Be3 Ng6 9.Qd2 Be7 10.0 - 0 - 0 的下法，长易位的下法将使棋局走向更加扑朔迷离。

5...Bd7 6.d4 Nge7

虽然，玛雅选择的都不是什么积极主动的尖锐开局变化，但是却达到击中我开局系统软肋的目的。对于年轻选手而言，比赛时有足够的战斗激情，缺的是经验以及对于各种棋局结构的体会。因此，对于年轻选手而言，最新潮流的开局还有些实战体会，而那些如今鲜有人问津的古典开局，不过是在书本上见过，实际上缺少实战的理解和体会。

玛雅选择的开局变化，正是针对年轻选手经验不足的问题，这些开局变化看似保守陈旧，但是其中也隐含着缜密的计划。正可谓是，对手不采取硬碰硬，而是实施软刀子杀人的策略。

7.Bb3?!

对于黑方的王翼马从 e7 格出动的下法，我真是一点体会也没有。缺少了明确的思路，当然也不会找到清晰的开局行动计划。现在，白方较为常见的下法是 7.0 - 0 Ng6 8.d5 Nb8 9.c4 Be7 10.Nc3 0 - 0 11.Bxd7 Nxd7 12.Be3 f5（ 在 12...Nh4 13.Nxh4 Bxh4 14.Qg4 的变化中，白方获得主动。）13.exf5 Rxf5 14.Ne4

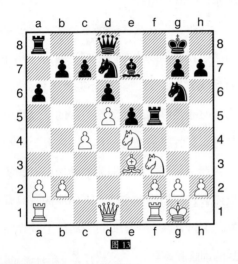

图 13

白方获得了 e4 格，这个据点将成为白马的强格。接下来，经过 14...Nf4 15.g3 Ng6 16.Nfd2 Ndf8 17.b4 Qd7 18.f3 之后，白方牢牢把握 e4 格，获得比较理想的局面。

7...h6 8.Na3

如果白方按部就班将 b1 马从 d2 格进行调动，将会面临 8.Nbd2 Ng6 9.Nc4 Be7 10.Ne3 Bg5 的变化，白棋没有从开局中得到先手。

8...Ng6 9.Nc4 Be7 10.Ne3 0－0 11.0－0 Qc8 12.Nd5 Bd8 13.dxe5

苦思冥想依然找不到清晰的进攻思路，现在白方如果采取 13.Be3 Na5 14.dxe5 Nxb3 15.axb3 dxe5 16.h3 Re8 的变化，将会面对一个大致均势的局面。

13...dxe5 14.Be3 Be6 15.Bc5

我总希望能从零星的行动当中获取实战的进攻机会，但是在一个已经呈现局势相当的情况下，白方实际上没有办法达到目标。现在，白方如果拉长战线，可以采取 15.Bc2 Be7 16.Qe2 的下法。在 15.Qe2 Na5 16.Bc2 c6 17.Nb6 Bxb6 18.Bxb6 Nf4 19.Qd1 Nc4 的变化中，黑方得到良好的反击机会。

15...Re8 16.Ba4

事实证明，即便白棋不时对黑方阵营进行骚扰，但是根本无法撼动黑棋坚实的阵营。现在，如果白方试图在后翼上用兵夺取空间，将会面对 16.a4 Na5 17.Ba2 c6 18.Ne3 Bxa2 19.Rxa2 Qe6 的变化，黑方的子力位置更为协调。

16...b5 17.Bc2 Nb8!

好棋！以退为进，将子力调动到更为有利的位置当中。这样老到的子力调动思路，充分显示出我的对手丰富的经验，以及临场时清晰的思路。

面对黑方灵活多变的子力调动方式，在对局的过程当中我感到压力一点点增大。但是，尽管如此，我的思路仍然停留在力争进攻上面，一点都没有意识到白棋应该及时收手，应该考虑转入稳健防守的时候。

18.a4 Nd7 19.Be3 c6 20.Nb4 Nf6 21.Qd6?

坏棋！贸然进攻必将令白方的阵营遭受打击。现在，白方应该采取老实的下法，经过 21.h3 Be7（在 21...Nf4 22.Bxf4 exf4 23.axb5 axb5 24.Rxa8 Qxa8 25.Qd6 的变化中，白方获得稍优的局面。）22.axb5 Rd8 23.Qb1 axb5 24.Rxa8 Qxa8 25.Qa1 的变化，形成一个大致均势的局面。

白方也可以考虑子力交换的下法，在 21.axb5 axb5 22.Rxa8 Qxa8 23.Qd6 Bd7 24.Rb1 Be7 25.Qd1 的变化中，白方的子力位置协调合理，棋局大体机会相当。

21...Be7! 22.Qd2?

当黑象走到 e7 格攻击白后的时候，我意识到白方不能采取 22.Qxc6?? Bxb4 23.Qxc8 Raxc8 24.cxb4 Rxc2 的变化，那样将导致丢子。但是，临场时我没有找到最强的应着，现在白方应该走 22.Qd1！

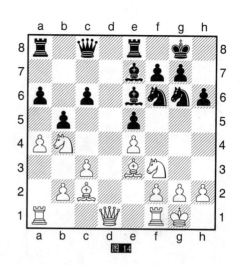

图 14

白后在 d1 格时，一旦遭到黑方子力进攻，显然比在 d2 格拥有更多的调动空间。例如在黑方 22...Rd8 23.Qb1 c5 的变化中，白方可以采取 24.Nd5 的下法，b1 后与 c2 象配合，在 b1-h7 斜线上暗藏杀机。

22...Rd8 23.Qc1 c5 24.Nd3

无奈，白马只好后退，走到一个被动的位置。

24...Qc7 25.axb5 axb5 26.Re1 Rxa1 27.Qxa1 Ng4!

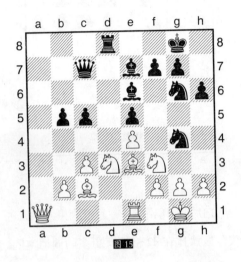

图 15

玛雅没有被 27...Nxe4 吃兵的下法所诱惑，那样只会给白棋带来 28.Ndxe5 解脱的机会。

在黑马跃入 g4 格攻击白方位于 e3 格象时，虽然看上去双方在棋盘上子力数量相当，但是显然黑方的子力配合默契，处于蓄势待发的进攻态势。而白棋，由于子力之间失去有效配合，已经陷入了困难的防守境地。

28.Qa6?

压力面前，年轻的我失去了耐心。现在，白方已经不能将黑格象逃离 e3 格，因为在 28.Bc1 c4 29.Nb4 Bc5 30.Rf1 Qb6 的变

化中，白方阵地中的 f2 格将遭受到巨大的压力。

白方唯一正确的防守方式是 28.Qc1，虽然棋局依然对黑方有利，但是白棋还是有能力建立顽强的防线。

28...Bc4 29.Nc1 Rd6 30.Qa8+ Kh7 31.h3 Nxe3 32.Rxe3 Be6

黑方的子力都走到了积极的位置，相比之下，白方的子力则像散沙般零散在棋盘的各个角落。

33.Nd3

在 33.Rd3 Nf4 34.Rxd6 Qxd6 35.Qe8 b4 36.cxb4 cxb4 37.Qb5 Qc7 38.Ne1 Bc4 的变化中，黑方的攻势难以阻挡。

33...Rd8 34.Qa6 c4 35.Nb4 Bc5 36.Re1 Bxb4

玛雅选择了后翼突破的方式将优势转化为胜势，此时黑棋另外一种取胜方式是王翼行动，经过 36...Bxh3 37.gxh3 Qd7 38.Bd1（如果白方采取 38.Kh2 Nf4 39.Ng1 Qd2 40.Rf1 Bxf2 的下法，黑方也将获得胜势局面。）38...Qxh3 的变化之后，黑方获得胜势。

37.cxb4 c3!

黑方在后翼上实现了突破，白方无奈

之中只好拼命调集子力回防。

38.Qa1 Rc8! 39.Bd3?

眼见着赛钟上所剩的时间已经寥寥无几，没有更多的时间思考，我犯下了这局棋当中最后一个错误，从而也令白棋最后的防守机会从手边溜走。

现在，白方应该采取 39.bxc3 Qxc3 40.Qxc3 Rxc3 转入残局的下法，尽管接下来白方不可避免会遭受丢兵，但是在 41.Bd1 Rc4 42.Bb3 Rxb4 43.Bxe6 fxe6 的变化中，白方将获得良好的防守反击机会。例如白方可以继续采取 44.h4

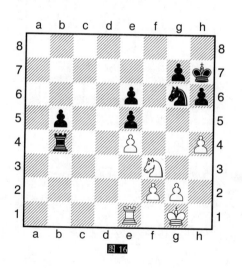

图 16

利用黑方中心 e 线的叠兵已经位置不佳的 g6 马，白方顺利展开反击行动。经过 44...Kg8 45.g3 h5 46.Ng5 的变化之后，白方

找到了反击行动的进攻目标。

39...Nf4 40.Bxb5 c2

黑方的通路兵已经接近白棋底线，白方难以阻挡其继续挺进升变。

41.Rc1 Qb7! 42.Bf1?

我已经无心防守，即便现在白棋采取 42.Ba6 的走法，将白象走到一个强于 f1 格的位置当中，因为 42.Ba6 之后，经过 42...Qxe4 43.Bxc8 Ne2+ 44.Kh1 Nxc1 45.Qxc1 Bxc8 之后，白方仍将面对一个防守无望的局面。

42...Ra8

黑方的车即将加入进攻的阵营当中。见到白方已经没有任何抵抗的资本，我只好停钟认输。黑胜。

接连两局棋的失利，不仅我方的比分陷入落后的境地，更使得自己的状态降至冰点。

齐布尔丹尼泽—谢军

1991 年弈于菲律宾马尼拉女子国际象棋世界冠军锦标赛决赛（6）

开局编号：C85

第六局开始之前，自己的状态处于了整个对抗赛的最低谷。尽管，教练组果断向组委会申请了延期一天，令我多了 24 小时的调整时间。但是，自己整个人仍旧沉浸在失利的懊恼之中，平常一沾枕头就能睡着的我，也开始体会到了失眠的滋味。但是，不管棋手的状态处于什么样的情况，棋手都必须回到棋盘边上，接受比赛战火的洗礼和考验。

说老实话，这盘棋是自己整个对抗赛当中最艰难的时刻。要知道，棋手的情绪调整并非个人的主观意识可以把握得住的事情，接连的失利令自己看到棋盘棋子不再从内心深处产生渴望战斗的愿望，而是一种厌倦的情绪。再加上这局棋自己将执黑后走，可能要面对玛雅乘胜追击施加更大的压力。因此，在对局之前，整个中国代表团中的每一个人都感受到了寝食无味的煎熬，大家都担心我会兵败如山倒稳不

住阵脚，但是谁也不能把这层窗户纸捅破。在这样一种低迷的状态中，我走向了赛场。教练组对我的要求很实际，力争本局不失就是胜利，不能再给对手扩大优势的机会了。

1.e4 e5 2.Nf3 Nc6 3.Bb5 a6 4.Ba4 Nf6 5.0 - 0 Be7 6.Bxc6？

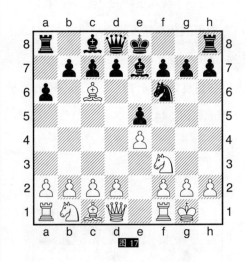

图 17

必须给白方这步棋打一个问号，即便 6.Bxc6 是一种正常的开局下法，并没有什么错误可言。这个开局变化极容易带来平稳的局面，在形势大好的情况下，玛雅选择这个开局变化无疑是一个错误的决定。

在已经结束的 5 局比赛当中，玛雅背后的教练组尝到了打一枪换一个地方，令我这名缺少大赛经验的年轻选手无法有效

预测其开局准备套路的目的。白方 6.Bxc6 的下法又是一个几十年前曾经风靡一时的下法，但是此时玛雅的智囊团一定忽视了一件事情，那就是评判对手接连失利时候的状态。设想一下，假如玛雅此局采取乘胜追击不断施加压力的策略，那么此时刚刚遭受两连败又执黑棋的我，在第六局比赛中无疑将面对更多的考验。

6...dxc6

好在这一次对手选择的冷门变化对自己而言并不陌生。

现在，黑方如果采用 b 兵吃象走到 c6 格，将会令白棋快速找到扩展中心的机会。例如在 6...bxc6 7.d4 exd4 8.Nxd4 c5（黑方不能走 8...Nxe4，因为白方可以应以 9.Qg4。）9.Nf3 d6 10.Nc3 0 - 0 11.Re1 Bb7 12.Bf4 Re8 13.Qd3 Nd7 14.Nd5 Bf6 15.c3 的变化中，白方中心子力云集，掌握了行动的先机。

7.d3 Nd7 8.b3

白方也可以采取正常的子力出动方式推进局面，在 8.Nbd2 0 - 0 9.Nc4 f6 10.Nh4 Nc5 11.Nf5 Bxf5 12.exf5 Qd5 13.Qg4 e4 14.Ne3 Qe5 的变化中，将形成一个双方机会相当的局面。

白方此时不能急于从中心挺进，那样

并不能给黑方阵营制造实际的麻烦。例如在 8.d4 exd4 9.Nxd4 0 - 0 10.Nc3 Ne5 11.b3 Bc5 12.Nce2 Qh4 13.f4 Bg4 14.c3 Qh5 15.Rf2 Bxe2 16.Qxe2 Qxe2 17.Rxe2 Rad8 的变化中，黑方子力位置良好，棋局毫无困难可言。

8...0 - 0 9.Bb2 f6

黑方用兵坚守 e5 是最佳选择，有效封闭 a1-h8 斜线，白象在 b2 格难以发挥作用。

10.Nc3

假如白方采取 10.Nbd2 的下法，也难以阻止黑方的子力调动。接下来的变化可能是 10...Nc5 11.d4 exd4 12.Nxd4 Bd6 13.Qe2 Ne6 14.Qc4 Qe8 15.Nf5 b5 16.Nxd6 cxd6 17.Qd3 Qe7 18.Rfe1，双方机会相当。

10...Nc5 11.Ne2 Rf7 12.Nh4 Ne6

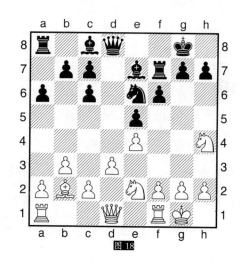

图 18

黑方的马调动到 e6 格，这里既可以监控白方挺兵 d4，也可以起到阻止白棋 f 兵的冲击。

13.Nf5 Bf8 14.Qd2 c5

黑方进一步加强对 d4 格的监控，c5 兵和 e5 兵同时监控 d4 格，接下来黑方有可能采取跃马到 d4 格的手段。

15.f4

无奈，白方挺进 f 兵，用 f 兵敲开黑方的 e5 兵，减轻黑方对中心的监控力量。但是，白方这样做的后果是带来了系列子力兑换，使得黑方能够从容简化局面，棋局由此向残局开始过渡。

15...Nxf4 16.Nxf4 Bxf5

子力兑换有讲究。黑方不能采取16...exf4 的走子次序，那样一来经过17.Qxf4 Bxf5 18.Qxf5 的转换之后，白方如愿获得较大的棋局空间，从而获得行动的主动权。

17.exf5 exf4 18.Qxf4 Qd6 19.Rae1

面对黑方简化局面的邀请，玛雅并没有采取 19.Qe4 c6 20.Rae1 Re7 21.Qc4+ Qd5 22.Qg4 的下法，那样一来白棋可以保持棋盘上更多的子力，无疑将会保留更多的战斗机会。

19...Qxf4 20.Rxf4 Re7 21.Rfe4 Kf7 22.Kf2 Rd8 23.Kf3 g6

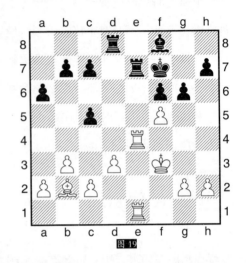

图 19

进一步要求子力简化。走完这步棋之后，我知道棋局已经彻底进入一个平稳的步调，对手可能制造复杂局面的警报已经消除。

此刻的我已经已经没有办法欢迎复杂局面，要知道在这样重要的比赛中，不仅是我这样一名新手，即便是经验老到的选手，遇到接连两局棋的失利的噩梦，坐在棋盘边上的感觉也不会好到哪里去吧。

24.fxg6+

白方看似主动的下法并不能带来实际的效果，例如在 24.Re6 Rxe6 25.fxe6+ Ke7 的变化中，尽管白兵已经走到 e6 格貌似凶猛，但是缺少后续手段的进攻是没有实际威胁的。不仅如此，白方的 e6 兵还可能成为黑棋进攻的靶子。接下来的变化可能是 26.d4 b5!（争取后翼主动，在 26...Rd6 27.Ba3 的变化中，白方得以实施进攻。）27.c4 c6 28.cxb5 axb5 29.Re2 Bh6，黑方子力活跃。

白方直接兑换车，也不能占得丝毫便宜。 在 24.Rxe7+ Bxe7 25.g4 gxf5 26.gxf5 c6 27.h4 Rd5 28.Ke4 b6 29.h5 Bf8 的变化中，黑方阵形坚固。

24...hxg6

棋局呈现一个双方机会均等的状态，我适时向对手伸出橄榄枝提议和棋。玛雅没做太多考虑，欣然同意。

和棋，积分榜上的比分总算不再停滞不前了！长舒了一口气，压抑在胸中的郁闷情绪一点点释放开来。终于停止了连败稳住阵脚，对抗赛后面的战斗还很漫长，重整旗鼓的时候到了。

谢军—齐布尔丹尼泽

1991 年弈于菲律宾马尼拉女子国际象棋世界冠军锦标赛决赛（7）

开局编号：C63

从某种意义上讲，第六局的和棋太关键了！遭遇连败时取得的和棋半分意义重大，艰难时刻的和棋比顺风顺水时所取得的胜利还要令人难以忘怀。止住了连败的势头，我的状态得到了及时调整。当然，接下来第七局虽然自己执白棋先行，但是教练组还是一而再地叮嘱我，千万不要急于扳回比分，一定要稳住阵脚，切莫让对手得到扩大比分优势的机会。

1.e4 e5 2.Nf3 Nc6 3.Bb5 f5

又是西班牙开局，又是在西班牙开局中找出了新的走法。看来，玛雅这次比赛的策略就是开局打一枪换一个地方，每盘棋都采取不同的下法。

4.d3

因为 3...f5 属于冷僻变化，因此在应对的时候，我采取了相对稳健的方式，而不是保持中心紧张开放状态，试图快速将棋局引入复杂的战斗当中。

现在，除了对局中采取的稳健下法之

外，白方还可以采取另外的应对方式。例如在 4.Nc3 fxe4 5.Nxe4 d5 6.Nxe5 dxe4 的变化中，棋局迅速进入白热化的战斗当中。以后的变化可能是 7.Nxc6 Qg5 8.Qe2 Nf6 9.f4 Qxf4 10.Ne5+ c6 11.d4 Qh4+ 12.g3 Qh3 13.Bc4 Be6 14.Bg5 0 - 0 - 0 15.0 - 0 - 0 Bd6 16.Rhf1，形成复杂的局面。

白方全力打开中心的下法是 4.d4 fxe4 5.Nxe5 Nxe5 6.dxe5，经过 6...c6 7.Nc3 cxb5 8.Nxe4 d5 9.exd6 Nf6 10.Qd4 之后，白方强调子力出动速度，棋局战火纷飞。

4...fxe4 5.dxe4 Nf6 6.0 - 0

除了相对稳健的短易位下法，白方的王走向后翼也是一种值得尝试的开局选择。例如经过 6.Qd3 Bc5 7.Nc3 d6 8.Bg5 0 - 0 9.0 - 0 - 0

白方的王走向后翼，双方的王异向易位，但是无论是白方的王前兵还是黑方的后前兵都停留在原始位置。因此，棋局较量还是围绕着中心和空间方面进行。接下来的变化将是 9...Be6 10.Bc4 Qe8 11.Bxf6 Nb4 12.Qe2 Rxf6 13.a3 Nc6 14.Bxe6+ Qxe6 15.Nd5，白方取得稍好的局面。

6...Bc5 7.Nc3

白方可以考虑采取 7.Qd3 d6 8.Qc4 Qe7 9.Nc3 Bd7（假如黑方走 9...Be6，白方将通过 10.Nd5 的应对快速从中心入侵。）10.Nd5 Nxd5 11.exd5 Nd4 12.Bxd7+ Qxd7 13.Nxd4 Bxd4 14.a4 a6 15.Be3 Bxe3 16.fxe3 0 - 0 - 0 17.Rf2 的变化，白方获得稍优的局面。

白方还可以考虑采取实惠的吃兵下法，经过 7.Bxc6!? bxc6 8.Nxe5 0 - 0 9.Bg5 Qe8 10.Bxf6 Rxf6 之后，白方用双象和子力出动速度放缓的代价取得一兵，接下来经过 11.Nd3 Bd4 12.c3 Bb6 13.Nd2 d6 14.c4 Qg6 15.Kh1 Bg4 16.f3 Be6 17.f4 的变化之后，白方子力数量占优，黑方阵营部署位置积极主动。

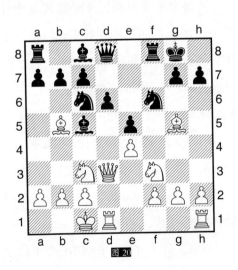

图 20

7...d6 8.Be3

图21

棋局至此,双方的子力调动还处于我们赛前开局准备范畴之中。白方邀请黑方兑换黑格象,看起来将造成中心叠兵,似乎不符合常理。但是,众多曾经发生过的棋局都证明了白方此举是符合局面要求的,因为一旦f线打开,白方王翼行动速度将大大得到提升,从而令黑方的王翼阵地承受更大的压力。

8...Bb6!

好棋!玛雅当然对这个开局变化有所准备,不会冒冒失失地采取8...Bxe3的下法,因为在黑方兑象的变化中,经过9.fxe3 0 - 0 10.Bc4+ Kh8 11.Ng5 Bg4 12.Qe1 Qe8 13.Qg3 Nd8(黑方不能走13...Qh5?,那

样一来将使白棋拥有14.Nf7+ Rxf7 15.Bxf7 Qxf7 16.Qxg4得子的战术手段。)14.Rxf6 gxf6 15.Nxh7 Kxh7 16.Qxg4 Qg6 17.Qd7+ Qg7 18.Qh3+ Qh6 19.Qf3,黑方的王前阵地遭到破坏,黑王成了受攻的靶子,白方进攻的前景看好。

9.Nd5 0 - 0

黑方另外一个值得注意的变化是9...Nxe4 10.Nxb6 axb6 11.Qd5 Nf6 12.Bxc6+ bxc6 13.Qxc6+ Bd7,在纠缠战斗的过程中,双方简化了子力,白方中心上的压力得到及时化解。

10.Bg5

白方如果采取10.Bc4 Kh8 11.Ng5瞄准f7格进攻,也不能达到短平快的攻击效果。黑方可以应以11...Bg4,经过12.Qd3 Nxd5 13.Qxd5 Bh5 14.Ne6 Bf7 15.Nxd8 Bxd5 16.exd5 Nxd8之后,白方的攻势烟消云散,棋局呈现均势。

10...Be6 11.Qd3 Kh8 12.Bxf6 gxf6 13.Nh4 Nd4 14.Bc4 Bxd5 15.Bxd5 c6 16.Bb3 d5 17.c3 f5 18.cxd4

黑方逐步实现了兵的顺利挺进,白棋已经无法有效控制中心。现在,白方万不可选择18.Nxf5??的下法,因为在18...dxe4

19.Qxe4 Nxf5 之后，白马走到 f5 格无异于羊入虎口。

18...Qxh4?!

比赛结束之后，分析棋局时我们发现黑方此时存在一种非常"野蛮"的下法 18...fxe4！

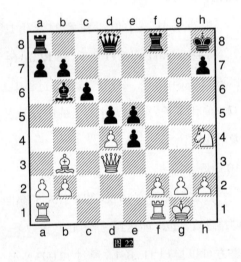

图 22

黑方弃子得到了强大的中心兵群，接下来在 19.Qh3 Qf6 20.g4 Bxd4 21.Nf5 Bxb2 的变化中，白方虽然多了一轻子，但少了三个兵，棋局异常复杂，战斗形势难以判断。

19.exd5

双方在棋盘上子力众多，但是在这样一个开放状态的局面中，且双方的象处于不同颜色的格子当中，任何一方想要牢牢把控住局面的发展节奏，都属于奢望。棋局至此，我正在整理头绪，试图找到明晰的行动方向之时，突然看到玛雅做出提议和棋的手势。

明明轮到她走棋，按照规则要求，棋手应该是走出自己的棋步之后才能向对手提议和棋，经验老到的玛雅怎么会故意破例呢？想来这也是对抗赛当中的小小心理战吧。略作思考，想到按照正常发展趋势，棋局将不可避免地走向和棋，我便欣然伸出手表示接受对手的和棋建议。至于对手为什么要故意小小犯规一下，还是不要费神去琢磨吧！

齐布尔丹尼泽—谢军

1991 年弈于菲律宾马尼拉女子国际象棋世界冠军锦标赛决赛（8）

开局编号：C90

如果说第 6 局的和棋止住了我连败的颓势，那么经过第 7 局再次双方平分秋色之后，我的心态已经彻底平静下来。这时无论是我自己，还是中方教练团队，都心平气和接受了比分暂时落后的现状，接下来要做的事情就是稳定发挥，争取抓住机会将比分扳回来。至于第三局之后曾经的领先和第四、第五局连败带来的心理波动，已经彻底成为历史发生过的事情，天下没有卖后悔药的，把接下来比赛中的棋局下好比什么都重要。

1.e4 e5 2.Nf3 Nc6 3.Bb5 a6 4.Ba4 Nf6 5.0－0 Be7 6.Re1 b5 7.Bb3 0－0 8.d3 d6 9.c3 Na5 10.Bc2 c5 11.Nbd2 Nc6 12.Nf1 Re8 13.h3 Bb7

我改进了自己第4局时的下法，这盘棋教练组给我制定的策略就是稳扎稳打，不冒险。

14.Ng3 Bf8

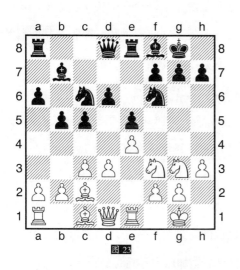

图23

黑方把象退到 f8 格，接下来存在挺兵

g6，把象走到 g7 加固王翼阵营。

15.Nf5

现在，假如白方采取 15.Nh2 的子力调动方式，黑方可以应对不紧不慢的 15...h6，缓慢抬高王翼兵，达到阻止白方子力入侵的目的。接下来，经过 16.Qf3 g6 17.Bb3 Qe7 18.Ng4 Nxg4 19.Qxg4 Kh7 20.f4 exf4 21.Qxf4 Ne5 22.Rf1 Nxd3 23.Qxf7+ Bg7 之后，白方的王翼进攻并没有达到预期的目标。

15...Ne7 !

白马在 f5 格当然是一个好位置，对付白方这样一个可以起到进攻作用的棋子，黑方最好的办法就是用另外一个棋子进行兑换，这样就可以顺利达到化解白方王翼的进攻。

16.Nxe7+ Bxe7 17.a4

看到王翼上的行动难以顺利推进，玛雅将矛头一转，从后翼上进行试探性的动作。现在，如果白方采取 17.d4 在中心行动的下法，黑方也能成功保持局面稳定。例如在 17...Qc7 18.a4 Bc6 19.Bg5 h6 20.Bh4 Rad8 21.Bg3 Bf8 22.Qb1 Nh5 的变化中，双方攻守之间你来我往，棋局呈现复杂之势。

17...Bf8

黑方仍然处于防守反击的处境当中，因此及时将子力走到一个合适的位置，无疑是聪明的举动。

18.Bg5 h6 19.Bh4?!

白象走到h4格是一个错误的决定。虽然，在这个位置当中，白象可以暂时起到牵制黑方阵营的作用。但是，这不过是一种短时间效应。因为从双方的兵形来分析，黑方坚守中心的c5和e5兵都处于黑格，致使黑方的黑格象受到了自己兵的制约，活动能量不如白方的黑格象。所以，当白方把自己的黑格象走到h4格的时候，就给黑棋带来了兑换的机会。用自己积极的子力兑换对方消极的棋子，这样的举动对于白棋而言当然属于亏本的买卖。

19...Be7

黑象第三次走到e7格，黑方弹簧式的子力调动方式非常有趣，其中也包含着深刻的思想。

20.d4 Qc7 21.dxe5

在21.d5 c4的变化中，白方也无法占到丝毫便宜。

21...dxe5 22.Qe2 c4!

黑方的计划是稳步在后翼上推进，获得这一区域战斗的主动权。

23.Red1 Qc5 24.Nh2?

白方这样的子力调动没有实际意义，棋局中心和后翼上已经开始战火密集，在王翼上白棋已经难以聚集更多的子力组织进攻。玛雅运马到h2格无非是期望分散黑棋火力，试图起到干扰黑方后翼行动的作用。现在，白方正确的走法是24.Rd2 b4 25.cxb4 Qxb4 26.Rad1 Qc5 27.Bg3 Bf8，形成一个大致机会均等的局面。

正在我苦苦思考对手把马走到h2的子力调动究竟会在王翼上产生多大威胁的时候，玛雅突然提议和棋。与前一局棋提和不同的是，这一次她是在自己走完棋之后，也就是说完全符合规则要求。看来，这一次对手是真心实意提和，经验老到的玛雅也不是时时刻刻都玩心理战呀。

24...b4

经过长时间的思考之后，我决定拒绝对方的提和建议，继续战斗。此时，自己并不认为黑棋已经处于优势地位，但是我相信在后翼的行动当中，黑方是占据主动地位的。只要掌握了行动先机，我干吗不尝试着施加压力考验对手呢。

25.cxb4 Qxb4 26.Nf3 Nh5

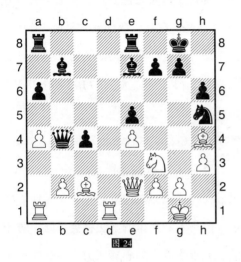

图 24

兑换黑格象之后，黑方的白格象瞄准白方 e4 兵，起到牵制白方子力的进攻态势，而白方位于 c2 格象的活力由于被 e4 兵所制约，作用显然比不上黑方位于 b7 格的象。棋局至此，虽然黑方并未获得什么实际的优势，但是从气势上已经夺得了主动。

27.Bxe7

假如白方采取 27.Nxe5 的下法，将遭到黑棋 27...Bxh4 28.Qxh5 Bxf2+ 29.Kxf2（白方在 29.Kh2 Re7 的变化中，也难以取得理想的局面。）29...Qc5+ 的应对，棋局对黑方有利。

27...Qxe7

黑方另外一种下法是 27...Rxe7，将后

保留在后翼发挥进攻牵制作用。

28.g3

目前，黑方的 c4 兵唾手可得，到底吃不吃呢？诱惑面前，玛雅花费了大量的时间去思考评判。综合分析了各种因素之后，玛雅决定不消灭黑方的 c4 兵。

黑方的 c4 兵当然不是白送给玛雅的礼物，在 28.Qxc4 Rec8(不好的是 28...Rac8，白方可以应对 29.Qb3，白后的位置不错。) 29.Qe2 Nf4 30.Qd2 Rab8 的变化中，白后走到一个消极的位置，同时白棋需要面对黑方在后翼上施加的压力以及王翼上受到进攻的可能。

28...Qe6 29.Kh2 Nf6

既然黑马无法顺利入侵 f4 格，那么停留在 h5 格已经失去意义了。将黑马的位置及时调整，成了黑方很自然的选择。30.Ra3 a5 31.Re3

如果白方采取 31.Rc3 Bc8 32.Qf1 Rb8 33.Rb1 Rb4 的走法，黑方也将获得稍好的局面。

31...Bc8 32.Qf1 Rb8 33.Rb1 Ba6 34.Qe1
Rb4

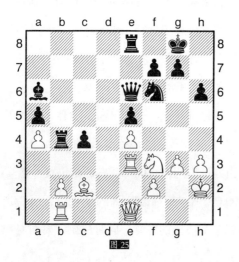

图 25

黑车放在 b4 格是一个非常理想的位置，可谓是攻守兼备。

35.b3 Reb8 36.bxc4 Nd7!

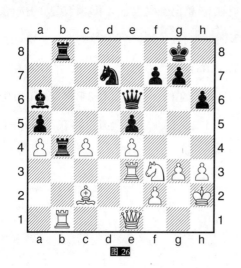

图 26

没错，c5 格是黑马的理想去处。在黑马走到这个位置之前，才顾不上消灭白方的 c4 兵呢。现在，假如黑方采取 36...Bxc4 的下法，就会令白方局促的后翼得到舒展的机会。白方可以通过 37.Rc3 Nd7 38.Nd2 的下法取得防守机会。

37.Reb3 Qxc4 38.Rxb4

黑方不停地在后翼施加压力。其实，黑方目前还没有能力取得什么实质性的推进，但是不断加压的下法将会令处于防守的一方承受巨大的心理压力。在这样的心理压力之下，玛雅没有走出最佳的防守招法。

现在，老实的防守是没有前途的，例如 38.Qd1 Qc5 39.Re3 Rxb1 40.Bxb1 Rb2 的变化中，黑方将获得巨大的优势。

白方应该采取金蝉脱壳的方式奋力摆脱牵制，在 38.Bd3! Rxb3 39.Bxc4 Rxb1 40.Qc3 Bxc4 41.Qxc4 的变化中，白方可以获得不错的局面。

38...axb4 39.Bb3 Qd3! 40.Qd1 Qxd1
41.Rxd1 Nc5 42.Rb1

白方的防守任务艰巨，在 42.Nd2 Bd3 43.Re1 Kf8 的变化中，黑棋优势明显。

42...Bd3 43.Rb2 Bxe4 44.Nxe5 Nxb3

45.Rxb3 Bd5 46.Rb2 b3 47.Nd3 f6

黑方务必稳扎稳打，一点不能大意。在 47...Ra8 48.Nc5 f6 49.Rb1 的变化中，白方可以获得防守反击的机会。

48.g4 Bc4 49.Nc5

白方如果采取 49.Nc1 Rd8 50.Rb1（在 50.Nxb3 Rb8 的变化中，黑方获得胜势。）50...Rd1，黑方夺取胜势局面。

49...Rc8 50.Ne4 Bd5 51.Ng3 Ra8

越是到了最后关头，棋手越不能马虎。现在白方给黑棋准备好的陷阱是 51...Rc2，这样一来白棋就可以通过 52.Rxc2! bxc2 53.Ne2 的方式彻底解脱。

52.Ne2 Rxa4 53.Nc3 Ra2! 54.Rb1 Rxf2+ 55.Kg1 Rg2+ 56.Kf1 Rh2

棋局至此，白方已经无法阻挡黑棋胜利的脚步。见状，玛雅非常有风度地按停棋钟，主动与我握手表示祝贺。黑胜。

8 局棋正好标示着对抗赛赛程过半，两名棋手的比分重新回到同一起跑线上。经过前 8 局比赛的磨炼，初出茅庐的我得到了充分的锻炼，羽毛渐丰。

谢军—齐布尔丹尼泽

1991 年弈于菲律宾马尼拉女子国际象棋世界冠军锦标赛决赛（9）

开局编号：B72

随着第九局开战，对抗赛下半程的争夺正式拉开帷幕。前半段赛程的比分为 4：4，虽然看似两名棋手在同一起跑线上，但因为玛雅是卫冕世界冠军，因此一旦对抗赛最终 16 局的比赛结果为 8：8，意味着胜利将归属卫冕冠军。这样的比赛规则，迫使作为挑战者的我必须在接下来的 8 局棋中至少突破对手一次防线，挑战者只有以领先的比分结束整场对抗赛，才能成为最终的胜利者。

不过，虽然从客观上讲自己仍然处于落后的境地，但是在心态上我方已经逐步开始掌控了主动权。赛程过半，4：4 的比分对于一个初出茅庐的新手来讲，应该是一个比较满意的比分状况。感谢前面曾经遭遇到的比分落后经历，严峻的现实告诉我，争取胜利的最佳办法是把全部精力投入棋局当中，而不是比分上。不管最终的结果如何，只要尽到了自己的最大努力，也就没有什么遗憾的了。

1.e4 c5

棋手的开局选择内涵丰富，从中可以窥见棋手的比赛策略和心态。玛雅放弃了比赛前半程中采用的对王兵下法，看到玛雅执黑选择更为复杂的西西里防御，自己除了有点吃惊之外，更多的是对战斗的渴望。经历了前 8 局的较量，我明白自己在稳扎稳打的局面中占不到什么优势，如果棋局转变到复杂攻杀类型，或许能有更多机会。

2.Nf3 d6 3.d4 cxd4 4.Nxd4 Nf6 5.Nc3 g6

玛雅不仅选择了复杂的西西里防御，还采用了这个复杂的开局变化中最为激烈的龙式变例，这下子彻底有点把我弄蒙了。怎样也没有想到玛雅会采取这样的玩命下法啊！莫非她的教练团队发现了我开局体系中的漏洞？在走出下一步棋之前，我仔细回想自己过往的棋局，还是理不出一点头绪。

6.Be3 Bg7 7.Qd2

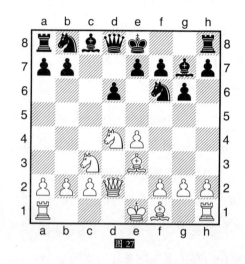

图 27

玛雅的开局选择给自己的心理带来了不小的冲击，临场上我难以做到心绪平静。说老实话，我很想采取一种稳健的方式处理棋局，但是又怕这样做让对手感觉到我的不自信，从而建立心理优势。硬着头皮采取对攻的下法吧，我做出了决定。

棋手在对局时最怕的就是心绪不宁，各种干扰因素聚集在一起，最终将在走棋的细节当初暴露出问题。现在，我在走棋次序方面出现了小失误，此时白方应该采取 7.f3 Nc6 8.Qd2 0－0 9.Bc4 Bd7 10.0－0－0 Rc8 11.Bb3 Ne5 12.h4 h5 的下法，形成复杂对攻的局面。

7...Nbd7？

玛雅错过了 7...Ng4 攻击白方位于 e3 格象的好机会，可能是因为我走出 7.Qd2 这步棋时还算"貌似从容"吧，对手担心其中会隐藏着陷阱。

面对白方步精确的出子次序，黑方最佳的应对着法是 7...Ng4，接下来经过 8.Bg5 Nc6 9.Nxc6 bxc6 10.h3 h6 11.Bf4 g5 12.Bg3 Ne5 13.Be2 Rb8 14.Nd1 Be6 15.0－0 之后，棋局转入复杂的局面战斗当中。

8.f3 a6 9.0－0－0？

黑马早早走到 d7 格是一个错误的决定，我没有敏锐发现其中的奥妙，错过了快速进攻，打乱黑方子力排兵布阵步调的机会。现在，白方应该采取 9.g4 b5 10.h4 Bb7 11.h5 的下法，王翼上直接扑过去，白方进攻在行动速度上占得先机。

9...b5 10.g4 Bb7 11.h4 Nb6

黑方当然不该采取 11...h5 12.g5 Nh7 的应对方式，那样一来黑马停留在 h7 格的被动位置，将会影响黑棋有效子力调配。对此，白方只需要应以 13.Kb1 稳步调动子力，就能达到占得空间优势的舒服局面。

12.h5 Rg8

黑方进行必要的躲闪，免得车在 h 线上受到牵制，同时也为 g7 象空出 h8 格。在 12...b4 13.Nb1 a5 14.h6 Bf8 15.Bb5+ Nfd7 16.e5 的变化中，白方中心上得到行动机会。

13.a3

对于黑方后翼上 b 兵的挺进，白方不能采取不理不睬的态度。现在，如果白方采取简单处理王翼兵阵的下法，不可能取得理想的局面。例如在 13.hxg6?! hxg6 14.g5 Nfd7 15.Rh7 Qc7 的变化中，白车单枪匹马深入敌方阵营，但是缺少其他子力配合，不能取得有效的进攻效果。而反观黑棋，后翼上呈现稳步推进之势，白方将忙于应付。

13...Nfd7 14.hxg6 hxg6 15.Bh6

黑方的黑格象攻守兼备，不能让这个棋子继续保留在棋盘上继续发挥作用了。

15...Bxh6 16.Rxh6 Ne5 17.Qh2

白方将更多的重子叠放在 h 开放线路上，期待着能够对黑方的王翼阵地施加压力。除此之外，白方也可以考虑采取 17.Rh7 Rc8 18.g5 的下法，用兵占据更大空间的手段向黑方阵营施加压力。

17...Qc7 18.Rh8 0－0－0 19.Rxg8 Rxg8 20.f4 Ned7

好棋！黑方不能贸然接受白方送到嘴边的"礼物"。在 20...Nxg4 21.Qh7 Qd8 22.Bh3 f5

23.exf5 的变化中，白方获得优势局面。

21.Qh7

还是应该考虑用兵前进的方式获取更多空间，从而向黑方的阵营施加更大的压力。现在白方应该考虑采取 21.g5 的下法。

21...Rf8 22.g5 e5

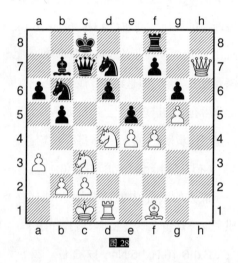

图 28

本来，我的思路完全沉浸在进攻的节拍当中。白方按照既定的目标实现着王翼上大兵挺进，接下来的计划是把象走到 h3格，然后再实施 f 兵的冲锋打开局面。看起来一切形势大好之际，谁承想对手突然从中心实施反击，一下子将白方的预定方案打乱了。无奈，此时自己唯一能做的事情就是调整思路，重新制订作战计划。

23.fxe5

白方采取弃马换取三兵的下法非常诱人，那样一来就可以达到将黑方阵营彻底打散的目的。但是，弃子可不是一个轻易就能做出的决定，一定要三思后行，想清楚了再走。经过计算之后，我发现在23.Ndxb5 axb5 24.Nxb5 Qc5 25.Nxd6+ Kb8 26.Qh3（如果白方采取 26.Nxb7 的下法，黑方可以应以 26...Qe3+! 27.Kb1 Qf3 28.Rc1 Kxb7，这样一来白车的位置就显得有些消极。）26...Bc6，黑方保留白格象，拥有足够的防守力量。看到弃子难以实现突破对方防线的目标，几番权衡之后，我决定还是应该采取稳健一点的下法。

23...Nxe5 24.Kb1

白方依旧可以在 b5 格弃子，但是尖锐的下法仍然会将棋局带入一个复杂的局面。例如在 24.Bxb5 axb5（黑方甚至可以考虑走24...Qe7 进行防守。）25.Ndxb5 Qe7 26.Nxd6+ Kb8 27.Qh4 Rd8 28.Nxb7 Rxd1+ 29.Nxd1 Kxb7的走法之后，将形成复杂的局面。

通过长时间的计算，我判定自己此时最聪明的做法应该是按捺住蠢蠢欲动的弃子想法，采取稳健的行动方案。

24...Kb8 25.Be2 Rc8 26.Qh3 Qe7

在线路畅通的局面中，双方均有机会借助积极的子力位置组织行动。不过，开放线路的特点也决定了此时的棋局充满了变数，任何一方都大意不得。例如，如果现在黑方采取 26...Nbc4 跃马的行动，将会迎来白方 27.Bxc4 Nxc4 28.Nd5 Bxd5 29.exd5 Ne5 30.Qg2 的应对方式，白方借助空间上的主动，获得一定程度的先手。

27.Qg3 Nbc4 28.Bxc4 Nxc4 29.Nb3 Rh8

在 29...Qe5 30.Qxe5 dxe5 31.Rd7 的变化中，白方处于进攻态势。

30.Nd2

白方也没有什么特别的进攻手段，在 30.Nc5 Bc8 31.Nd5 Qe5 的变化中，黑方获得积极的局面。

30...Qe5

黑方可以通过 30...Nxd2+ 31.Rxd2 Rh1+ 32.Ka2 Qe5 33.Qg4 的方式，取得一个大致均等的变化。不过，此时双方棋手虽然都采取谨慎的策略，但是与对手周旋作战的过程中，还是希望保持相对复杂的局面，这样才可以保留更多的战斗机会。

31.Qd3 Nxd2+ 32.Qxd2 Rh5 33.Qxd6+

白方可以考虑采取 33.Nd5 Bxd5 34.exd5

Kb7（在 34...Rxg5 35.Qf2 的变化中，白方获得理想的局面。）35.Rf1 Qe7 36.Rf6 的变化，白棋子力位置优于黑棋。

33...Qxd6 34.Rxd6 Rxg5 35.Rf6 Rg1+ 36.Ka2 Bc8 37.a4 bxa4 38.Nxa4 Rg5?!

黑方错过了最佳走法，此时玛雅可以把棋局转入一个有利于黑方的车兵残局。例如在 38...Be6+ 39.b3 Kc7 40.Nc5 Kd6 41.Nxe6 fxe6 42.Rf8 g5 的变化中，黑方无论是王的位置，还是 g 线通路兵，都能带来良好的战斗机会。

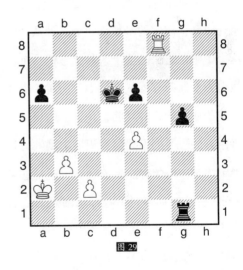

图 29

客观分析棋图形势，白方的王位置消极，后翼兵尚未发挥出积极进攻的效果。而反观黑棋，不仅黑王可以入侵到 e5 格威胁消灭白方的 e4 兵，还可能通过 c5-b4（或入侵到 d4 格）的路径发挥攻击作用。再考虑到黑方 g 兵通路兵蓄势待发的因素，不难得出图 29 的棋局形势白方陷入艰难防守。

39.b4 a5

第一赛时即将结束，双方棋手赛钟上所剩的时间都不多了。在第一赛时必须完成 40 回合的压力下，双方棋手在有限的时间里都走出了一些不够精确的着法。此时，在继续施加压力还是简化局面两种选择当中，玛雅采取了简化局面的安全处理方式。

40.Ka3 axb4+ 41.Kxb4 Re5

过了 40 回合之后，双方棋手顺利完成第一时限所规定的步数，两个人都从赛时压力中解脱出来。整个人的状态仍然沉浸在白方如何防守的状态之中，面对一个双方棋子所剩无几的局面，我正在构思如何将白方的子力配备到更加积极主动的位置当中之时，玛雅突然提议和棋。这是继第 8 局之后，对手又一次主动伸出橄榄枝。看到双方局势已经呈现完全均势的状况，我当然欣然接受对手的和棋建议。

9 局棋过后，双方的比分为 4.5∶4.5。

第九局虽然没能再接再厉取得胜利，但是平心而论我还是觉得自己挺幸运的，毕竟在第一赛时临近结束时出现了危险状况，对手要是及时抓住机会，对局如何发展就不好说了。除了庆幸自己没有陷入艰难的防守境地，自己还因对手的再次主动提和举动感到有点小得意，心中产生一种莫名其妙的满足感。是呀，对抗赛前几局，都是我主动向对手伸出橄榄枝；现在双方的角色换了位置，说明对手已经不敢小瞧她对面的年轻中国挑战者。

齐布尔丹尼泽—谢军

1991 年弈于菲律宾马尼拉女子国际象棋世界冠军锦标赛决赛（10）

开局编号：C91

第 10 局自己又轮到走黑棋，虽然前几局中玛雅并没有在开局上获得多少便宜，但是越是这样，自己心里反倒有些没有底了。很简单，一旦对手不满意执白棋开局中没能占到便宜，那么最符合逻辑的对策就是转换其他走法。国际象棋开局领域浩如烟海，玛雅又是一名非常有经验的棋手，曾经尝试过很多开局变化，到底对手会把宝押在哪里呢？

赛程过半，两名选手的开局策略的虚实基本已经展现清楚，对手打一枪换一个地方的战法，令中方教练组一点不敢掉以轻心。每次赛前准备过程中，我们都尽可能全面地把可能出现的开局变化摆一遍，甭管比赛时是不是会真的遇到，至少能起到稳定情绪的作用。

1. e4 e5 2.Nf3 Nc6 3.Bb5 a6 4.Ba4 Nf6 5.0－0 Be7 6.Re1 b5 7.Bb3 0－0 8.d4

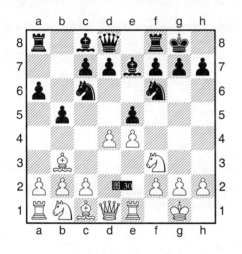

图 30

果然，玛雅还是不允许黑方采取马歇尔弃兵的下法，为了避开尖锐变化，这局棋她又采取了新的走法。

8...d6

看到对手走出挺进中心 d 兵之后，我的心里暗喜，知道这盘棋自己在开局方面

不会面对太大的压力了。因为 8.d4 的走法是白棋避开黑方马歇尔弃兵变例中最为常见的一种下法，赛前我们当然已经对这个开局变化准备得非常翔实，此局只要对手没能在开局阶段走出什么创新着法，自己就有信心做到兵来将挡水来土屯。

现在，除了我在对局中的下法之外，黑方还有在中心直接交换子力的下法，经过 8...Nxd4 9.Nxd4 exd4 10.e5（白方不能采取 10.Qxd4?? c5 11.Qd1 c4 的下法，那样一来白方的 b3 格象将被黑方活捉。）10...Ne8 11.Qxd4 Bb7 12.c4 bxc4 13.Qxc4 d5 14.exd6 Nxd6 15.Qg4 Nb5 16.Nc3 Nxc3 17.bxc3 Bd6 18.Bf4 Qf6 19.Bxd6 cxd6 20.Rad1 Rad8 21.Re3 Rfe8，形成一个大致均势的局面。

9.c3

白方也可以采取简单中心兑换的下法，经过 9.dxe5 Nxe5 10.Nxe5 dxe5 11.Bg5 h6 12.Bxf6 Bxf6 13.Nc3 c6 14.Qxd8 Rxd8 15.Rad1 Bb7 之后，棋局发展波澜不惊。

9...Bg4 10.d5 Na5 11.Bc2 c6 12.h3 Bc8

黑方不能采取 12...Bd7 的走法，因为白棋可以实施 13.Nxe5 dxe5 14.d6 的手段，这样一来黑方的双象就无法得以保存。

13.dxc6 Qc7 14.Nbd2 Qxc6 15.Nf1 Re8

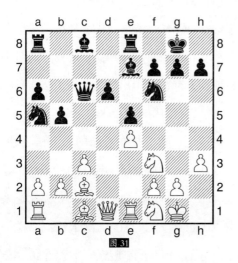

图 31

黑方充分调动王翼子力非常有必要，现在，如果黑方采取 15...Nc4 16.Ng3 Re8 17.a4 Be6 18.Ng5 Bd7 19.b3 Na5 20.Bd2 Qc7 21.axb5 axb5 22.Qe2 的下法，就可能让白棋找到缓慢推进局面的机会。

16.N3h2 Be6 17.Ng4 Nc4

棋局至此，看似棋盘上双方子力众多，但是无论哪一方都难以组织有效的攻击行动。抱着一种试探的心态，我向对手提议和棋。当然这局棋自己执黑后行，在战斗还没有完全展开的时候提和，多少有点没把对手的先行之利放在眼里的味道。提和之后，我细心观察对手的反应，希望能从对手的表情变化中捕捉到一些对于比赛有利的信息。

面对我突如其来的提和建议，玛雅就像没有听到一样，整个人保持目不转睛将全部注意力集中在棋盘上的模样。不过，我知道此时对手的心中一定在反复揣摩分析，她要从棋局本身发展状况和双方棋手的心态上综合进行评判，最后做出自己的决定。

伴随着时间一点点流逝，我知道对手将做出接受提和建议的决定，否则的话她根本不需要在这个局面中耗费这么多的时间。果然，玛雅思考了半个多小时之后同意棋局以和棋告终。

10 局过后，比分 5：5。

谢军—齐布尔丹尼泽

1991 年弈于菲律宾马尼拉女子国际象棋世界冠军锦标赛决赛（11）

开局编号：B70

对即将开始的第十一局棋进行常规赛前准备的时候，戚惊萱和叶江川两位教练正在忙不迭地叮嘱我各种开局注意事项，不知怎么自己的思路突然溜号从棋盘飘到云里雾里。冷不丁，我的嘴巴里冒出了一句："这个比赛我赢了，我知道。"

没有由头的一句话，只是自己一闪念之间的想法变成嘴巴里说出的话。听到我突然冒出来莫名其妙的言论，两位教练只是把目光从棋盘上抬了起来带有一点惊讶和疑问的意味看了看我，没说什么继续摆棋。我呢，则像什么都没有发生一样将思绪拉回到棋盘，继续与教练们一起进行赛前准备。不过，整个人的心中却说不出缘由地产生了一种微妙的变化，我能够感觉到自己对胜利的渴望，朝着胜利目标稳步前进的信心越来越强。

感谢两位教练的无表情回应，某种意义上讲，持平的比分意味着对手作为卫冕冠军仍占据有利局面，凭什么这个时候我突然开始胡言乱语起来。两名教练非常了解我此时的状态正随着比赛渐入佳境，所以也不想给我的"胡言乱语"泼上一盆冷水。在这样一种情况下，教练管理棋手的最佳办法就是将其的注意力集中在棋局战斗当中。还是那句话，将注意力集中在棋局本身，用棋盘上的胜利去证实所有的一切。

1. e4 c5 2.Nf3 d6 3.d4 cxd4 4.Nxd4 Nf6 5.Nc3 Nc6 6.Be2

改变了第九局时自己采取的开局走子次序，这是教练组在赛前帮我准备好的方案，考虑到对手可能在尖锐的龙式变例中挖好了陷阱，因此我们决定采取稳健的方式缓慢推进棋局。

6...g6 7.Nb3 Bg7 8.0 - 0 0 - 0

双方都采取短易位的下法，棋局按照我们的赛前准备轨迹前行。不过，我能感觉到对手的走棋速度并不快，想来她没有预料到喜欢攻杀复杂局面的我会采取如此稳健的方式对付龙式变例。

9.Bg5 a6 10.a4

既然采取稳健的下法，白方就失去了快速展开王翼和中心行动的机会。如此一来，对于黑方后翼上的行动苗头，白棋就应该予以阻止。现在，如果白方放任黑方后翼上的行动，将不能取得局面的把控。例如在 10.f4 b5 11.Bf3 b4 12.Na4 Qc7 13.c4 h6 14.Bh4 g5 15.fxg5 hxg5 16.Bxg5 Ne5 的变化中，黑方强行占领了 e5 格，有了这个强格作为子力调动的中枢纽带，黑方的子力处于积极活跃的态势。

10...Be6 11.Kh1 h6

黑方如果采取 11...Na5，白方将应以 12.Nd4 Bc4 13.f4，未来白棋在中心和王翼稳步推进。

12.Be3

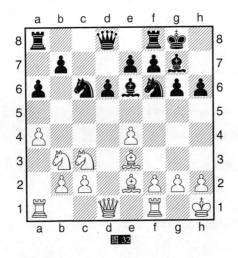

图 32

白方的策略就是稳扎稳打，借助先行之利所得到的主动权在中心和王翼上缓慢向对方的阵地施加压力。接下来白方的计划是把后走到 d2 格，然后将后翼的车调动到中心 d 线，控制中心之后，再挺进 f 兵从王翼上展开新的行动。

12...d5

通常，在西西里防御中黑方能够在中心 d5 格实施反击意味着白方开局先行之利彻底被冲散。不过，此时黑方如果不采取

中心行动，而是实施稳步出子在后翼上向白方阵地施加压力的下法，可能会令棋局保持更强的弹性结构。

13.exd5 Nxd5 14.Nxd5 Qxd5?!

玛雅过于高估了黑棋中心的反击，以为只要把中心兵兑换化解掉，白方就难以组织有效的进攻。兑换掉威力最大的后并不意味着棋局顺利进入一个平先的残棋，白方完全可以利用子力活跃的有利因素实施攻击行动。

现在，黑方或许应该采取 14...Bxd5 的下法，但是白方从容应对以 15.c3 之后，黑方如何为下一步行动制订有效计划，仍然是一个待解的难题。

15.Nc5！

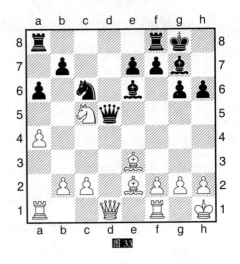

图 33

好棋！不把注意力拘泥于 b2 兵，白方精确瞄准了攻击目标。

15...Bxb2?

对手依然停留在中心 d 兵的"成功"挺进的喜悦之中，忽视了松散的子力位置将给黑棋阵营带来的大麻烦。现在，黑方应该及时在中心采取反击行动，15...Nd4 将马跃入中心骚扰白方阵营是黑棋的正确走法，接下来的变化可能是 16.Nxe6（白方如果采取 16.Bxd4 Bxd4 17.Nxe6 Qxe6 18.c3 Bg7 的变化，将迎来平先的局面。）16...Qxe6 17.Bd3（在 17.Bxd4 Bxd4 18.Qxd4 Qxe2 的变化中，白方没有得到先手。）17...Rfd8 18.Re1 Qd7 19.h3，白方保持双象，获得微小的优势。

16.Qxd5 Bxd5 17.Rad1

白方的攻击目标不是如何消灭 b7 兵，而是黑方位于 d5 格的象。由于黑象在 d5 格位置尴尬，这个看似处于积极主动位置的棋子一旦受到攻击，将会给黑方整个棋局带来严重的后果。

17...Nb418.Nd7

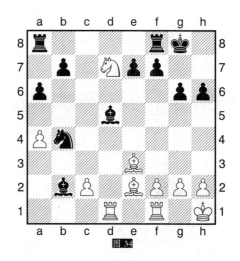

图 34

白方跃马到 d7 格一举数得，一方面腾出 c5 格，为白象走到那里进攻黑方 b4 马做好准备，另一方面，白马对黑方 f8 车所产生的直接攻击，也令黑棋难以兼顾进行周全防范。

18...Bc6

黑方无奈做出弃子的决定，在 18...Rfd8 19.Nb6 Rab8 20.Bc5 的变化中，黑方将遭受更大的损失。

19.Nxf8 Rxf8 20.Bc5!

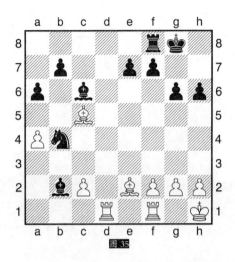

图 35

白方必须抓紧攻击的节拍，否则黑方将会得到充分的时间进行子力重新配置，组织有效的反击。毕竟黑棋用一个车换取的是白方的马加上一个兵，即便遭受了一点损失，但某种程度上讲，并未伤了黑棋的元气。并且，黑方的兵形非常完整，此时如果白方攻击目标不准的话，黑棋完全有能力重整旗鼓。例如在20.Rb1 Bc3 21.Rb3 Nd5 22.Bxh6 Rc8 的变化中，纵然白方掠得一兵，但是黑方的阵营依旧坚固。

20...a5

黑方难以将子力进行有效安置，在20...Nd5 21.c4 Nf4 22.Bf3 Bxf3 23.gxf3 Bf6 24.Rd7 Rc8 25.Bxe7 Bxe7 26.Rxe7 Rxc4 27.Re4 的变化中，棋局将进入白方车对黑方马的残局，黑方阵营中的弱点将被白车一一击溃。

21.Bxe7 Re8 22.Rd8!

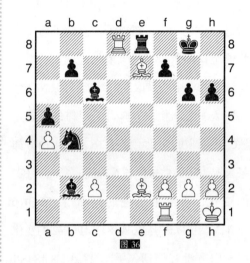

图 36

干净利索的处理方式，车兑换掉之后，黑方难以组织具有实效的进攻了。

22...Rxd8 23.Bxd8 Bxa4 24.Bxa5 Nc6

黑方如果采取 24...Nxc2 的下法，也将面对艰难的防守局面，接下来白方可采取25.Rb1 Bf6 26.Rxb7 Nd4 27.Bc4 Be8 28.Rb8 的下法，保持长久的巨大优势。

25.Rb1 Bd4 26.Bc7 Bxc2 27.Rxb7 Be4

在 27...Bxf2 28.Bc4 Bc5 29.Bf4 的变化中，白方看到胜利的曙光。

28.Bc4 g5 29.f4！

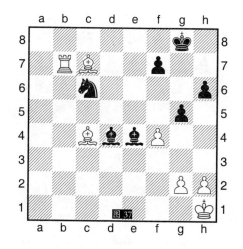

图 37

开辟新的战场，白方的目标是进一步破坏黑方的阵地，为后续的进攻做好准备工作。

29...Kg7 30.Bd6 Nd8

假如黑方采取 30...Bg6 的方式防守 f7 兵，白方刚刚兵在 f4 格的作用便能充分显露出来，接下来白方将通过 31.f5! Bh5 32.Rc7 Na5 33.Bd5 的方式直捣黄龙，取得胜势局面。

31.Rd7 Bb6 32.Be5+ Kf8 33.fxg5 hxg5 34.Bf6

棋局至此，黑方已经无力防守，无论是 34...Ke8 35.Bb5，还是 34...Ne6 35.Bxe6 fxe6 36.Bxg5 的走法，白方都将确保胜利果实。

面对一个防守无望的局面，玛雅迟迟不肯走棋，或许她的心中还存在一丝幻想，幻想着突然有一步棋可以达到神来之笔挽救败局的奇效。玛雅任由她赛钟上的时间一点点消耗，依旧不走棋，直到裁判走过来告知她第一时限已经告终，因为黑棋没能完成规定的步数超时判负的时候，玛雅才长舒了一口气。与我握手，然后在记录纸上签字，收拾物品，完成了棋手在棋局结束后的一系列规定动作之后，玛雅快步离开赛场。

十一局过后，比分 6∶5，对抗赛的领先优势再次回到我方的手中。

齐布尔丹尼泽—谢军

1991 年弈于菲律宾马尼拉女子国际象棋世界冠军锦标赛决赛（12）

开局编号：E76

比赛接近终点的时刻将比分优势重新夺回来，无疑是非常振奋人心的一件事情。但同时，因为距离 16 局对抗赛结束的日子越来越近，所以棋手的心理都会产生一些微妙的变化。从我这一方来讲，虽然不会因为暂时的领先便沾沾自喜，但要说领先的比分没有给自己的状态带来一点保守求稳，力图将对手拖到比赛结束的思想，那也不现实。不过，好在紧张激烈的比赛气氛很快将自己心头的那一丝犹豫赶走了，我深深地知道，即便我方想采取保守稳健的下法，处于比分落后形势的对手也是不会同意的。

　　赛前，教练组预料到对手将会采取拼命的下法，因此我们将大部分时间花在准备一些激烈的开局变化当中。不过，在临场对局开战对手走出她选择的开局变化之后，我们才发现原来玛雅团队急于将比分扳平的愿望比我们预想的还要强。

1.d4

　　对手不再采用王兵开局！对付白方后兵开局，我的主要武器就是古印度防御，这个开局变化非常容易导致复杂的棋局。对抗赛比分处于落后的情况下，玛雅从王兵开局转为后兵开局，看来已经做好了一决胜负的心理准备。

1...Nf6 2.c4 g6 3.Nc3 Bg7 4.e4 0‑0 5.f4

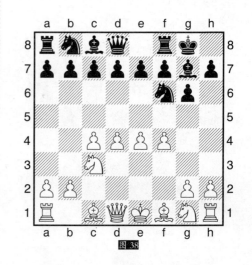

图 38

　　执白进攻古印度防御，玛雅从来没有采用过如此尖锐的变化！看来，对手已经做好了背水一战的准备，这局棋非要拼个你死我活才行。

5...d6 6.Nf3 Na6 7.Be2 e5

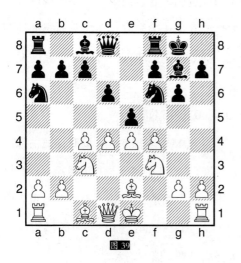

图 39

说老实话，因为没考虑到玛雅会采取拼命的下法，所以赛前我们对这一路开局变化并没有进行特别深入的分析。临场，对于此时黑棋是否需要马上在中心行动还犹豫了很久。心中仿佛有两个小人在打架，一个说："对手凶，你必须比她下得更狠才行！"另外一个小人说："这个弃兵变化风险太大了，万一对手准备充分，那岂不是白白去送死？"

考虑了很久之后，我决定迎刃而上，采取最尖锐的下法，不能后退！这个开局变化中，黑方任何的应着都不可能将棋局带入一个平稳的发展节拍，何不采取硬碰硬的策略？

8.dxe5

见我毅然做出中心行动的决定，原想在这个开局中打我一个措手不及的玛雅反而开始犹豫了。猜想这时她的心中一定在琢磨："是什么原因让这个中国女孩选择了不怕死的下法？"

现在，白方还可以考虑应以8.fxe5，这样将会带来 8...dxe5 9.d5 c6 10.0 - 0 cxd5 11.cxd5 Bd7 12.Nxe5 Nxe4 13.Nxd7 Nxc3 14.bxc3 Qxd7 的复杂变化。

8...dxe5 9.Qxd8

玛雅同意兑后，将棋局转入残局的战法有点出乎我的意料。要知道，白棋之所以采取四兵开局攻击黑方的古印度防御，肯定不是冲着与对手在残局阶段展开较量的。看来，玛雅也摸不准中国军团是否在这个开局变化中进行了充分的准备，因此她才会快速将棋局转入残局。

现在，白方还有一种下法是 9.Nxe5 消灭中心兵，经过 9...Nc5 10.Bf3 Qxd1+ 11.Kxd1 Rd8+ 12.Kc2 Nfxe4 13.Nxe4 Bf5 14.Re1 Bxe5 15.fxe5 Rd4 16.Kc3 Rd3+ 17.Kc2 Rd4 之后，将形成重复走子的和棋之势。

9...Rxd8 10.Nxe5 Nc5 11.Nd5

白方如果采取防守 e4 兵的下法，也

不能完全消除黑方的反击。在 11.Bf3 Be6 12.0－0 Nfd7 13.Nxd7 Bd4+ 14.Kh1 Rxd7 15.Nd5 c6 16.Be3 cxd5 17.Bxd4 dxe4 18.Bxc5 exf3 的变化当中，棋局处于混乱不清的状态。

11...c6

看到几步棋之后黑方可以顺利夺回弃掉的兵，我没有采取 11...Nxd5 的下法。假如黑方立即在中心 d5 格兑换马，棋局将会沿着 12.exd5 Re8 13.Be3 Bxe5 14.fxe5 Rxe5 15.Kf2 Ne4+ 16.Kf3 Bg4+ 17.Kf4 Rae8 的方向发展，黑方以牺牲子力换取快速进攻的机会。

12.Ne7+ Kf8 13.Nxc8 Raxc8 14.Be3 Nfxe4

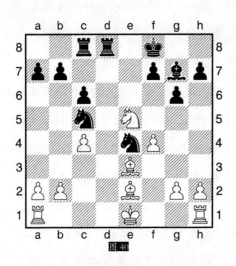

图 40

黑方吃回了弃掉的兵，同时双马处于比较积极的位置。但是，不要忽视白方所拥有的双象子力配置，在线路通畅的局面中，双象往往意味着一种隐约存在的发展潜力。

15.0－0 f6 16.Nf3 f5

将 e4 格牢牢控制住，同时彻底消除白方挺进 f 兵在王翼寻求进攻的可能。现在黑方不好的下法是 16...Na4，对此白方可以应对 17.f5 gxf518.Nd4，白方子力的活力一下子释放出来，黑方陷入防守。

17.Ne5 Nd7 18.g4

白方锲而不舍地寻求进攻机会，如果能够撬开 f5 兵这个"拦路虎"，白方的 f 兵就能实现突破。那样一来，棋局将进一步呈现开放状态，显然对拥有双象子力配置的白棋有利。

18...Kg8?!

残局一定要将王尽量走向中心能够发挥作用的位置当中，一味以保护王的安全为理由却将王走到消极位置的下法，都将造成己方子力难以发挥应有作用的后果。

现在，黑方应该采取 18...Ke7 的下法，竭尽全力将王走到中心，起到支持自己兵，攻击对方棋子的作用。接下来，棋局可能的发展轨迹是：19.Rae1（白方如果采取 19.Bf3 Nxe5 20.fxe5 Nd2 的下法，将会形成对黑棋有利的局面。）19...Nxe5 20.fxe5 Ke6，黑王及时参加到全局的战斗当中。黑王在 e6 格的位置可谓攻守兼备，不仅使 f5 兵的安全高枕无忧，还能够进攻到白方的 e5 兵。

19.gxf5 gxf5 20.Kh1 Nxe5

决定将棋局简化，采取最安全的下法。现在，假如黑方采取 20...b6 21.Rg1 Nxe5 22.fxe5 Kh8 23.Raf1 的下法，只会把战斗的主动权留给白方。

21.fxe5 Bxe5 22.Rxf5 Bd4

将白方的双象子力配置消除掉，这样一来白棋就难以组织有效的进攻了。至此，棋盘上已经形成一个完全均势的棋局形势。只要双方不走出什么过分的着法，棋局应该以和棋的结果告终。

23.Bxd4 Rxd4 24.c5 Kh8

为了避免黑王在开放的 g 线上遭受攻击，我决定提前加以预防。

25.Rd1 Rxd1+ 26.Bxd1 Kg7

棋盘上双方的棋子又少了一对车，黑王遭受有实质性威胁的警报就此可以解除掉。事不宜迟，赶紧把黑方走向中心。

27.Bc2 Re8 28.Kg2 Nf6 29.Kf3 Re1

黑车走到白方兵阵的底线，其目的当然是在白棋的阵地上不断制造骚扰行动。

30.Rg5+ Kh6 31.Rf5 Kg7

玛雅采取了重复走子的下法，不言而喻，她决定鸣金收兵接受和棋的接受。虽然双方尚未形成 3 次重复和棋局面，但彼此的心态已经明了了。二人相视一笑，没有谁提出和棋的建议，两人几乎同时将手伸向对方，然后在记录纸上写下和棋的结果，签字为凭。

第 12 局以和棋告终，双方各得半分，对抗赛的比分成为 6.5∶5.5，我方仍旧保持领先态势。

谢军—齐布尔丹尼泽

1991 年弈于菲律宾马尼拉女子国际象棋世界冠军锦标赛决赛（13）

开局编号：C92

前一局比赛中，对手选择了一个极其尖锐的开局变化，虽说在对局过程中激烈战斗的局面并没有得以体现，不过却让我方充分做好接下来棋局将可能遭遇刺刀见红血拼下法的心理准备。因此，在对于这局棋的开局准备过程中，我们制定的基调就是以逸待劳，先把自己的阵营建设牢实，再去考虑如何进攻的问题。毕竟，目前处于领先地位的是我们这一方，稳住心态才能有效利用对手急于拼命扳回比分的心情，制造更多的机会。

前一局和棋给自己打下了非常积极的心态基础，总算找到了领先者不急不慌的感觉，此外也从玛雅拼命下法的开局选择中感受到对手和她背后的智囊团已经被比分形势逼到悬崖边上，如此一来自己的心态更加平和起来。

1.e4 e5

一反前两局采取的西西里防御，玛雅的开局选择又回到了对王兵。原本以为对手一定会采取经常在她棋局中出现的1...c6或1...g6，用可能导致拉长战线的开局变化寻求更多的战斗机会，谁承想玛雅反而选择了稳健的战法。

2.Nf3 Nc6 3.Bb5 a6 4.Ba4 Nf6 5.0－0 Be7 6.Re1 b5 7.Bb3 d6 8.c3 0－0 9.h3 Nd7

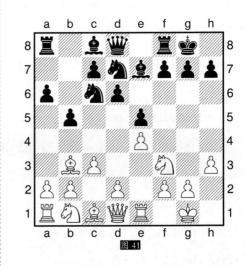

图 41

又是一种新的尝试，看来玛雅是铁了心不重复开局变化，以打一枪换一个地方的游击战法将对抗赛坚持到底。不过，客观地讲，在比分落后的时候，玛雅选择这个开局变化并不是一个明智的决定。一来，这个开局变化比较稳健，不属于潜藏杀机具有杀伤力的开局变化范畴，也就是说，黑方采取这个开局变化不能起到偷袭的效果。另一个方面，玛雅尝试新开局需要承担不熟悉局面的风险，却不会因为开局变化的平稳特征而降低。

在比分落后的阶段，棋手还是应该采取

从长计议的策略，才能争取到更多的机会。

10.d4 Bf6 11.a4

白方采取后翼牵制的下法处理局面，如果此时白方快速在中心进行子力调动，可能面对以下变化：11.Be3 Na5 12.Bc2 Nc4 13.Bc1 Bb7 14.a4 d5

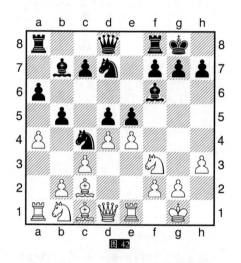

图 42

黑方可以抓住机会从中心反击，（如果黑方采取 14...exd4 15.cxd4 c5 16.axb5 cxd4 17.bxa6 Rxa6 18.Rxa6 Bxa6 19.b3 Nce5 20.Nxd4 Nc5 21.Be3 Ned3 22.Bxd3 Nxd3 23.Re2 d5 24.e5 的下法，显然白方能够获得先手。）15.axb5 axb5 16.Rxa8 Bxa8 17.exd5 Bxd5 18.b3 Bxf3 19.Qxf3 Nd6，形成复杂的局面。

11...Bb7

现在，假如黑方采取子力集中后翼的下法，经过 11...Na5 12.Bc2 Nb6 13.axb5 axb5 14.Nbd2 c5 15.dxc5 dxc5 16.Qe2 之后，白方将获得微小的优势。接下来的棋局发展变化可能是 16...c4 17.Nh2 Be7 18.Ndf3 f6 19.Be3 Be6 20.Ng4 Qc7 21.Nh4 Nb7 22.Nf5 Nc5 23.Qf3，白方在王翼上向黑方阵营施加压力。

12.axb5

因为比分处于领先，因此我在临场选择稳健利落的方式处理局面。现在，白方也可以不采取开放 a 线的下法，保留 a 兵兑换机会，经过 12.Na3 exd4 13.cxd4 Re8 14.axb5 axb5 15.Bf4 Na5 16.Bc2 b4 17.Nb5 Bc6 18.Qd3 b3 19.Bb1 Qb8 20.e5 g6 21.Nxd6 cxd6 22.exf6 Rxe1+ 23.Nxe1 Nxf6，形成混战的棋局。

12...axb5 13.Rxa8 Qxa8 14.d5 Ne7 15.Na3

将攻击目标集中在黑方的 b5 兵。

15...c6

如果黑方采取用子力死守 b5 兵的下法，势必会影响到棋子间的相互协调。例如在 15...Ba6 16.Nc2（白方也可以采取王翼子力调动的方案，经过 16.Nh2 Ng6 17.Ng4 Be7 18.Ne3 Rb8 19.Nec2 Nc5 20.Nb4 之后，白马位置积极，白棋形势主动。）16...Nc5 17.Nb4 Nxb3 18.Qxb3 Bb7 19.Qc2 h6 20.Qd3 Qe8

21.Be3 Qd7 22.Rd1，白棋牢牢限制住黑方中心反击的机会，随后将调动更多的兵力瞄准黑方后翼。

不过，正如对局中实际发生的情况所证实，此时黑方看似积极的中心反击行动，给了白棋施展短兵交接的战斗机会。

16.dxc6 Bxc6

黑方的 d6 兵就在那里，自己到底应该接受挑战还是采取回避复杂局面的策略。经过细致的计算之后，我决定以迎刃而上的姿态在复杂的棋局中与对手展开较量。毕竟，自己现在只是以最小的优势保持比分领先，如果可以将优势继续扩大，为什么要拒绝呢？

17.Qxd6 Nc8 18.Qd1 Nc5 19.Bd5

白方的 e4 兵仅凭死守是保不住的，必须抓住机会与对手进行"贴身肉搏"。现在假如白棋走 19.Bc2，黑方将会应对 19...Rd8（黑方不好的下法是 19...Nxe4，经过20.Nxb5 Nxf2 21.Kxf2 Bxb5 22.Nxe5 的变化之后，白方将获得巨大的优势。）20.Qe2 Nd6 21.Bg5 Ncxe4 22.Bxf6 Nxf6 23.Rd1，黑方顺利吃回弃掉的兵，棋局呈现大致均势的状况。

19...Nxe4 20.Bxc6 Qxc6 21.Qd3 Ncd6

本来，玛雅跃马消灭白方 e4 兵的时候

走子动作果断有力。但是仅仅一步棋之后，玛雅就开始花费时间苦思起来。显然，此时她已经发现了白方强制性的攻击手段，但是又找不到改变棋局发展趋势的办法。

22.Nxb5

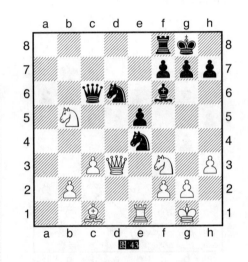

图 43

采取虎口拔牙的强行举动，黑方鉴于 e4 马受到牵制，对于白棋的"无理"行动奈何不得。

22...Qc5 23.Qe2

白方也可以考虑采取 23.Re3 Nxb5 24.Qxe4 Nd6 25.Qc2 的下法，黑方弃兵的补偿不够。

23...Ng3 24.Qe3 Qxb5 25.fxg3 e4 26.Nd4 Qb7

白方多了一兵，但是王翼上出现了 g

线叠兵，且后翼上黑方子力占据了积极的位置，一时白棋难以发展后翼的兵向前挺进。现在，黑方如果采取 26...Qd5 的下法，白方将应对 27.Qf2。白方此时的计划很明确，就是先将子力位置进行有效调整，等待时机成熟之后开始实施挺进后翼兵的行动。

27.Nc2 Re8 28.Qc5 Be5 29.g4

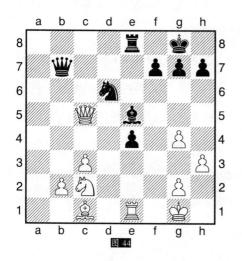

图 44

白方的兵从 g3 格挺进到 g4 格，当然从这个兵本身来讲，可以达到彻底摆脱黑方子力进攻威胁的目的，但是不利之处在于亮开了 b8–h2 斜线。这样一来，黑方就可能在王翼上制造一些攻王的机会。

现在，白方比较老练的下法是采取围魏救赵的策略将黑方的火力从攻击白方 g

兵上进行转移。在 29.Rd1 Qb3 30.Ne3 的变化中，白方的子力位置协调，优势明显。

29...Qe7

黑方采取孤注一掷在王翼行动。玛雅的行动方针非常正确，因为既然黑方不可能长久地限制住白方后翼兵停留在原地，也无法控制白方的子力向更佳位置调整。那么，最好的战斗机会当然应该在王翼。例如在 29...Qa6 30.Nb4 Qa4 31.Nd5 的变化中，白方子力顺利驻扎在棋盘中央。

30.Be3 h5 31.gxh5 Qh4!

好棋！不管黑方在后翼行动的收获是大是小，玛雅选择的战斗策略都值得肯定。

32.Bd4 !

白方当然要抓住棋局的关键点，现在对于白棋的当务之急是让黑方位于 e5 格的象从棋盘上消失，这样才能让黑方的王翼行动计划彻底破产。

32...Bxd4+

如果黑方采取 32...Qxh5 的下法，在 33.Bxe5 Qxe5 34.Qxe5 Rxe5 35.Ne3 之后，白方将迎来多兵残局，胜利的曙光就在前方。

33.Qxd4 Re6 34.Qd1

在稳健推进和积极进取两条路中，我选择了前者。毕竟，现在白方已经拥有多兵优势，行动不用急于那一时半会儿，只要保持住多子的胜利果实，就能牢牢掌握棋局发展的命脉。

现在，白方也可以通过 34.Qc5 Rf6 35.Re2 Nf5 36.Rf2 Qxh5 37.Nd4 的走法取得胜势局面，但是对局过程中，我还是更倾向于防守 h5 兵的下法。

34...Nc4 35.b3 Ne5 36.Qe2 Rf6 37.Rf1

黑方在王翼上的行动不容忽视，仗着白棋占据子力数量上的优势，我采取最"笨"的兑子策略进行王翼上的防守。

现在，假如白方采取 37.Nd4 Nd3 38.Ra1 Rf2 39.Qe3 的下法，虽然仍然占据着明显的主动权，但是，黑方的棋子位置积极，保不准就闹出什么危险行动来。

37...Rxf1+ 38.Kxf1 Nd3 39.Nd4

老老实实采取 39.Kg1 的下法也值得考虑。

39...Qf4+ 40.Kg1 Qc1+ 41.Kh2 Nc5 42.Qc2

还是那个策略，既然我方占优绝对的子力数量优势，就频频用兑子的方式将对方的棋子逼走。现在，如果白方采取 42.Qg4 Qxc3 43.Qc8+ Kh7 44.Qf5+ Kg8 45.Nb5 Qe3 46.Nd6 的下法也能取得巨大的优势。但是在实战对局时，我总觉得这样的下法

没有兑子的笨方法保险。

42...Qf4+ 43.g3 Qg544.b4

只要黑方在王翼上没有实质性的威胁，白方就借机在后翼上实施兵的挺进。

44...Nd3 45.Qe2 f5

黑方有些着急了，现在玛雅如果选择 45...Qc1 的下法，将会给白棋制造更多麻烦。

46.h4 Qf6 47.Qa2+ Kh7 48.Qe6

黑方无法拒绝兑后，这下子，白方已经胜利在握。

48...Qxe6 49.Nxe6 e3 50.Nd4 f4 51.b5

白方后翼大兵挥进，玛雅意识到黑棋已经回天乏术，随即投子认负。白胜。

对抗赛进行了 13 局，比分 7.5：5.5。我方的比分优势进一步扩大，距离胜利女神越来越近了。

齐布尔丹尼泽—谢军

1991 年弈于菲律宾马尼拉女子国际象棋世界冠军锦标赛决赛（14）

开局编号：D78

距离 16 局比赛结束的终点线越来越近

了，目前的比分形势对我方大为有利，在剩下的 3 局其中，只要取得 1 分就可以取得整个比赛胜利所需要的 8.5 分。除了我的房间之外（从入住宾馆那一天起，我的房间电话就被切断了），中国代表团其他成员的房间电话整天响个不停，国内的媒体纷纷通过越洋电话采访，这样的热闹情景无疑令人无法不去考虑比赛结果的重要性。

这么多人关注比赛的进程，当然会在不知不觉中影响到当事人的情绪。如果有谁问我感到紧张不紧张，我的答案一定是否定的。因为随着比赛的进程不断深入，自己整个人的思绪全部沉浸在棋局当中，没有时间也没有精力去感受紧张情绪。不过，如果说在这样的情景中自己一点都不紧张，那也不现实。只不过，此时棋手的紧张感受与平日里人们说的紧张是不一样的。我不会直接忧虑比赛的结果胜负，但是我也能感到自己比平日更为敏感，虽然大家谁也不去谈论与比赛结果相关的话题，但是我能够觉察到生活中大家交流时都刻意回避着一些话题。

比赛打到这个份上，一切都在不言中。

1.d4 Nf6 2.c4 g6 3.g3

玛雅继续采用后兵开局，原以为她会选择一些激烈的变化，谁承想在比分落后的情况下，经验丰富的对手反而背道而驰，走了一路非常稳健的开局变化。

3...c6

好吧，既然对手选择了稳健的开局变化，那么大家就在四平八稳的棋局中较量一把。对于玛雅 3.g3 的开局选择，我也采取了最稳健的应着。

4.Bg2 d5 5.Nf3 Bg7 6.0-0 0-0 7.Bf4 Ne4

说老实话，自己出道时间毕竟不算长，无论是经验还是技术方面都有不少地方有待继续完善。就拿黑方应该如何应付白方采取 3.g3 的方式攻击我的古印度防御，过去自己也不过是在教练的指导下在训练时摆过而已，并没有太多的实战经验。因此，在这类以缠磨为特点的局面中，对于棋局子力细微变化所带来的差异，自己的体会并不深。

现在，黑方比较常见的下法是 7...dxc4，接下来经过 8.Qc1 Be6 9.Nbd2 Nd5 10.Bxb8 Rxb8 11.Nxc4 Nb6 之后，黑方开局取得满意的局面。

8.Nc3

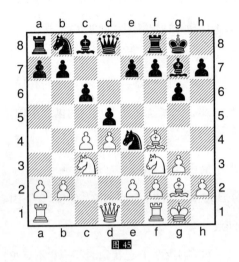

图 45

玛雅这局棋落子如飞，基本上我刚刚走完棋，她就把自己的应着走出来。对手的行棋速度令自己感到有些不适应，我想跟上她的节拍，却又怕自己会忙中出错。由于对这个开局变化体会不深，在这样双方需要采取"太极"策略的棋局中，即便花费了大量的时间思考，我仍感到自己的思路有些找不到方向。

8...Bf5?

坏棋，典型的中看不中用！看似黑方出象到 f5 格符合局面要求，黑棋既达到出子目的，又监控住了棋盘的中心。但是，却在后翼上暴露出了弱点。

现在，黑方应该采取 8...Nd7 的下法，

经过 9.Qb3 Qb6 10.cxd5 Qxb3 11.axb3 Nxc3 12.bxc3 cxd5 之后，棋局转入残局阶段，白方拥有微小的空间优势，不过黑方防守的潜力十足。

9.Qb3

玛雅敏锐发现机会，攻击黑方的后翼 b7 兵。现在，白方也可以考虑采取 9.cxd5 cxd5 10.Ne5 的下法，获得稍好的局面。

9...Qb6?!

防守不精确。面对白方对 b7 兵突然而至的攻击，临场时我有点找不到防守的重点。最后，决定还是采取最保守的兑子下法，以为双方的后兑换掉之后，黑方棋局上的压力肯定会有所减弱。谁知，反而带来更大的麻烦。

现在，黑方应该选择最老实的下法，采取 9...b6 解决白方攻击黑方 b7 兵的问题。

10.cxd5 Qxb3

黑方也可以通过 10...Nxc3 11.bxc3 Qxb3 12.axb3 cxd5 的走棋次序，达到与棋局发生变化一样的局面。

11.axb3 Nxc3 12.bxc3 cxd5 13.Ne5

对于这样的局面，经验丰富的玛雅可谓驾轻就熟，刚才白方如果采取 13.Nd2 Rd8 14.Bc7 Rc8 15.Bxb8 Raxb8 的变化，黑方

的子力获得解放。

玛雅依旧走棋很快，仿佛对她而言一切都是那么顺其自然，她不需要动脑子，就知道棋子应该放在哪个位置上是最佳选择。而我，则越思考越产生一种黑棋的阵营被捆住了的感觉。

我感觉到棋局已经在不知不觉中走向对玛雅有利的形势。一定要找机会反扑，绝不能束手待毙！

13...Rd8 14.Ra5 Be6

白方正以一种非常少见的子力调动方式攻击黑方的阵营。如果黑方采取 14...Bxe5 15.Bxe5 Nc6 16.Rxd5 的下法，显然白方获得了明显的优势。如果黑方采取 14...e6 的下法，白方也将应以轻灵的 15.h3，黑方位于 f5 格的象一不小心成了白棋围剿的攻击目标。

15.Rb5!

好棋！玛雅找到了精确的走棋次序。如果白方采取 15.c4 动摇黑方的 d5 格，将给予黑方 15...Bxe5 16.dxe5 Nc6 的机会。

15...g5

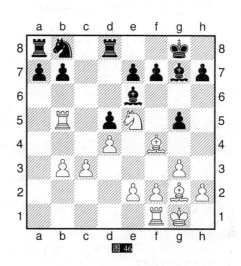

图 46

思来想去我找不到妥善的防守办法，干脆放手一搏，争取达到浑水摸鱼的效果。

16.Bxg5?!

果然，黑方不伦不类的反击手法大大超出了玛雅的设想。应该怎么应对呢？玛雅陷入了沉思。

现在，如果白方可以采取 16.Be3 的下法，黑方后翼和王翼兵的弱点被晾在那里，早晚需要解决。接下来，经过 16...Nc6（在 16...f6 17.Nd3 b6 18.Nb4 的变化中，白方获得优势；在 16...b6 17.c4 的变化中，黑方中心 d5 格同样难以捍卫不倒。）17.Nxc6bxc6 18.Rc5，白方获得明显的优势。

与退象到 e3 格具有异曲同工效果的走

法是 16.Bc1，经过 18...Nc6 19.Nd3 的变化之后，黑方阵营中的问题依旧有待解决。

但是，玛雅选择了用象消灭黑方的 g5 兵，这样一来就给黑方提供了"折腾"的机会。我猜想，擅长把控局面的玛雅之所以接受挑战，主要原因还是要归结为对抗赛时两名棋手间的微妙心理感应。黑方贸然挺进王翼 g5 兵无异于一种挑衅，即便是为了惩罚对手，玛雅就不太可能采取回避的态度和安全的下法。

16...f6 17.Nf3 Bd7

黑方当然不能采取 17...fxg5 的下法，那样一来经过 18.Nxg5 Bd7 19.Bxd5+ e6 20.Nxe6 之后，黑方的棋局将被完全压制住。

18.Rxb7 fxg5 19.Nxg5 Bc8

黑方的子力位置简直是太尴尬了，除了暂时多一个轻子（当然黑棋为此还付出了好几个兵的代价），黑方棋局简直一无是处。

黑方采取 19...e6 的走法将带来无望的局面，经过 20.Bh3 Re8 21.Rxd7 Nxd7 22.Bxe6+ Rxe6 23.Nxe6 之后，白方优势明显。

同样，19...Bc6 也不能带来理想的防守效果，经过 20.Rc7 Rd6 21.Rc8+ Bf8 22.Nxh7 之后，黑方阵营中的兵简直要被白棋扫荡

光了。

20.Rb5

白方 20.Rxe7 的走法不成立，黑方可以应对 20...Bf6，白车被俘。

20...e6 21.c4 Bd7

可能，此时黑棋最佳的防守办法是 21...h6，接下来经过 22.cxd5 hxg5 23.dxe6 a6 24.Rb4 a5 25.Rb6 Bxd4 26.e7 Re8 27.Rd6 Ra6 28.Rxd4 Be6，黑方搅乱了棋局，获得实在的防守机会。

不过需要说明的是，刚才所指出的系列变化是棋局结束之后分析解拆出来的，在真实棋局过程中，恐怕没有几个人能够把处处潜藏危机的复杂局面判断清楚。

22.Rb7

白方值得考虑的下法是争取消灭黑方更多的兵，在 22.Rxd5 exd5 23.Bxd5+ Kf8 24.Bxa8 Bxd4 的变化中，黑方仍面临防守重任。

22...h6

在 22...Bc8 23.Rc7 Na6 24.Rxc8 Raxc8 25.Nxe6 变化中，白方仍旧掌握棋局发展的主动权。

23.Nf3?

紧要关头，玛雅没能找到最强劲的走法。现在白棋应该采取 23.Rxd7!!。

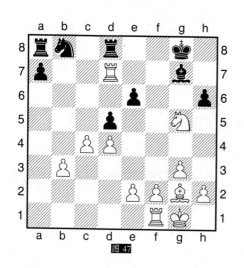

图 47

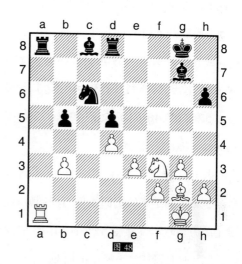

图 48

26.Ra1 a6 27.e3 axb5!

平地惊雷！白方采用弃子的方式突破黑方中心兵防线。接下来的变化可能是23...Rxd7 24.Nxe6 Nc6 25.Bxd5 Rxd5 26.cxd5 Nxd4 27.Nxd4 Bxd4 28.Rd1 Bb6 29.Kg2，黑方虽然多了一个轻子，但是面对白方扑面而来的兵阵，如何成功防守还将是一件头疼的事情。

23...Bc8 24.Rb5 Nc6

双方的赛时所剩无几，我忽略了黑棋此时可以采取 24...Bd7 攻击白车的走法。

25.cxd5 exd5

黑方不能考虑 25...Nxd4 的下法，因为白方可以通过 26.Nxd4 Bxd4 27.d6 a6 28.Rb4 Bc5 29.Rg4+ 的变化锁定胜势局面。

用自己处于消极位置的棋子交换对方位置积极的棋子总是划算的交易！这步棋走完之后，我眼中黑方的棋局终于迸发出了应有的活力。黑方已经渡过了难关，棋局呈现大致均等的状况。

28.Rxa8 Bb7 29.Ra1 Bf8 30.Bf1 b4

继续封闭线路，黑方的目标就是不让白方的兵挺进。

31.Nd2 Kf7 32.Bd3 Kf6 33.Bb5 Rc8 34.Kf1 Nd8 35.Ke2 Bd6 36.Bd3 Rc3 37.Bb5 Ke7 38.Kd1 Bc8 39.Ra7+ Rc7 40.Rxc7+ Bxc7

第一时限终于顺利完成，玛雅和我又能拥有充分的时间进行思考了。不过，伴随着双方最后的重子从棋盘上消失，棋局至此已经呈现僵持态势，任何一方都难以找到实质性的进攻机会了。

41.Be2 Nf7 42.h4 Nd6 43.Bd3 Bg4+ 44.Ke1 Kf6 45.Kf1 Bh3+ 46.Kg1 Be6 47.Kg2 Kg7 48.Kf3 Bd8 49.Kg2 Ne4! 50.Nxe4 dxe4 51.Bc2

　　因为比分处于落后，所以玛雅不肯轻易接受和棋的结果，仍旧不停与我周旋着。现在白方当然不能接受 51.Bxe4? Bxb3 的变化，那样只会形成黑方胜势的局面。

51...Kf6 52.Bd1 Ke7 53.Kf1 Kd6 54.Ke1 Bh3 55.Be2 Ke7 56.Kd2 Bc7 57.Ke1 Kf6 58.Bd1 Kf5 59.Be2 Bg2 60.Bh5 Bf3 61.Be8

　　棋局早已呈现铁定和棋的状况，玛雅终于下决心提出和棋建议，对此我当然欣然接受。

　　对抗赛比分 8 : 6，距离世界冠军只有咫尺之遥。

　　在彼此早已料到和棋结局已定的情况下，双方还是你来我往走了很多回合，其中的原因恐怕是对手在同自己生闷气呢。对抗赛已经进入这样一个阶段，如果棋局能够倒转到第 15 回合，相信玛雅一定会再多考虑一会儿，找出一种更适合自己棋风特点的下法来处理局面。

谢军—齐布尔丹尼泽

　　1991 年弈于菲律宾马尼拉女子国际象棋世界冠军锦标赛决赛（15）

　　开局编号：B06

　　比赛还剩下两局，我方 8 : 6 的领先比分优势已经将对手逼到悬崖上。距离最终胜利还需要半分，也就是说在剩下的两局棋中我只要取得一局和棋，就能以胜利者的姿态结束整场对抗赛，成为新的女子世界冠军！

　　第十五局棋自己执白，这将是我整场对抗赛中最后一次白棋，我当然希望在这局棋中就得分锁定胜利，这样就不需要在第十六局比赛中执黑迎接对手的凶猛进攻了。这局棋一定要得分的愿望同样是整个中国代表团的所有成员和国内媒体的热切期盼，在国际象棋这项世界上最有代表性的智力运动项目上，中国人还从未登上过最高峰，胜利意味着中国选手在智力运动项目上的历史性突破。

赛前，大家还是像平常一样认真进行技术准备。当然，领先的大好比分形势为中国代表团的每位成员脸上都不自觉地增添了几分喜气。大家期待着最后胜利时刻的到来，但是在比分最终锁定之前，说什么都还显得太早。没有人去预测第十五局比赛的结果，包括我自己，也尽最大努力不去考虑这局棋会不会成为此次对抗赛最后一局棋的问题。当然，众人安静的外表仅仅是大赛决战前的一种表象，每个人都在期待着……

1.e4 g6！

聪明的开局选择！玛雅采取的开局变化是执白选手最难进行开局准备的一种，黑棋充满弹性的阵营结构特点使得棋局充满了变数，这样的开局选择无疑将为白棋选手设置更多的挑战。在比分落后近似绝望的处境之下，玛雅仍然不放弃最后战斗的机会。

2.d4 Bg7 3.Nf3 d6 4.Nc3 a6 5.a4 b6

我尽量采取稳扎稳打的策略，在可以预防对手冲兵反击的环节都早早驻扎子力，尽可能扩大白棋的空间地盘。

6.Bc4 e6 7.0－0

白方另外一个变化是7.Bg5，不急于早早短易位，目的在于保持白王行动方向的选择权。接下来的变化可能是7...Ne7 8.Qd2 h6 9.Be3 Nd7 10.0－0 Bb7 11.d5 e5 12.Ne1 f5 13.exf5 Nxf5 14.Bd3，白方获得稍好的局面。

7...Nd7

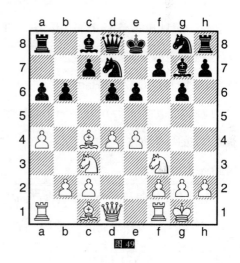

图 49

黑方的子力调动既谈不上有什么明显的计划，也似乎没有什么章法可言。玛雅把兵形摆放在六线，子力出动速度不温不火，这样的下法令黑棋的空间受到一定的损害，有益之处是保持了黑方极强的反弹能力。

8.h3 Bb7 9.Be3 Ne7 10.Qd2 h6

黑方把兵走到h6，目的在于出动王翼

g8 格马的时候，白方不能采取 Bh6 的方式兑换黑格象。

11.Nh2

摆出一副准备挺进 f 兵冲击中心的样子，虽然在黑王没有确定最终走到王翼还是后翼之前，我并不会轻易打开自己的王前兵形。

现在，白方比较稳妥的下法是子力瞄准中心，在 11.Rfe1 g5 12.d5 的变化中，白方开始中心上的行动。

11...Nf6 12.Bd3 Qd7 13.Rad1 d5

应该怎么办？挺兵到 e5 封闭中心显然不是白方的目的所在。

14.f3 Nh5 15.Qf2

在子力迂回调动方面，显然自己的功力还不够深，至少在对局过程当中，行棋时自己心中的底气不是那么足。

现在，白方更为果断的下法是 15.Ng4 0 - 0 - 0 16.exd5 exd5 17.Ne2 f5 18.Ne5 Bxe5 19.dxe5，随着线路逐步开放，白方取得明朗的局面。

15...f5 16.g4

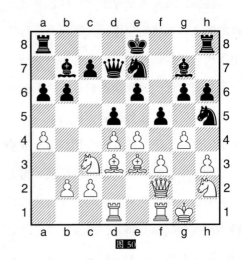

图 50

对局前，不仅是教练，连我本人都一再叮嘱自己不要采取冒进的下法，可是随着棋局的进程，自己的思路不知怎么就总往战斗的方向去琢磨。现在，白方选择挺进王前 g 兵的下法显然有些过分，简单明了处理局面的走法是 16.exf5 Nxf5 17.a5 b5 18.Ne2，白方足以获得稍好的局面。

16...dxe4

看到我这么不管不顾挺起 g 兵，玛雅一下子陷入沉思。现在，黑方更具威胁的下法是 16...f4，接下来经过 17.gxh5 fxe3 18.Qxe3 0 - 0 - 0 19.exd5 Nxd5 20.Nxd5 Qxd5 21.c3 gxh5，黑方获得较好的战斗机会。

17.fxe4 Nf6 18.Nf3 0 - 0 - 0 19.Ne5 Qe8

20.Qe2

白方的子力位置积极，找到了切实的攻击目标。只要有了明确的行棋方向，我的思路便一下子豁然开朗。

20...Nxe4 21.Nxe4

我的心思全都集中在黑方的a6兵上了，显然现在白方更为实惠的下法是21.Bxe4 fxe4 22.Nf7，白棋将获得子力收获。

21...fxe4 22.Bxa6 Bxe5 23.dxe5 Qxa4 24.Bxb7+ Kxb7 25.Ra1 Qc6 26.Qa6+ Kb8 27.Rf6

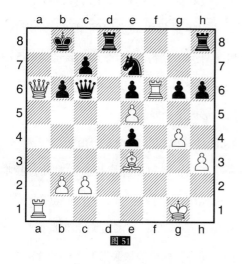

图 51

说老实话，对局时我根本判断不清棋局到底对哪一方更有利。棋局形势太复杂了，双方在攻与守之间不停变换角色，临场自己唯一能做到的就是紧盯棋盘认真思

考，争取将后续的走棋变化计算得更深远一些。

白方将车走到f6的目的很明显，就是下一步威胁弃车消灭e6兵，a8格将杀黑王的致命打击是白棋进攻的法宝。如果刚才白方采取27.Qa7+的下法，在27...Kc8 28.Rf7 Nd5 29.Bxh6 Rxh6 30.Qa8+ Qxa8 31.Rxa8+ Kb7 32.Rxd8 Rxh3 33.Kg2 Rh4 34.Kg3 Rh1之后，虽然白方残棋子力数量略占上风，但是黑方灵活积极的子力位置还是非常具有杀伤力。

27...Qb7 28.Qxb7+

没错，白方同意兑换棋盘上威力最大的棋子后是一个非常保守的决定，现在白方应该走28.Qa3，白棋子力位置积极，显然占据棋局主动权。

不过，棋手的临场决定都是与比赛形势密切联系的。不要忘了，白方现在最需要的是一局和棋，因此在棋局可以简化的诱惑下，我难免走出了"俗招"。

28...Kxb7 29.Rxe6 Nd5 30.Re1 Nxe3 31.Rxe3 Rd2 32.Rxe4 Rxc2 33.Rxg6 Rd8 34.Re1 Rdd2

黑方的双车卡住白方二线，长将和棋已经是囊中之物。尽管我并不喜欢白棋的局势，特别白方棋子所处的消极位置，但是为了取得那最后关键的半分，此时也就顾不上棋形是否美观主动了。

35.Rxh6

怎样简单怎样走，尽一切可能去简化局面兑换子力。现在，白方还可以通过35.b4 Rg2+ 36.Kh1 Rh2+ 37.Kg1 Rxh3 38.e6 的下法获取均势局面。

35...Rg2+ 36.Kh1 Rh2+ 37.Kg1 Rcg2+ 38.Kf1 Rxb2 39.Kg1 Rhg2+ 40.Kh1 b5 41.e6

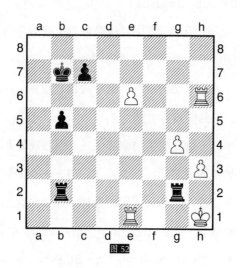

图 52

通路兵是残棋战斗的灵魂！尽量让通路兵靠近对方阵营底线，升变威胁才具有杀伤力。

41...Rge2 42.Rxe2 Rxe2 43.Rf6 b4 44.g5 b3 45.Rf1 c5?!

玛雅显然不能接受 45...Rxe6 46.Rb1 Rb6 47.g6 Rxg6 48.Rxb3+ 以及 45...b2 46.Rb1 Kc6 47.g6 Rxe6 48.Rxb2 的变化，那样将会形成一个明显的和棋局势。

46.g6 Rxe6 47.g7 Re8

如果黑方采取 47...Rg6 48.Rg1 b2 49.Rb1 Rxg7 50.Rxb2+ 的走法，将转入一个完全均等的局面。

48.h4 Rg8??

败着！为了博取战斗机会，玛雅不得不采取拒绝将棋局走向简单明了。现在，黑方正确的着法是 48...c4，经过 49.h5 c3 50.h6 b2 51.h7 c2 52.g8Q c1Q 53.Qd5+ Kc7 之后，形成平先局面。

49.Rg1 Kc6 50.h5 b2 51.Rb1?

坏棋！错过了赢棋机会。对此，我唯一能做出的解释是，因为在对局时我看到 51.Rb1 将会带来一个铁定的和棋局面！

现在，白方应该采取 51.h6 c4 52.Kh2！的下法。

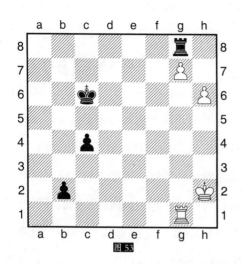

图 53

白王离开底线，躲过黑兵底线升变之后可能带来的将军先手。

接下来的变化将是 52...c3 53.h7 Rxg7 54.h8Q Rxg1 55.Qxc3+，白方胜势。

51...Rxg7 52.Rxb2 c4

在 52...Rh7 53.Rh2 c4 54.Kg2 c3 55.Kf3 的变化中，将形成铁定平先的局势。

53.h6 Rh7 54.Rh2 Kd5 55.Kg2 Ke4 56.Kf2 Kd3 57.Ke1 Kc3 58.Ke2 Kb3 59.Ke3 c3 60.Kf4 c2 61.Rxc2 Kxc2 62.Kg5

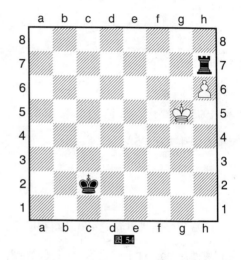

图 54

棋局真正战斗到最后一兵一卒！如果棋局还要继续下去的话，将形成棋盘上只剩下双方光杆王的局面。

棋局至此，玛雅提议和棋。赛场上的所有人都明白玛雅的举动意味着什么，霎时间整个比赛大厅鸦雀无声。我当然欣然接受对方的建议。和棋，两名棋手像往常一样握手，互换棋局记录纸签字，同裁判长握手表示感谢。当对局后的所有标准程序完成，裁判长再次向我伸出手说出 "congratulations" 祝贺我取得比赛最终胜利的时候，赛场中顿时响起了雷鸣般的热烈掌声。

1991 年 10 月 29 日，国际象棋世界冠军榜上第一次写下中国棋手的名字！

约谢里阿妮—谢军

1993 年弈于摩纳哥女子国际象棋世界冠军锦标赛决赛（5）

开局编号：E97

1993 年摩纳哥世界冠军赛比得很顺手，一上来便压住了对手，之后也一直保持着大比分的领先优势，直至比赛结束。比赛最终的比分是我以 8.5∶2.5 的悬殊比分取胜，这也使得原计划 16 局的女子世界冠军对抗赛缩短为 11 盘。

如果光从比分上来看，这似乎是一场没有悬念的对抗赛，但其实如此悬殊的比分差距绝对没有体现出参赛双方棋手的真实水平。究其原因，主要是我的对手约谢里阿妮未能走出比赛前半程的沉闷状态，后半程又在自己状态糟糕的情况下急于扳回比分，反而露出更多破绽，最终出现一

副溃不成军的结果。

除了比赛发挥出现问题，约谢里阿妮的开局选择也正好步入我所擅长的攻杀领域。对抗赛在两名棋手之间进行，因此棋手选择的开局变化就特别有讲究。面对适合自己风格的局形，棋手当然思路大开，反之则处处受制。比如，约谢里阿妮明明擅长局面战，而她执白棋选择的开局又偏偏将棋局带入复杂对攻的棋形。如此一来，整个对抗赛就出现了这样一种奇怪情景——我执黑棋时的胜率特别高。

1.d4 Nf6 2.c4 g6 3.Nc3 Bg7 4.e4 d6

这是对抗赛的第五局，棋局重复了第一局和第三局的开局变化——古印度防御。对攻的局势正中我的胃口，在前两局执黑的战斗中，虽然在棋局的某个阶段中白方都取得了不错的局面，但是在复杂纠缠的争斗中，最终对手出现了错误。

约谢里阿妮一定感到不痛快！明明是开局阶段取得了不错的形势，怎么会在棋局的后半场犯下低级错误呢？于是，性格倔强的对手一再采取相同的开局变化。而我方，当然乐得将棋局引入复杂的战斗节拍中与对手较量，既然这样的局形能够带来理想的成绩，干吗要换到其他开局上面去呢。

5.Be2 0 – 0 6.Nf3 e5 7.0 – 0 Nc6 8.d5

Ne7 9.Nd2 a5 10.a3 Bd7

古印度防御是一个复杂尖锐的变化，最突出的特点是双方各攻一翼，黑棋在王翼上展开猛烈攻势，白棋在后翼上大举行动，看看到底哪一方行动的速度快。不过，虽然说双方各攻一翼，但是在攻守的过程中，两方都会掌握好行棋节奏，不能一味进攻或一味防守，不会不管不顾任由对手随随便便掌握整局棋发展的节拍。

刚才，黑方把象走到 d7，一方面是调整子力位置，另一方面是准备支持黑方的 a 兵走到 a4 格，从而达到阻止白方后翼形成连兵向前挺进的局势。

11.Rb1

为了预防黑兵挺进到 a4 格，白方还可以采取 11.b3 的措施。不过，这样一来白方的 b 兵就需要至少两步棋才能从 b2 格走到 b4 格，无形当中浪费了一步棋。

11...a4 12.b4 axb3 13.Nxb3 b6

黑方的想法是阻止白方冲兵 c5，避免后翼呈现开放局势。现在，黑方希望达到阻止白方后翼 c 兵继续向前挺进，还可以考虑采取 13...c5 的走法。

14.Ra1 Ne8 15.Be3!

好棋！白方的走棋次序精确。现在如果采取 15.a4 的下法，黑方可应对 15...c5 封闭后翼的下法。

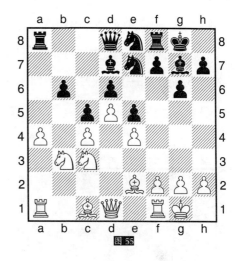

图 55

如果白方采取吃过路兵的下法处理中心兵，那么黑方的棋子也得到了积极活跃的机会。如果白方采取 16.Be3 的下法，黑方将通过 16...f5 17.f3 f4 18.Bf2 g5 19.Nb5 Ng6 20.Ra2 h5 21.Qa1 g4 的走法率先在王翼行动，从而掌握了攻击的主动权。

15...f5 16.f3 Kh8?

行动速度缓慢的一步棋，黑方把王走到 h8 格，让 g8 格成为黑方子力调动的中转站是一种常见的下法。但是，此时白方后翼上的行动已经蓄势待发，黑方还在采取这样不紧不慢的子力调动方式，显然有点太过"悠闲"。

现在，黑方应该采取 16...Nf6 的下法，接下来的变化可能是 17.a4 c5 18.Ra2 (18.dxc6 Bxc6 的走法将打开中心，双方子力得到活跃发展是一把双刃剑，很难说出于动态的中心到底对哪一方有利。) 18...f4 19.Bf2 g5 20.Nb5 Bc8! 21.Qa1 Ng6 22.a5 g4 23.axb6 Rxa2 24.Qxa2 g3 25.hxg3

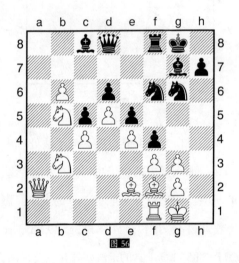

图 56

棋局呈现你死我活的对攻之势，这样的棋局是难以用理智的思维和常规的理论进行分析评判的。往往，人们面对这类局面时能够分析解拆得头头是道，但是在临场真正对局的时候，一切的一切又是那么混乱不清。

在我们刚刚看到的图 56 局面中，看似白方的后翼行动已经取得了实质性的效果，但是此时黑方可以突发妙手走 25...Nh5，霎时间黑方王翼的行动又变得虎虎生威起来。

17.a4 c5!?

黑方王翼上的行动速度比不过白方后翼，因此有必要在后翼上有所行动，从而达到限制白棋从后翼包抄中心的可能。现在，黑方不好的走法是一门心思在王翼上调兵遣将，那样一来在后翼上将会被白方打开线路。例如，在 17...Ng8 18.a5 bxa5 19.Nxa5 的变化中，白马跃跃欲试继续实施入侵方案，黑方根本没有时间去组织有效的王翼进攻。接下来的变化可能是 19...Bh6 20.Bxh6 Nxh6 21.Qd2 Nf7 之后，白方的 c 兵开始挺进行动，直接威胁到了黑方中心。经过 22.c5 dxc5 23.Nb7 Qb8 24.Nxc5 之后，白方获得优势。

18.Ra2

白方采取打开中心的 18.dxc6 Bxc6 下法，显然只会帮助黑方子力发挥功效。

18...Nf6

王翼上直接采取 18...f4 的下法更为直接有效，接下来经过 19.Bf2 g5 20.Qa1 Qc8 之后，黑方带来冲兵 g4 的威胁。

19.Qa1?!

不知道是不是黑方王翼上迂回调子的思路影响到了约谢里阿妮，她在后翼上也迟迟不发起冲击，而是采取加强子力威胁进攻的策略。现在，白方走 19.a5 值得考虑。

19...f4 20.Bf2 g5 21.Nb5 Bxb5 22.cxb5

约谢里阿妮想了很长时间才决定用 c 兵吃到 b5 格，是呀，白方采取 22.axb5 的下法打开后翼 a 线的下法同样吸引人。不过，也许约谢里阿妮觉得仅仅开放 a 线一条线路不足以保证白方的子力实现快速入侵吧，经过 22...Rxa2 23.Qxa2 g4 24.Ra1（在 24.Bh4 g3 25.hxg3 Ng6 26.Bxf6 Bxf6 27.g4 Bh4 的变化中，黑方子力在王翼上制造极具威慑力的攻击。）24...g3 25.hxg3 Nh5 26.g4 Ng3 27.Be1 Ng6，黑方在王翼上得到很好的机会，足以弥补弃兵的损失。

22...g4

黑方不得不开始王翼上的行动，在 22...Ng6 23.Nd2 的变化中，黑方王翼行动时机将被拖延。

23.a5??

接连几步棋，约谢里阿妮都花费了大量的时间进行思考，从中反映出对手还没有完全将眼前的棋局变化计算清楚。也真是难为我这位擅长局面战斗的对手了，在这样一个炮火横飞的混乱局面中，她只能费尽心力同我比拼计算能力。棋局形势不容棋手出现半点差错，这样的局形下，棋手依靠经验去评估局面制订计划已经变成次要的了，最为重要的事情是计算清楚，行动果断。

现在，白方应该采取 23.Bh4 的下法，把黑格象走到一个可以实施牵制黑方王翼子力的位置当中，这样才能够减缓黑方王翼上的行动速度。接下来，经过 23...gxf3（黑方的 f 兵难以停留在原位，继续保持各种灵活行动的可能性，在 23...h5 24.Nd2 Ng6 25.Bg5 的变化中，也将形成对白方有利的局面。）24.Bxf3 Ng6 25.Bxf6 Bxf6 26.Nd2，白方下一步的行动计划是 27.Nc4，白马在 c4 格起到强大的攻击作用。反观黑棋王翼的攻势，已经被白棋及时化解，而白方后翼上的行动正方兴未艾。

23...g3！

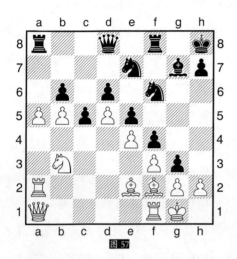

图 57

好棋！典型的古印度防御进攻手段，黑方借助弃兵，一方面打开白方的王翼兵形，另一方面将白方的黑格象闷在家里。白象在 f2 处境尴尬，不仅可能遭受黑方小兵的攻击，还堵住了白王逃向棋盘中心的线路。

24.hxg3 Nh5 ！

继续在王翼上施加压力。

25.axb6

白方不能采取 25.g4 的下法来处理王翼上的问题，因为黑方可以应对 25...Ng3，黑马卡在 g3 格威力无比，接下来黑方准备采取 26...Nxd5 及 27...Qh4 的攻击手段，白王面临被束手就擒的危险。

25...Rxa2 26.Qxa2 fxg3 27.b7!?

白方的 f2 格象难以找到有效的位置，在 27.Be3 Ng628.b7 Qh4 29.Ra1 Bh6 变化中，黑方获得胜势局面。

27...Ng6！

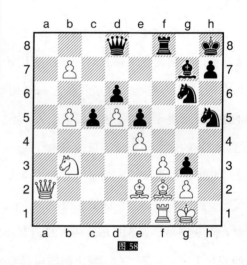

图 58

强调进攻速度，黑方以最快的速度将后走到王翼参加战斗。白方 f2 格象的重要性远远不如黑方位于 g3 格的兵，因此，现在黑方才不会走 27...gxf2+ 28.Rxf2 的下法，那样只会放松对白方王翼制约。

28.Bc4 Qh4

白方的王成了受攻的活靶子，现在整盘棋成了黑方主宰的世界。

29.Ra1 gxf2+

黑方也可以采取 29...Nf4 的下法，白方王翼上同样难以找到有效防守办法。

30.Qxf2 Ng3 31.Qe1 Qh1+?

进攻过程中出现计算失误。因为赛钟上时间所剩不多，就想借助重复一次局面的办法增加行棋回合数量，从而达到减缓赛时压力的目的。

现在，黑方应该走 31...Nf4，白方将面对一个难以防守的局面。接下来的变化可能是 32.Ra8 Qh1+ 33.Kf2 Qxg2+ 34.Ke3 Qc2 35.Rxf8+ Bxf8 36.Qxg3 Qxc4 37.Kf2 Qe2+ 38.Kg1 Qxb5，黑方夺取胜势局面。

32.Kf2 Qh4 33.Kg1?

约谢里阿妮同样处于时间紧张的境地，因此她没有拒绝重复局面。现在，两名棋手的内心中都很明白，棋局形势对黑方大为有利，约谢里阿妮当然希望棋局以 3 次重复和棋的结局告终。

现在，白方应该走 33.Ra8，用后翼上的进攻来解决王翼上的防守问题。接下来的变化可能是 33...Nxe4+ 34.Ke2 Ng3+ 35.Kd3 e4+ 36.fxe4 Ne5+ 37.Kc2 Nd7，黑方虽然处于进攻态势，但是将杀白王并非一朝一夕的事情。

33...Nf4 34.Bf1

在 34.Ra8 Qh1+ 35.Kf2 Qxg2+ 36.Ke3 Qc2! 37.Rxf8+ Bxf8 38.Qxg3 Qxc4 39.Kf2 Qxb5 的变化中，黑方同样获得胜势局面。

34...Bh6!

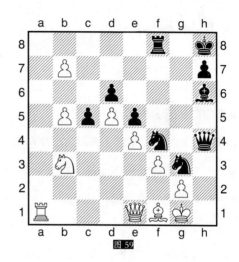

图 59

预先控制白王可能出逃的线路，这种带有远期目标的着法，比马上将军白王更具实效。

35.Ra8 Qh1+ 36.Kf2 Nh3+ 37.Kxg3 Bf4+ 38.Kg4 h5+

白王已经被请到了"半空"之中，除了对局中的实际走法之外，黑方也可以通过 38...Nf2+ 39.Qxf2 h5# 的下法将杀白王。

黑方走了 38...h5+ 之后，约谢里阿妮没有继续走出应手便停钟认输了，她不愿面对 39.Kxh5 Nf2+ 40.Kg6 Qh6# 白王被将杀的局面。

黑胜。

约谢里阿妮—谢军

1993 年弈于摩纳哥女子国际象棋世界冠军锦标赛决赛（7）

开局编号：E97

从对抗赛一拉开帷幕，我在接连几盘执黑的对局中都取得了不错的战绩，这令中方的教练组越发坚定了采取古印度防御，这个开局变化的方针不动摇。在复杂的局面中与对手决斗。当然，教练组不会因为比分取得暂时的领先而产生大意思想，为了避免对手教练智囊团队的开局技术准备，每次我都会采取主动变着的策略，在同一开局主干中演绎出不同的变化。

1. d4 Nf6 2.Nf3 g6 3.c4 Bg7 4.Nc3 0－0
5.e4 d6 6.Be2 e5 7.0－0 Nc6 8.d5 Ne7
9.Nd2

约谢里阿妮依旧采取与第五局一样的开局变化。鉴于上一次执黑的对局中对方开局过后取得了不错的局面，所以我当然要改善前一局的下法，避免让棋局走入对手的开局准备范围。

9...a5 10.a3 Nd7

这次，我改善了上一局中 10...Bd7 的下

法，黑方的目的是加快王翼行动速度。

11.Rb1 f5 12.b4 Kh8

虽然避王到 h8 格需要花费时间，但是我总觉得这步棋对于黑棋王翼子力调动的意义重大。并且，黑王在 h8 格也比 g8 格要安全一些，因此在时间允许的情况下，我更喜欢"浪费"时间去走这步看似与全局关系不大的棋。

13.f3

白方最终的目的是通过挺兵 c5 的手段，实现后翼和中心上的行动。在实施这一行动之前，白方及时巩固中心 e4 兵非常有必要。

13...axb4 14.axb4 c6

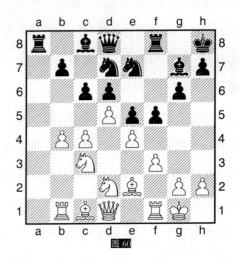

图 60

这步棋是我方教练组为约谢里阿妮准备好的"礼物"，以往黑方更为常见的下法

是 14...Ng8 15.Qc2 Bh6 16.c5 dxc5 17.Nb5，白方在后翼上展开攻击行动。

黑方 14...c6 的目的是牵制住白方的中心兵阵，通过保持中心兵的接触状态，达到限制白方 c 兵向前挺进的防御目的。

15.Kh1?

不知道是不是受到黑棋避王到 h8 格的影响，约谢里阿妮也采取把王走到棋盘角落的下法。虽然白王在 h1 格看似很安全，但白王在 h1 格同样存在不容易走向中心的弊端，所以一旦白王遭受攻击便会形成巨大的问题隐患。

避王到棋盘角格这步棋应该不是约谢里阿妮临场的创意，因为在这次对抗赛的第三局中，棋局曾经沿着 15.dxc6 Nxc6 16.Nb3 Nxb4 17.Qxd6 的方向发展，最终形成一个双方机会大体相当的局面。

现在，白方还可以考虑采取 15.Nb3 的下法，目的在于亮开 d 线，带来兑换 c6 兵之后，对黑方 d6 兵的威胁。对此，黑方可以采取中心表态的方式来处理，经过 15...cxd5 16.cxd5 f4 之后，黑方的行动路线将会是挺兵到 g5，跃马到 f6 格，然后把车走向 g8 格，最终实现挺兵到 g4 开放王翼线路的目的。

15...Nf6 16.Nb3 cxd5 17.cxd5 f4 18.Na5 g5 19.Nc4 Ng6

黑方可以考虑采取 19...Rg8 20.Nb5 Ne8 的方式运子，令 g 线上的行动更为便捷。

20.b5 Rg8 21.Bd2

白方在后翼上的行动速度也不慢，但是无论 21.Na4 g4，还是 21.Ba3 Bf8 的下法，黑方都可以找到妥善的应对措施。经过长时间的思考之后，约谢里阿妮决定把自己的黑格象调向王翼参加防守，白象 c1–d2–e1–f2 的子力调动路线虽然需要好几步棋才能实现，但是有了白方的黑格象加盟进入王翼防守阵营，确实给黑方攻王带来很大麻烦。

21...Bf8 22.Be1 h5 23.Ra1?

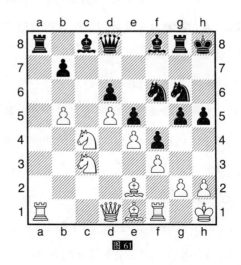

图 61

看似非常正常的一步棋，白方抢夺后翼开放线路无可非议，但是这步棋走了之后，却令白方失去了马在 b6 格攻击黑方 a8 车的先手机会。因此，现在白方正确的走棋次序应该是：23.Bf2，接下来 23...g4 之后，白方可以应对 24.Nb6 ！，黑方被迫逃车，后面的变化可能是 24...Rb8 25.Nxc8 Rxc8 26.Qd3 g3 27.hxg3 (27.Bg1 Nd7 的变化同样值得参考。) 27...Nd7，黑方通过弃兵的手段获得了王翼开放线路的机会，但是未来黑方攻王仍然是任重道远。后翼上虽然存在开放线路，但是白方实现入侵也不是一件容易的事情。

23...Rb8 ！

让出开放线路，不同白棋争一时的得失。黑方显然不能采取兑换车的下法，那样一来白后将从 a 线入侵，黑方难以坚守后翼和中心。

24.Na4 g4 25.Nab6 g3

黑方依旧采取弃兵的手段，在双方各攻一翼的局势中，子力数量已经变成相对次要的决定因素，最重要的一条是打通行动路线。

需要特别指出的是，由于黑方 g 兵行动抢先一步，因此白方失去了将 e1 象走到

f2 的机会，这也注定白方的黑格象无法走到 g1 格进行防守，令位于 h1 格的白王显得格外孤单。

26.Nxc8

白方不能达到封闭王翼兵的设想，在 26.h3 Bxh3 27.gxh3 Nh4 28.Rg1 Nd7 29.Nxd7 Qxd7 30.Bf1 g2+ 31.Bxg2 Rxg2 的变化中，黑方实施锐利的进攻突破白方王前阵地，取得胜势局面。

26...Rxc8 27.Ba5 Qe7 28.h3 Nh7

白方王翼兵形呈现封闭状态，黑方当然不会放弃王翼行动轻易善罢甘休，那样只会放任白棋后翼行动无所顾忌。

29.Qd3 Ng5

黑方把马调动到一个可以攻击到白方阵营的位置当中，弃子突破的威胁时刻存在。

30.Rg1

白方防守的任务艰巨，需要时刻注重加强防范黑方王翼突破的种种措施，否则将会遭到致命的打击。如果现在白方采取 30.Rfc1 的下法，目标放在加快后翼行动速度方面，将会遭遇黑棋王翼上的锐利攻击。黑方可应以 30...Nh4 31.Nb6 Rxc1+ 32.Rxc1 Nxh3 ！！

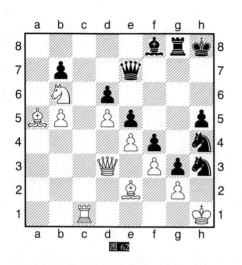

图 62

时机成熟弃子突破，白方的王前阵地顷刻之间支离破碎。接下来的变化将是：33.gxh3 g2+ 34.Kg1 Rg3，黑方的攻势难以阻挡。

30...Nh4 31.Nb6?

棋局一直呈现的是复杂对攻之势，可以说双方棋手在走每一步棋的时候都需要费尽心思，花去大量的时间去思考，以免错过了对手的强力进攻手段。棋局至此，双方棋手的赛时已经所剩无几，而棋局正进入最为紧迫的环节。关键时刻，约谢里阿妮以为自己王前阵地的防守已经足够牢靠，在错误的时机贸然开始后翼行动，必然会遭受惩罚。

现在，白方应该采取 31.Bf1 的下法继续加强王前阵地防守，棋局仍然处于扑朔迷离复杂形势。对此，黑方将应以 31...Qf6，准备在 32.Nb6 Rc7 之后，将后翼上的车调往 g7 格，继续向白方王翼施加压力。

31...Nxh3!

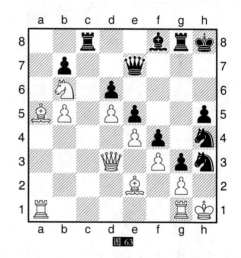

图 63

晴空霹雳一般！黑方锐利的弃子行动撕开了白方的王前阵地。

32.gxh3

白方当然不能接受 32.Nxc8? Nf2# 的变化，为了避免白王被将杀，白方被迫接受黑方的弃子打开王城。

32...g2+ 33.Rxg2

在 33.Kh2 Qg5 34.Be1 Qg3+ 35.Bxg3 fxg3# 的变化中，白王无法摆脱被围剿的命运。

33...Nxg2 34.Rg1

在 34.Nxc8 Qh4 的局面中，白王面临无望的防守。

34...Rc1!

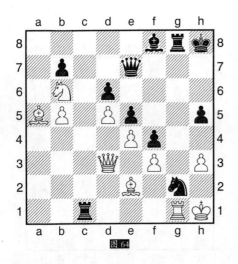

图 64

典型的引离战术进攻手法！既然位于 g1 格的白车是约谢里阿妮阵营中的唯一有效防守子力，那么我此时最需要做的事情就是让白车从 g1 格挪挪窝。位于 c8 格的黑车原本处于受攻境地，却在一瞬间变身成为一员攻击猛将！

35.Rxc1 Qh4

白方的王前阵地支离破碎，白棋已经无法组织有效的防守。

36.Bf1 Qxh3+ 37.Kg1 Ne1+ 38.Kf2 Qg3+

黑方采取 38...Nxd3+ 的手法取胜更为

简单。

39.Ke2 Nxd3 40.Kxd3 Qxf3+

棋局至此，双方都顺利从赛时紧张的压力中解脱出来，不过白棋阵营已经惨不忍睹。约谢里阿妮没有选择继续抵抗，停钟认输。黑胜。

对抗赛总数为 16 局，此时虽说比赛还没有过半，但大比分的领先优势已经令比赛最终结果失去了悬念。1993 年摩纳哥世界冠军对抗赛充满了激战气息，每局棋的过程都可以用惊心动魄来形容。

波尔加—谢军

1996 年弈于西班牙哈恩女子国际象棋世界冠军锦标赛决赛（7）

开局编号：C45

1996 年的世界冠军对抗赛是自己棋艺生涯的滑铁卢之旅，从比赛第一局获胜取得开门红，到后来承办比赛的当地赞助商莫名其妙冒出来的"公开谴责"事件突然发生。与比赛无关的事件大大影响到自己的情绪状态。似乎一切都发生了翻天覆地的变化，所有的一切都似乎变得节拍混乱别扭起来。

情绪上的波动无疑影响到了比赛的发挥，说怪不怪，原本是两名实力相当的选手之间的较量，当其中的一方发挥失常，对抗赛就变成了一边倒的表演赛。一切都像极了 1993 年摩纳哥比赛的翻版，我充分体会到了约谢里阿妮比赛中的无奈和不甘——越是心有不忿，棋局发挥越失水准。要是自己能够学会如何心平气和去面对周边发生的是是非非，该有多好呀！

西班牙之役最大的特点可以用两个字来形容，那就是——别扭。明明是好好的正常棋局形势，自己偏偏会剑走偏锋将棋局走向悬崖峭壁边上。还有一些已经呈现明显优势的局面，竟然会因为自己突发奇想造成棋局结果出现逆转。下面一局棋是比赛的关键之战，如果说此前自己只是情绪出现波动发挥不稳定，发挥失常属于偶发事件的话，这局棋结束之后，不少人都预见到了比赛的最终结果。

1.e4

执白棋第一步采取挺进王前兵的下法并不是波尔加的拿手开局变化，不过采取 1.e4 开局的下法至少可以避免棋局走入古

印度防御的激烈局面。或许是 1993 年我与约谢里阿妮的对抗赛黑棋战果格外出色，因此在这次波尔加与我的比赛中，从始至终她尽量采取稳健的下法进行周旋。

在比赛的第 5 局中，我在棋局的开局阶段出现了严重的判断失误，这样一来难免令对手产生开局占优的印象。因此，这局棋她还是重复前一局的下法，也是一种正常的选择。

1...e5 2.Nf3 Nc6 3.d4 exd4 4.Nxd4 Bc5 5.Nxc6 Qf6 6.Qd2 dxc6 7.Nc3 Be6

摆出一副可能要长易位，与白棋对攻的架势。因为比分暂时落后于对手，所以这盘棋当中我不愿采取稳健的下法处理局面。

此时黑方如果采取 7...Ne7 的下法，棋局可能迅速转入残局阶段的战斗。接下来的变化可能是：8.Qf4 Be6 9.Qxf6 gxf6

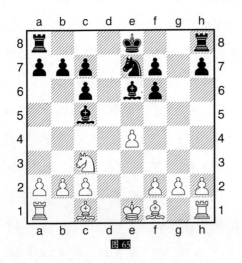

图 65

黑方的阵地当中出现了两组叠兵，虽然在出子速度上黑方获得了满意的发展，但是自己还是不喜欢在这样的局面中与对手进行较量。

曾经有对局显示，这一局面双方的发展机会相当，棋局经过 10.Na4 Bb4+ 11.Bd2 Bxd2+ 12.Kxd2 0 - 0 - 0+ 13.Bd3 b6 14.Rae1 c5 15.Kc1 Nc6 16.Nc3 Rhg8 17.g3 Nb4 18.Bf1 a5 19.a3 Nc6 的变化之后，形成一个大致均势的局面。不过，每个人都有自己对棋局的判断和偏好，而这个局面偏偏不是自己喜好的类型。

黑方也可以尝试 7...Bd4 的下法，用子力中心化的手法达到牵制目的，接下来的变化可能是 8.Bd3 Ne7 9.0 - 0 Ng6 10.Kh1

Ne5，黑方借助子力的灵活机动特点，制造攻击机会。

8.Na4 Bd6

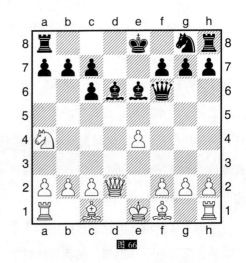

图 66

黑方可以通过 8...Rd8 9.Bd3 Bd4 10.c3 Bxf2+ 11.Qxf2 Rxd3 12.Qxf6 Nxf6 13.Nc5 Rd8 14.Nxb7 Rb8 15.Nc5 Rb5 16.b4 Nxe4 17.a4 Rxc5 18.bxc5 Bc4 的下法获得混战的机会。不过，因为我对波尔加棋风的判断是不喜欢承受防守压力（想必对手对我的评价也是比较擅长组织攻王），所以我还是想保留子力迂回调动的弹性，不采取强制性的变化。

9.Qe3 Nh6 10.h3

防止黑方跃马到 g4 格。现在如果白方采取 10.Be2 Ng4 11.Bxg4 Bxg4 12.0 - 0 0 - 0 的变化，将形成一个复杂的局面。

10...0 - 0

我想让自己的王快速离开中心，既然黑方不能实现长易位的目标，那么短易位也是一个不错的选择。

现在，黑方可以在采取王车易位的走法之前，先花费一点时间把后的位置调整一下。例如在 10...Qe7 11.Bd3 f6 12.Bd2 Nf7 13.f4 b5 14.Nc3 Bc5 15.Qe2 0 - 0 16.0 - 0 - 0 Rad8 的变化中，黑方获得不错的局面。

同样，黑方也可以采取 10...Qg6 的下法，直接用后瞄准白方的王翼，达到限制白方子力正常出动的目的。接下来的变化可能是：11.Bd2 0 - 0 - 0 12.0 - 0 - 0 Kb8 13.f4 f5 14.e5 Be7 15.Nc3，阵营比较坚固，白方在空间方面略占上风。

11.Be2 Rfe8

因为白方的王和后都处在 e 线，因此将车走到这条线路上成为自己很自然的选择。其实，由于白方在 e4 格的兵起到坚强防护屏障的作用，因此黑方欲实现线路突破，最根本需要考虑的事情是如何敲开白方的 e 兵。

现在，黑方比较务实的下法是 11...Qg6。

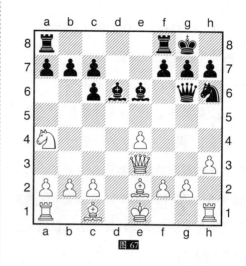

图 67

黑后借着攻击白方 g2 兵的先手闪开 f 线，为后面挺进 f 兵攻击中心做好准备。接下来在 12.Bf3 f5 的变化中，黑方开始了对白方中心的骚扰行动，拥有不错的战斗机会。

12.Nc3 Qe5?!

说老实话，我是花费了好长时间才构思出这么一个"奇妙"的子力调动方案的。虽然，事后证明现在黑方应该采取朴实无华的 12...Rad8，在 13.0 - 0 Be5 的变化中，黑方的计划还是设定在子力快速行动方面。

或者，黑方也可以考虑采取 12...Be5 的下法，将子力重叠与 a1-h8 斜线，从而达到限制白方子力活动的目的。

13.f4

在 13.Bd2 Bc5 14.Qf4 Bd4 的变化中，双方的战斗机会大致相当。

13...Qa5 14.Bd2 Bb4 15.a3 Nf5??

这是我在走 12...Qe5 时就蓄谋已久的"妙着"，误以为白方在 e 线上压力重重，根本无法得以解脱。谁知，由于这个方案根本不成立，所谓的"妙着"变成了偷鸡不成蚀把米的败笔，计算上的失误造成黑方子力的损失。

代替黑方错误跃马到 f5 格的走法，黑方此时应该采取稳健出子的方式向前推进，在 15...Rad8 16.Rd1 Bf8 17.g4 Bc8 的变化中，黑方将子力走到安全的位置，保留长久的战斗机会。

16.exf5

显然，波尔加没有想到我会采取弃子的下法，白方阵营所承受的压力陡然上升，令对手抱头苦思起来。

我们俩都陷入思考，不过，二人的表情变化却大不相同。波尔加从眉头紧锁到面露自信。而我呢，因为在计算过程中发现了己方局势中存在的纰漏，在继续寻找解决办法的同时，坐在棋桌前尽量做到不动声色。

16... Bc4 17.Qd4!

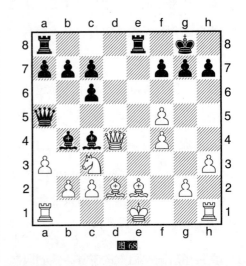

图 68

在 12...Qe5 设计跃马到 f5 格的时候，包括在前一步执行弃马走法的时候，我明明知道白后走到 d4 格是唯一的应着。但是，因为白王在中心受到黑方来自直线和斜线上子力的重重牵制，我误以为这个局面板上钉钉对黑方有利，无须花费更多时间去计算。

17...Bxc3

双方的子力处于纠缠状态，眼看着黑方可以先手将军消灭白方的 e2 象，但却无法有效解决后续的系列问题。棋局总要继续往前走啊，尽管我已经意识到自己前面出现了重大的失误，尽管此时不能为黑棋找到有效办法从逆境中解脱，但是我还是

要履行执黑一方棋手的职责，将棋局继续
走下去。

18.Bxc3 Rxe2+ 19.Kf1 !

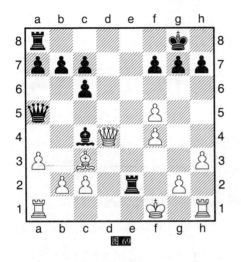

图 69

白王走到一个可能给黑棋带来闪将机
会的位置，这样的走法看似违反正常逻辑，
但却是此时最符合局面需求的。由于黑方
的 c4 象、a5 后都受到叫吃威胁，更为紧迫
的问题在于白方威胁在 g7 格将杀黑王，几
个威胁叠加在一起，令白方 19.Kf1 这步棋
变成了妙着!

刚才，假如白方的王走到一个"合理"
的位置，将会使得黑棋获得主动局面。例
如在 19.Kd1 Qd5 20.Qxd5 cxd5 21.b3 Ba6 的变
化中，白王位置不佳，黑方获得优势。

19...Qxc3?

看到自己苦心经营的攻击手段成了
主动送货上门的坏棋，我的情绪当然非常
低落，致使自己没能在逆境当中找到最顽
强的下法。现在，黑方应该采取 19...Re4+
20.Qxc4 Qxf5 21.Qd3 Qxf4+ 的下法，虽然经
过 22.Kg1 Rae8 23.Rf1 Qg5 24.Rf3 f6 之后，棋
局形势仍然对白方大为有利，但是黑方得
到的局面总强过实际发生的棋局。

20.bxc3 Re4+ 21.Kf2 Rxd4 22.cxd4

子力简化进入残局，白方双车对付黑
方车象，两方子力配置上的差距，足以决
定棋局的胜负。特别是棋盘上不止一条开
放的线路，更让白方双车入侵黑方阵营如
鱼得水。对局至此，白方获得胜势局面，
只要不出意外情况，白棋获胜已经成为一
件板上钉钉的事情。棋局接下来的后续进
程，无非是黑棋没有希望的防守抵抗罢了。

**22...Rd8 23.Rhe1 Kf8 24.Re4 g6 25.f6!
Rd6 26.Re7 Rxf6 27.Rxc7 Rxf4+ 28.Ke3
Rf6 29.Rxb7 a6 30.Re1 Bf1 31.g4 g5
32.Rb6 Bg2 33.Rg1 Bd5 34.Rg3 Bc4
35.d5 Bxd5 36.Rxa6 Kg7 37.Ra7 Rf4
38.a4 Kf6 39.Kd2 Rf2+ 40.Kc1 Ke5 41.a5
Kd4 42.Kb2 Kc4 43.Rb7 c5 44.Rb6**

对局至此，我伸出手祝贺对方取得了棋局的胜利。

自己已经不再是初出茅庐的年轻选手了，下了这么多年比赛，虽然个别棋局中也会出现计算失误发挥失常的现象，但是像在如此重要的比赛中出现主动送死的低级错误还是第一次。这局棋的失利不仅造成比分落后的差距进一步扩大，对自己的信心和状态的打击也是非常沉重的。

一共参加 5 次世界冠军对抗赛，4 胜 1 负，1996 年西班牙哈恩的比赛成了自己棋手生涯中的永远的痛。这次对抗赛的失利，使得欧洲女棋手重新夺得世界冠军称号。没能为中国女棋手捍卫世界冠军的荣誉，令自己产生一种犯罪般的感觉，同时也让我体验了一把从高峰到低谷的落差。

失利令人痛心，挫折使人成长。这次比赛结束后差不多过了半年的时间，自己的心情才算彻底沉淀下来。我决定要重新踏上争夺世界棋后的征程，冠军从自己手中丢掉，当然要尽全力去把属于中国棋手的荣誉夺回来。

谢军—加利亚莫娃

1999 年弈于俄罗斯喀山女子世界个人冠军锦标赛决赛（2）

开局编号：B66

1999 年的女子世界个人冠军锦标赛仍延续世界冠军与挑战者进行 16 局对抗的传统赛制，不过谁也没想到这场较量成为女子国际象棋发展史上值得特殊记录的一次。首先，自从 1996 年苏珊·波尔加成为世界冠军之后，3 年间她忙于自己个人的生活安排再也没有以棋手的身份出现在赛场上，原本应该在 1998 年就进行的世界冠军对抗赛，波尔加以生孩子的理由延期了。比赛原本顺延到 1999 年举行。谁知从 1999 年的年初开始，波尔加还是以这样那样的理由拒绝参赛，最终国际棋联判定以参赛资格顺延的原则，俄罗斯女棋手加利亚莫娃获得了参赛权。紧接着，由于中国申请比赛承办资格，加利亚莫娃认为在一方棋手国家比赛不公平，于是她的故乡俄罗斯鞑靼共和国首都喀山临时提交承办比赛的申请，最终比赛分为前后两端在两个国家各战 8 局。

好事多磨，经历了这么多插曲的女子世界个人冠军锦标赛终于成行，但谁知道一年之后，也就是 2000 年，比赛赛制全面改革，由传统的对抗赛制变成淘汰赛制。因此，1999 年在俄罗斯喀山和中国沈阳举办的女子世界个人冠军锦标赛成为传统赛制最后一次较量。

1. e4 c5 2.Nf3 Nc6 3.d4 cxd4 4.Nxd4 Nf6 5.Nc3 d6 6.Bg5 e6 7.Qd2 a6 8.0 - 0 - 0 Nxd4 9.Qxd4 Be7 10.f4 b5

这是比赛的第二局，加利亚莫娃采用了西西里防御当中一个对攻激烈的变化。显然，俄罗斯方面是想提前抢分，毕竟这里是人家的主场，加利亚莫娃当然希望借助主场之利率先得分，这样她就可以带着领先的优势去参加沈阳客场的后半程比赛。

现在，黑方还有 10...Qa5 11.e5 dxe5 12.fxe5 Nd5 13.Bxe7 Nxe7 14.Bd3 Nc6 15.Qh4 的变化，将带来复杂的中心战斗。此外，10...0 - 0 11.Be2 b5 12.Bf3 Bb7 13.Bxf6 Bxf6 14.Qxd6 Qa5 15.e5 Bxf3 16.gxf3 Rad8 17.Qc5 的变化，白方虽然能够获取一定的子力优势，但是黑棋借助灵活的子力位置组织机动有效的反击。

11.Bxf6

白方直接采取行动。另外一种下法是 11.Be2 Bb7 12.Bf3 Rc8 13.Bxf6 gxf6 14.f5 Qa5 15.fxe6 fxe6 16.Kb1，需求稳健而长久施压的下法。

11...gxf6 12.e5

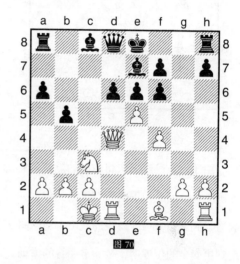

图 70

在局面呈现开放状态的情况下，白方唯有抓紧时间行动，才能利用自己的出子先手。否则，待黑棋将一切子力布置停当，白方的马象子力配置就比不上黑方双象更能发挥作用了。

12...d5

假如黑方采取 12...dxe5 的下法，将遭到 13.Qe4 Bd7 14.Rxd7 Kxd7 15.Bxb5+ axb5 16.Rd1+ Bd6 17.Nxb5 的打击，白方在中心快速行动，黑王在劫难逃。

13.Kb1

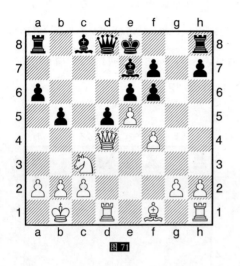

图 71

由于白方已经采取将自己的黑格象兑换黑棋的马，因此白王再留在黑格的位置，可能遭受到来自 c1–h6 斜线的攻击。适时将王走到更安全的位置上，是非常明智的举动。

13...Bd7

黑方另外一种下法是 13...Bb7，经过 14.f5 fxe5 15.Qxe5 Bf6 16.Qg3 Qe7 17.fxe6 fxe6 18.Be2 h5 19.a4 h4 20.Qg6+ Qf7 21.Qd3 之后，白方子力位置活跃，黑王处于中心，将成为白方子力的进攻靶子受到袭击。

14.Qe3

在这盘棋下完之后，我惊讶地在棋谱数据库中发现另有一局白方采取 14.f5 fxe5 15.Qxe5 Bf6 16.Qe3 0 - 0 17.Qh3 Rc8 18.Bd3 Qe7 下法的对局，最终白方并未取得理想的局面。而这局棋执白的选手正是加利亚莫娃本人！难怪她选择这样的开局变化，相信她的技术团队早已准备好白方 14.f5 之后的下法。

14...f5 15.g4!?

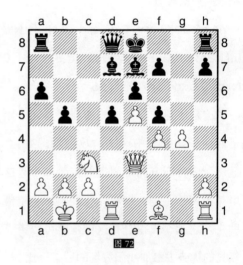

图 72

中心兵形已经呈现封闭状态，那么白方的进攻路线就应该在王翼找到行动突破口，争取从侧翼入手开放局面。现在，白方如果选择稳健调动子力的方式，恐怕难以达到开放局面的目的。例如在 15.Ne2 h5 16.h4 b4 17.Qf3 Bb5 18.Ng3 Bxf1 19.Rdxf1 Rg8 20.Nxh5 Rc8 的变化中，白方能够收获具体物质上的收获，但是后续战斗过程中，黑方将利用积极的子力位置来组织反击行动。

15...fxg4 16.h3 gxh3 17.Bxh3 Qc7

黑方采取常规的出子,现在黑棋急需解决的问题是王的安全问题。

18.f5

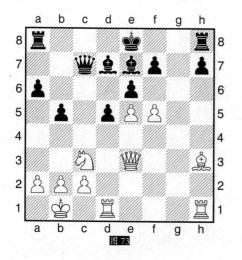

图 73

白方开始把战火从侧翼向中心转移,虽然局面上少了一个兵,但是子力位置主动,且黑方多出来的兵在 h 线,一时半会儿与整个棋局发展主旋律无关。

18...0‑0‑0 19.Rhf1 Kb8!

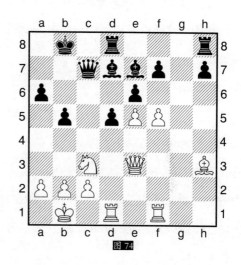

图 74

与前面白方把王走到 b1 格寻求安全位置的道理一样,黑方适时将王走到黑格,目的就在于避开白方 h3 格象的持久攻击可能。

20.fxe6 fxe6 21.Rf7!?

说老实话,在对局的时候我预见到黑方将从中心采取行动,并且自己没有完全计算清楚后续变化中的每一个环节。但是我的脑海里很清楚地明白一件事就是,白方不能等待,必须行动!否则,黑方的多兵优势迟早会得到发挥。

21...d4! 22.Rxd4!

白方必须迎接挑战!现在白棋不能采取 22.Qxd4 Be8 23.Qxd8+ Bxd8 24.Rxc7 Bxc7 25.Bxe6 Bxe5 的下法,虽然那样形成的残局看起来双方子力势均力敌，但是黑方拥有更佳的子力配置，h线的通路兵也将发挥重要的作用。这样的残局形势，是白方不能接受的。

22...Bc5 23.Ne2!

好棋！白方要保留一切战斗机会，因为黑方的阵营中有一个重要的问题持久存在，那就是黑王的位置并不安全。现在，白方假如退让采取23.Rdxd7? Rxd7 24.Rxd7 Bxe3 25.Rxc7 Kxc7 26.Bxe6 Bd4 的下法，将很快失去战斗能力。

23...h5??

此时，加利亚莫娃思考了很久，最终选择了挺进边兵，为今后残局中该兵实现升变目标进行提早准备。在混乱的局面中，她既没有找到能够马上为黑棋解决问题的办法，也没能看到白棋凌厉的进攻手法。

现在，黑棋应该采取23...Qb6 的走法，经过24.b4（白方采取24.b3 Bxd4 25.Nxd4 Rhg8 26.Rxh7 的下法也能获得一定的局面补偿，但是不知道能不能抵消黑方拥有的子力优势。）24...Bxd4（不好的是24...Bxb4??，白方可以25.Qe4，白棋子力在h1-a8 斜线上发威。）25.Nxd4 Rhf8 26.Rxh7

Rh8 27.Rxh8 Rxh8 28.Bg2，黑方虽然依旧在棋子数量方面占优，但白方牢牢掌控了a8-h1 斜线，完全有能力对黑王组织强力攻击。

24.b4!

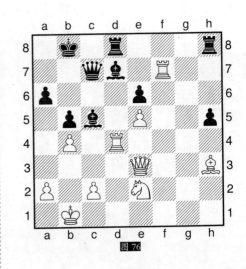

图 76

一箭双雕！白方不仅解决了王在底线的安全问题，同时攻击黑方c5 格的象。霎时间，白方王在底线的安全隐患得到解决，白棋所有子力一下子变得虎虎生威起来。

24...Bxd4

黑方采取24...Bb6 的走法也不能进行有效的防守，因为白棋可以采取25.Qf3 Bxd4 26.Nxd4 Rhe8 27.Bg2 Qb6 28.Nb3 Qa7 29.Nc5 的走法，围绕黑王的攻势强力展开。

25.Nxd4 Rc8

黑方已经难以组织有效的防守了，如果 25...Qc4 26.Bg2 Qxb4+ 27.Nb3，黑方子力难以回防到有效位置。如果 25...Qb6 26.Bg2 Kc8 27.Qf3 Rhg8 28.Qa8+ Kc7 29.Nxe6+ Qxe6 30.Qb7# 的变化，白方将顺利将杀黑王。

26.Bg2

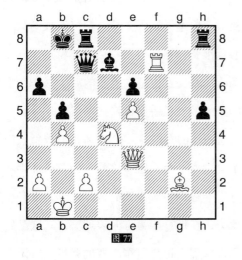

图 77

白方的象顺利走到 a8–h1 斜线上，如一道厉害的闪电切割黑王的活动区域。对局至此，黑方已经无力进行有效防守了。

26...Rhg8 27.Nc6+ Ka8 28.Rxd7！

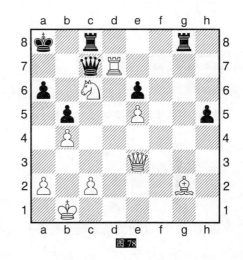

图 78

干净利索的入局方式！

28...Qxd7 29.Nb8+

非常漂亮的战术闪将！接下来，无论黑方怎样应对，都难以改变失败的命运。加利亚莫娃投子认输。白胜。

1999 年俄罗斯喀山和中国沈阳分为两地举办的世界冠军对抗赛拼得异常激烈，几乎每局棋都拼得刺刀见红，刀光剑影笼罩整个比赛过程。我的对手加利亚莫娃是一名非常有才华的女棋手，7 年之后的 2006 年她再次杀入女子世界冠军决赛，成为世界棋后头衔发起有力的冲击。

回顾自己经历的几次世界冠军赛，1999 年之旅无疑是最艰巨、战斗最为激烈的一次，令我充分体验到厮杀二字的含义。

谢军—秦侃滢

2000 年弈于印度新德里女子世界个人冠军锦标赛决赛（1）

开局编号：C83

2000 年，女子世界冠军赛实施赛制改革，将原来的对抗赛形式改为淘汰赛。这样的赛制改革对于大多数棋手当然是一个好消息，无须经历不同层级比赛的筛选，只要在一个比赛中发挥出色，就可能成为世界冠军。然而，对于卫冕世界冠军而言，赛制改革意味着与其他选手站在同一个起跑点上较量。不要谈什么对抗赛半分优势的特权了，在淘汰赛制的比赛中，每一名棋手都要从第一轮打起，保不准什么时候出现一个小小的闪失，就可以直接卷铺盖打道回府。

作为卫冕世界冠军，同时也是比赛等级分最高的一号种子选手，赛前自己对是否参加此次比赛看得很淡。谁都明白，淘汰赛意味着一切皆有可能，因此卫冕冠军和一号种子选手并不意味着什么有利因素，

反而成为一种负担。所以，最好不去预测比赛结果，踏踏实实去下好每一盘棋。抱着一种无所谓的心态，我抵达赛地，开始了老冠军在新赛制中的卫冕之旅。

淘汰赛制不仅考验棋手的技术水平，更考验棋手的心理素质。每次过关斩将晋级之后，你都要面对新的对手，迎接新的挑战。原本做好了在某一轮突然被淘汰的心理准备，谁知自己一路发挥稳定，成功杀入决赛。在决赛中，我的对手是来自中国上海的女棋手秦侃滢。秦侃滢是一名非常有悟性的女棋手，在 15 岁的时候就获得了全国女子个人冠军称号，创造了最年轻选手夺冠的纪录。她的棋风轻灵，很有想象力，在计算能力方面表现突出。这是她第一次登上世界冠军决赛的赛场，虽说在经验方面我占据一定的优势，但是由于秦侃滢的教练（也是她的丈夫）彭小民曾经在 1996 年担任过我的助手，对我的开局体系非常了解，因此在开局准备方面，秦侃滢无疑占据一定先机，我方处于明处，对手处于暗处。

1. e4 e5 2.Nf3 Nc6 3.Bb5 a6 4.Ba4 Nf6 5.0－0 Nxe4

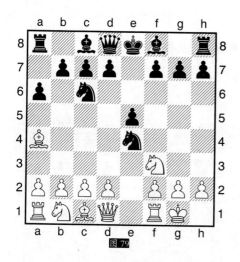

图 79

对手选择这个开局变化把我吓了一跳，因为在她的开局武器库里交换变例从来没有出现过。见到秦侃滢在对抗赛首局便尝试新的开局变化，我不由得心头一惊，第一个反应就是对手一定是有备而来，自己不能贸然行动。

思考应对着法，我久久没有走棋。坐在棋桌边，我的思路飞快转动，在自己曾经走过的棋局当中仔细搜索，是否曾经在这个开局变化中出现过漏洞。想了很久，终于回想起1996年与波尔加对抗赛的时候曾经遇到过这个开局变化，这下子自己心里悬着的石头总算落了下来。看来，对手认为我在那局棋中没有取得什么优势，此时后手采取这样的下法，应该是冲着稳健

求和去的。

6.d4 b5 7.Bb3 d5 8.dxe5 Be6 9.Nbd2 Nc5 10.c3

一边走棋一边思考，试图在自己熟悉的变化中找到一些比较少见的下法，也好给对手出出难题。不过，经过反复比较之后，我还是放弃了采取偷袭下法的侥幸心理。对手采取这个变化一定做好了充分的准备，她唯一的劣势并非是不了解谱着，而是对这个开局形成的局面体会不深。因此，在这样的情况下，如果自己贸然将局面带入一个自己也不熟悉的领域，那么很容易就会将开局先行之利拱手相送。

于是，我做好了长期抗战的心理准备，只有在不冒险的前提下进行创新走法，伺机行动。

10...Be7

对手走子速度飞快，显然一切都在她的赛前开局准备范围之中。现在，黑方不能采取 10...Nxb3 的走法，那样将会加快白方的出子速度，对黑方后翼调兵遣将起到负面作用。例如，白方可以应对 11.Nxb3 Be7 12.h3 0-0 13.Be3 Re8 14.Bc5 的下法，牢牢卡住后翼上的 c5 格，白方获得空间优势。接下来的变化将是：14...a5 15.Qd3 a4 16.Bxe7 Nxe7 17.Nc5 c6 18.b4 axb3 19.axb3 Rxa1 20.Rxa1 Qc7 21.b4，白方获得明显优势。

11.Bc2 d4 12.Ne4

棋局仍然重复着1996年自己与波尔加的对局走法，回忆起曾经的下法，令自己的思路方向清晰了很多。想好了要在几步棋之后变着之后，我适度加快了走棋速度。

现在，白方除了跃马到e4之外，还可以采取另外一种更为复杂的下法，经过 12.Nb3 d3 13.Bb1 Nxb3 14.axb3 Bf5 15.Be3 0－0 16.Bd4 Qd5 17.Re1 之后，白方将对黑方的中心兵展开围剿行动。不过，由于赛前没有对这个变化进行认真准备，所以不管黑方的d兵是不是孤军深入，放任这个兵进入白方的阵地，我还是觉得有点心中没底，因为自己不敢确定白方是否有足够的能力围剿这枚卡在白方阵营中的棋子。

12...d3 13.Nxc5 dxc2 14.Qxd8+ Rxd8 15.Nxe6 fxe6 16.Be3 Rd5

见我走棋速度恢复正常，一改棋局开始阶段那样频频长考的情景，对手反而放慢了行棋速度，时不时用带着几分疑惑的眼神观察我的反应，那意思仿佛在说："你难道不明白这个开局白棋没有任何先手吗？"

虽然对手表现出了几分不确定，但既

然一切都在她的赛前开局范围，当然也没有变着的必要了。

17.c4!

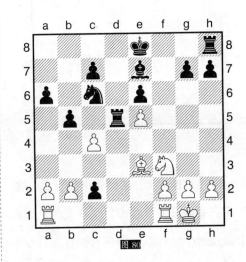

图 80

终于摆脱了4年前那局棋的轨迹，在1996年对抗赛中，棋局经过 17.Rac1 Nxe5 18.Nxe5 Rxe5 19.Rxc2 Kf7 20.c4 b4 21.Rd1 Rd8 22.Rxd8 Bxd8 23.Kf1 之后，白棋没有得到任何便宜，棋局最后以和棋的结果告终。

早在几步棋之前，我就做好了变着的准备。借助 17.c4 的弃兵，白方得以顺利打破黑方兵形。

17...bxc4 18.Rac1 Bc5

思考了很久之后，对手还是决定采取继续简化局面的策略。后翼上破碎的兵形令黑方感到不舒服，临场时我能明显感觉到对手的状态开始变得不自信起来。现在，黑方应该考虑采取 18...Nxe5 的下法，经过 19.Nxe5 Rxe5 20.Rxc2 Re4（在 20...Rb5 21.Rxc4 Rxb2 22.Rxc7 Bd8 23.Rxg7 Rxa2 24.Rb1 的变化中，白方获得优势。）21.Rfc1 Kd7 22.Rxc4 Rxc4 23.Rxc4 Rb8 24.Rc2（在 24.b3 Rb4 的变化中，由于白方 b 兵脱离原始位置，令黑方后翼 a 兵挺进找到了兑换目标。）24...Bf6 25.b3 a5 26.Kf1，白方获得稍优局面，黑方具有足够的防守能力。

19.Rxc2 Bxe3 20.fxe3 Rc5

对手这步棋出乎我的意料，原本我将思考重点集中在 20...Nxe5 21.Nxe5 Rxe5 22.Rxc4 c5 23.Rf3 的变化中。

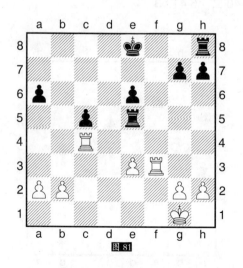

图 81

图 81 局面中，虽然由于黑方后翼兵

形略差，但是棋局线路通畅。对这个局面，我的判断是白方略占主动，黑方拥有足够的防守反击潜能。

21.Ng5！

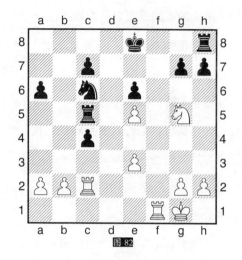

图 82

抓住瞬间即逝的机会，白方利用黑方子力位置欠佳的不利因素，展开一场快速的歼灭战。

21...Nd8 22.Rd2 Rd5

黑方当然不能采取 22...Rxe5？23.Rxd8+ Kxd8 24.Nf7+ 的下法，那样会给白方带来先弃后取的战术打击得子机会。

23.Rfd1！

强力迫使黑方交出开放的 d 线。

23...Rxd2 24.Rxd2 c3

黑方应该采取 24...Ke7，尽管在白方

25.Rc2 之后，黑棋将面临少兵的不利局势，但是显然让白方多出一个 e 线叠兵的下法比实际对局中的变化要强得多。

25.bxc3 Ke7 26.Rd4 Nc6 27.Rf4!

漂亮的顿挫，白方借助轻灵的子力调动，将车走到威力巨大的格子当中。

27...Nxe5 28.Re4 Kf6

说老实话，我没有想到对手会这么痛快允许白棋将棋局转入王兵残局。我已经计算好后续的变化，断定经过一系列子力兑换之后，将形成白方胜势的残局。

29.Rxe5!

干脆利落的手段，将棋局转入王兵残局。双方的子力数量虽然一样多，但是白方王的位置远远优于黑方的王，黑棋无法坚守阵地。

29...Kxe5 30.Nf7+ Kf6 31.Nxh8 g5 32.Kf2 Kg7 33.e4 Kxh8 34.Ke3 Kg7 35.g4 Kf6 36.Kd4

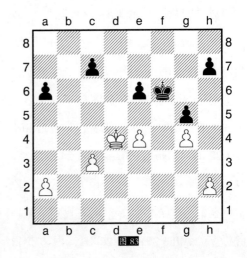

图 83

黑方陷入被迫让出有用格子的窘迫境地，一旦白王成功入侵，黑方局势将难以收拾。

36...Ke7 37.e5 Kd7 38.Kc5 a5 39.Kb5 a4 40.a3 h6 41.h3

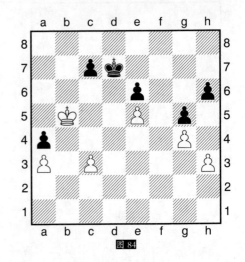

图 84

双方顺利度过棋局的第一赛时，接下来双方都拥有充分的时间去思考。不过，当白棋走出极具耐心的41.h3之后，对手意识到大势已去，随即停钟认输。白胜。

决赛取得了开门红，为后面的战斗比拼打下了一个顺畅的基调。

世界冠军对抗赛无疑是自己参加的级别最高、分量最重的比赛，其中有些对局给人留下美好的回忆，当然也有个别的棋局让自己心存遗憾。

除了5次世界冠军对抗赛，平时训练比赛中也有一些棋局令人难以忘怀。其中，下面几局棋对自己影响特别大。

谢军—戚惊萱

1985年弈于上海指导赛

开局编号：B47

当我还是一名少年棋手的时候，能同男子大师下一局棋并不是一件容易的事情。没办法，那时候比赛的机会特别少，甭说是找男子大师级别的棋手求教了，训练时能找到实力相当的对手就算运气不错。1985年夏天，北京队几名年轻棋手远赴上海训练，其中有一项安排就是同男子大师对弈。虽说是挑战男子大师，其实是人家一对二下指导棋。不过，能有机会与男子高手讨教一盘，自己已经开心得不得了，根本顾不上指导棋与一对一挑战完全不是一回事。

1.e4 c5 2.Nf3 e6 3.d4 cxd4 4.Nxd4 Nc6 5.Nc3 Qc7 6.f4 a6

西西里防御变化莫测，开局走棋次序不是我们这些当时只有十四五岁少年棋手可以理解的。搞不清戚惊萱老师的葫芦里卖的是什么药，自己还是按部就班正常出子。

7.Be2

白棋也可以采取7.Be3 b5 8.Bd3，把白格象走到d3格的出子方式，这之后经过 8...Bb7 9.Nb3 d6 10.0-0 Nf6 11.Qf3 Be7 12.Qh3 Nb4 13.Rac1 Rc8 14.a3 Nxd3 15.cxd 之后，形成一个复杂的局面。

7...Nge7?!

黑方出子次序有些过分了，违反了开局原理，给白棋制造了战术弃子进攻的机会。现在，黑方应该采取7...Nxd4的下法，经过 8.Qxd4 b5 9.Be3 Bb7 10.0 - 0 Rc8 11.Bf3 h5 12.Rad1 之后，白方空间上占据一定主动。

黑方也可以考虑采取后翼行动的走法，经过 7...b5 8.Nxc6 Qxc6（在 8...dxc6 9.0 - 0 Bb7 10.Be3 c5 11.f5 Nf6 12.fxe6 fxe6 13.Bh5+ Nxh5 14.Qxh5+ g6 15.Qg4 0 - 0 - 0 16.Qxe6+ 的变化中，白方得到不错的局面。）9.Bf3 Bb7 10.Be3 Rc8 11.a3 Qc4 12.Qd3，白方略占先手，黑方机会不错。

黑方也可以采取常见的 7...d6，这样经过 8.Be3 Nf6 9.0 - 0 Be7 10.a4 0 - 0 11.Bf3 之后，棋局转入正常的西西里防御舍维宁根变例。

8.Ndb5 !

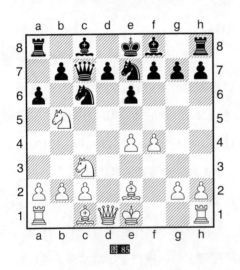

图 85

为了到底要不要弃马，我颇花费了不

少时间思考。说老实话，当时我并没有完全计算清楚后面的变化，只是凭直觉判断白方进攻机会不错。促使自己做出最后弃子决定的原因说来好笑，只是因为当时我看到白方至少可以长将不变和棋。管它能否攻得进去，至少我还可以长将和棋——抱着这样的想法，我弃子率先挑起战火。

8...axb5 9.Nxb5 Qb6

如果黑方采取 9...Qb8 的走法，经过 10.Nd6+ Qxd6 11.Qxd6 Nd5 12.Qxf8+ Rxf8 13.exd5 Nb4 14.Kd1 Nxd5 15.Bd2 d6 16.c4 Ne7 17.Kc2 之后，白方取得明显优势。

10.Nd6+ Kd8 11.Nxf7+ Ke8 12.Nd6+

判断不清 12.Nxh8 g6 13.f5 Bg7 14.fxg6 hxg6 15.Nxg6 Nxg6 16.c3 之后的变化，或许白棋机会不错，但是临场时我觉得自己控制不住这个局面。

12...Kd8 13.Nc4

到底走不走 13.Nxf7+ 选择和棋呢？临场时我有点犹豫。毕竟，自己还从来没有在男子大师级别的棋手身上得过分呢。和棋的结果对于少年的我来说颇有几分诱惑。且慢，即便是和棋，也不能采取这样的下法呀，那样多让人瞧不起。心中另外一个声音响起，我知道自己必须选择战斗。

白方退马c4显示出当年的我经验不足，如果是现在，或许自己会采取13.c3的下法，先把黑后可能走到的中心格控制住。

13...Qd4 14.Bd3 Ng6

假如黑方采取14...Kc7的下法，白方将应以15.Be3Qf6 16.0－0 e5 17.a4，黑方的王难以找到安全的庇护所，白方仍将组织强劲的攻势。

15.Be3 Qf6 16.e5 Qf7 17.0－0

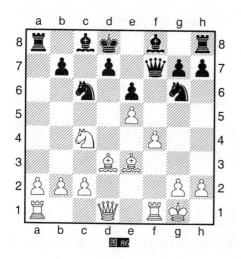

图86

进攻对方王之前，先把自己的王走到安全的位置上。现在，白方已经完成了出子，虽然在子力数量上落后，但是黑方的棋子位置消极，再加上黑王在中心阵形不稳，黑棋处于艰难的防守态势。

17...Nh4 18.g3

白方如果采取18.Bb6+ Ke8 19.a4 Nf5 20.a5 Qg6的下法，将形成复杂的局面。

18...Nf5 19.Bb6+ Ke8 20.g4!

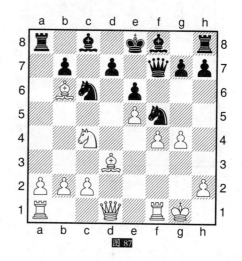

图87

打开黑方的中心阵营要依靠兵，虽然白棋挺进王前兵可能令自己的王前阵地不稳，但是由于黑方子力缺少配合，因此白棋完全可以走得"野"一点。

20...Nh4 21.Qe1 Be7 22.f5 h5

黑方试图打开白方的王前线路，现在可能走22...g5更为顽强。

23.f6 hxg4 24.Qxh4!?

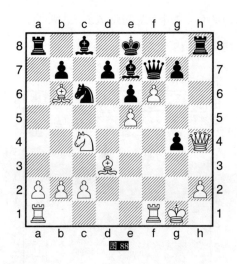

图 88

弃后，为了将黑方的王滞留在中心，让更多的白方棋子投入进攻当中，我采取了最野蛮的下法。时间证明，我的这种下法虽然看起来赏心悦目，但是实际效果不如 24.fxe7 Nf3+ 25.Rxf3 Qxf3 26.Qd2。

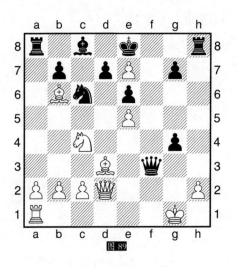

图 89

在开放的线路当中，黑方处于中心的王难以找到安全的位置。

24...Rxh4 25.fxe7 Qf3！

这步棋是我在弃后的时候没有考虑到的，黑后封锁住 f 线，白方进攻受阻。

26.Be4 Nxe5?

黑方应该采取 26...Kxe7 的下法，经过 27.Rae1 g5 28.Bc5+ Kd8 29.Bxf3 gxf3 30.Nd6 g4 31.Re4 Rh5 32.Rfe1 之后，战斗仍然很激烈。

27.Bd8!!

好棋！黑方最大的问题在于中心 e8 格的王，只要白方的 e7 兵安全屹立在那里，黑王的处境就不好受。现在，黑方存在被将杀的威胁。

走出 27.Bd8 之后，我感到坐在对面的戚惊萱老师面容开始严肃起来。暗自有点小得意，心想自己走出精确的进攻着法，对局结束之后一定会得到教练的表扬。临场，我的思绪难免有点儿溜号了。

27...Nf7 28.Bg6 Ra6 29.Ne5! Qe3+ 30.Rf2

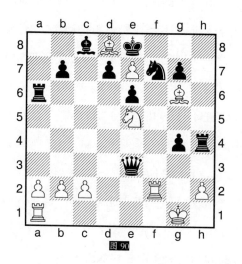

图90

黑方在棋盘上白多了一个后，但是却无法防范白棋在f7格的将杀。对局至此，黑方停钟认输，白胜。

对局之后，戚惊萱老师并未因为对局失利不开心，反而在复盘分析过程中一再肯定我对局时的进攻思路和走法。这盘棋对自己信心提升的作用是难以用语言来形容的，虽然不过是大师指导棋，与正式比赛的对局根本不是一回事。但是，自己赢了大师，并且是用一种敢打敢拼的战法淋漓尽致成功弃子攻杀的方式取得的胜利。可以说，这局棋使得自己的心态得到了很大的改变，隐隐约约，我看到通向高手的

大门正向自己打开……

亚当斯—谢军

1988年弈于澳大利亚悉尼公开赛

开局编号：C88

1988年，我第一次走出国门代表中国参加世界青年赛。因为以前没有参加国际比赛的经历，所以连棋手最起码的标志——技术等级分也没有，真正是一名初出茅庐的无名之辈。

1988年的悉尼公开赛紧接着早先在澳大利亚另外一座城市举办的世界青年赛，这样令我和其他众多来自世界各国的优秀青年选手连续作战，增强实战练兵机会。公开赛是男女混合编排，整个赛程中我发挥得不错，谁也没想到最终这个来自中国的无等级分女选手频频大开杀戒，最终进入混合编排组前六名获奖名次，同时将最佳女棋手的奖项揽入囊中。

这是我第一次参加男女混合编排组的比赛，除了兴奋还是兴奋，还没有过够激战的棋瘾，整个比赛就结束了。

1.e4 e5 2.Nf3 Nc6 3.Bb5 a6 4.Ba4 Nf6

5.0 - 0 Be7 6.Re1 b5 7.Bb3 0 - 0

　　我的对手是与自己年龄相仿的英国男子大师亚当斯，两人都刚刚参加完世界青年赛。我知道对手的实力要强于自己，亚当斯不仅被誉为英国最有发展前途的男棋手，在刚刚结束的世界青年赛中也成绩优异。不过，我也知道越是对手实力强，自己越应该在对局时保持自信，争取在气势上抢占先机，不能战斗还没有开始，就被对方强大的实力吓得缩手缩脚，那样就更没有机会进行较量了。

8.a4

　　亚当斯采取了稳健的下法，他没有选择 8.c3 的下法，回避开黑方可能采取的马歇尔弃兵变例。

8...Bb7

　　黑方还有一种常见的应对走法是 8...b4，接下来经过 9.d4(在 9.d3 d6 10.Nbd2 Na5 11.Ba2 c5 12.c3 Rb8 13.Nc4 Nc6 14.h3 h6 的变化中，形成一个大体均势的局面。) 9...d6 10.dxe5 dxe5 11.Qxd8 Rxd8 12.Nbd2 Bc5 13.Bc4 Ng4 14.Re2 Na5 15.Bd3 的棋局转换，形成一个基本均势的残局。

9.d3 d6 10.Nc3 Na5

　　我更倾向于保持后翼兵形接触状态，不愿意过早确定后翼兵形。总觉得后翼兵形的紧张状态会让对中心行动产生牵制，反之白方则可以放手挺进中心兵。例如应对黑方 10...b4，白方可以采取 11.Nd5 Nxd5 12.Bxd5 Na5 13.Bxb7 Nxb7 14.d4 的下法获得比较理想的空间。

11.Ba2 b4 12.Ne2

　　在 12.Nd5 Nxd5 13.Bxd5 Bxd5 14.exd5 c5 的变化中，黑方局势不错。

12...c5 13.Ng3 Rb8 14.Nd2 Bc8

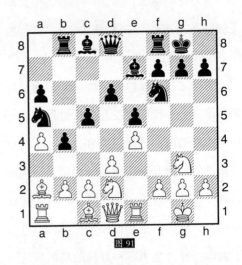

图91

　　黑方子力调动的思路显而易见，接下来将把象走到 e6 格兑换白格象。鉴于白方位于 a2 的象处于积极进攻的状态，黑方有必要尽快消除这一威胁。

15.h3 Be6

黑方另外一个可以考虑的子力调动方式为 15...Ne8，经过 16.Nc4 Nxc4 17.Bxc4 Nc7 之后，黑方马走到 c7 格之后，再将象走到 e6。

16.Nc4

虽然白方在 e6 格兑象可以令黑方的阵营出现 e 线叠兵，但是由于双方出子完成得都比较好，白方难以针对黑方的叠兵施展有效的进攻行动。在 16.Bxe6 fxe6 17.Nc4 Nxc4 18.dxc4 Qe8 19.Bg5 Qg6 20.Bxf6 Rxf6 21.Qh5 Qxh5 22.Nxh5 Rf7 的变化中，形成一个大体均势的局面。

16...Nxc4 17.Bxc4 a5 18.Bd2 Ne8 19.Nf1

白方还是不肯采取 19.Bxe6 fxe6 20.Qg4 Rf6 的下法，这样的走法不能给白棋带来有发展前途的局面。

19...Nc7

黑方子力调动步伐顺畅，目前棋局形势双方机会相当。我的对手频频陷入长时间思考之中，执白先手对付一个没有等级分的女棋手，亚当斯当然想赢下这一局。只可惜摆在眼前的棋局形势难以让白方掀起波澜，因此任凭亚当斯苦思冥想，还是

没能为白棋找到有效的进攻计划。

20.Ne3 Bg5 21.Bxe6 Nxe6 22.Nc4?!

白棋应该对黑方王翼行动严加防范！现在，白方不能放松对 f5 格的控制，例如在 22.Nd5 f5 的变化中，黑方同样能够顺利实现王翼挺兵行动，获得主动。

白方应该采取 22.c3，防范中心 d4 格的下法。

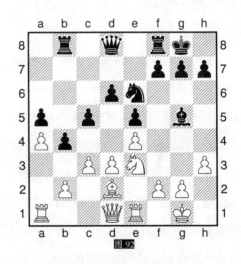

图 92

图 92 形成了一个双方大体均势的局面。黑方需要监控白方中心挺兵 d4 的可能，白棋需要防范黑方王翼冲兵 f5 的行动。在这样双方存在相互制约的局面中，无论哪一方都难以放开手脚行动。

22...Bxd2 23.Qxd2 f5

黑方 f 兵顺利挺进，标示着王翼上行

动拉开帷幕。棋局至此，黑方已经获得了
主动权。棋局看起来波澜不惊，四平八稳
的棋局发展过程使得白方仍然沉浸在寻找
进攻而不是防守的策略当中。

　　然而，伴随着黑方王翼上 f 兵顺利挺
进，黑方获得的不仅是空间，而是一种进
攻态势，这种在不知不觉间夺取的棋局主
动非常具有迷惑性，待到执白选手清醒过
来想到防守的时候，可能一切都大势已去。

24.c3

　　亚当斯试图从后翼和中心的子力接触
对抗黑方王翼的行动，借以保持棋局的平
衡。不过，由于黑方将中心 d4 格看守得严
严实实，因此白棋根本无法在此实现突破。
而后翼上，白棋也难以找到打开线路的行
动机会。现在，白方不如考虑 24.exf5 Rxf5
25.Ne3 Rg5 26.Kh2 Qd7 的下法，虽说黑方占
据了一定的主动权，但是实现优势也不是
一件容易的事情。

24...Rf6 25.Kh2 Rb7!

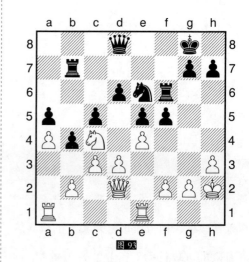

图 93

　　好棋！保持黑车去往王翼的线路通畅。
黑方的子力调动手法弹性十足，虽然不能
达到一下子将白棋置于死地的效果，却正
在一点点加强局面，给白方阵营施加压力。

26.Rf1？

　　白方错过了最后的兑换兵的机会，现
在应该走 26.exf5。

26...f4!

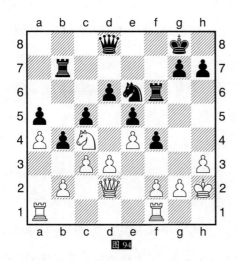

图 94

如果说，前面阶段黑方在王翼上的行动所获取的是一种积极的攻击态势，那么伴随黑兵压到 f4 格，黑棋王翼上的行动变得真实可怕起来。现在，黑方在王翼获得了压倒性的空间优势，接下来的任务就是把具有进攻威力的棋子接连不断运送到位。

27.f3 Rg6 28.Rfd1

白方的行动失去了方向。现在，白方应该走 28.Qc2，试图把后走到积极主动的位置当中。接下来，如果黑方采取 28...b3 封闭后翼的下法，白方可以考虑应以 29.Qd1 Qh4 30.Qe2，黑方的 a5 和 b3 兵成为白方牵制黑棋的砝码。在白方 28.Qc2 之后，如果黑棋应以 28...Rg3，白棋则应以 29.Qb3，

白后如愿走到一个积极的位置当中。

黑方应对 28.Qc2 最强的着法是继续加强王翼进攻火力 28...Rf7，逼迫白棋 29.Rf2 谨慎防守，未来战斗依旧道路漫长。

28...Rg3 29.Qf2 b3!

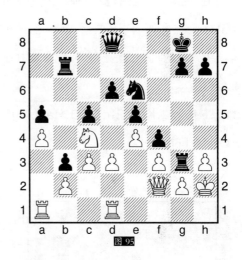

图 95

封闭后翼，消除白棋打开线路寻求反击的战斗机会。黑方做好一切准备工作，将全部力量集结到王翼行动当中。

30.Rd2 Rf7 31.Kg1?

黑方的子力来势汹汹，令白方王前阵地顷刻间呈现危急之势。现在，如果白方采取 31.Ra3 Rf6 32.Rxb3 Rh6 33.Rb7 Ng5 的下法，显然已经无法应对黑方王翼上的攻击行动。

最好的防守是反击，现在白方老实防

守已经无力回天，最好的办法就是背水一战从中心反击，白方应该采取 31.d4! cxd4 32.cxd4 Nxd4 33.Rad1（直接在中心弃子的走法，不能给白方带来足够的补偿。经过 33.Rxd4 exd4 34.Qxd4 Rg6 35.Qd2 Rc7 之后，黑方在 c 线上寻找到进攻路线。）33...Rg6 34.Rd3 Rc7，黑方将子力灵活调动，通过开放 c 线入侵的机会抵消白方对后翼及中心兵的打击。

31...Rf6 32.Kf1 Rfg6 33.Ra3 Ng5 34.Rxb3 h6!

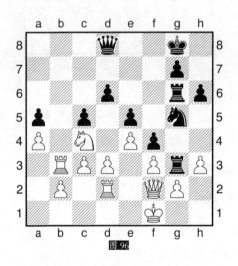

图 96

在实施最后致命进攻之前，黑方很有耐心地给自己的王预留出安全通道，将一切准备工作都安排妥当。现在，假如黑方采取 34...Nxh3 的下法，白方还可以通过 35.gxh3 Qh4 36.Rb8+ Kf7 37.Nxd6+ 实施骚扰攻击行动，虽然经过 37...Ke6 38.Nc4 Qxh3+ 39.Ke2 Rg2 40.Rb6+ Ke7 41.Rxg6 Rxf2+ 42.Kxf2 hxg6 之后，黑方仍然能够获得理想局面，但是，仍然会给白方提供不少闹事的机会。

35.Re2 Nxh3!

最后的行动开始了。黑方通过弃子打开白方阵地，白王面临的是毁灭性打击。36.gxh3 Qh4 37.Ke1 Qxh3 38.Nd2 Rg1+ 39.Nf1 R6g2 40.Rb8+ Kh7 41.Ra8 Rxf2 42.Rxf2 Rg2 43.Ke2 Rxf2+ 44.Kxf2 Qh4+ 45.Kg2 Qe1 46.Nh2 h5 47.Rxa5 Qg3+ 48.Kh1 h4

棋局至此，亚当斯放弃抵抗，投子认输。

这是我与男子国际大师级别选手正式比赛中交战取得的首次胜利，特别具有纪念意义。纵观全局，黑方行动计划得当，排兵布阵有板有眼，颇有大将风采。这局棋的胜利令我相信，虽然当时自己尚是一名无分选手，但也无须盲目自卑，初出茅庐选手的真正实力远远不是等级分的数字大小所能解释的事情。

谢军—拉尔森

1994 年弈于摩纳哥女子明星与男子元老对抗赛

开局编号：B08

男子国际特级大师拉尔森是 20 世纪西方棋手最杰出的代表之一，虽然他从未夺得世界冠军，但却是在美国棋手费舍尔出现之前第一个具备向国际象棋王国苏联棋手挑战实力的西方人。虽然拉尔森一生都没有拿过世界冠军头衔，但他曾经多次跻身世界冠军候选人赛，鼎盛时期他的技术等级分一直保持在世界前十位。拉尔森的棋风飘逸，充满浪漫主义情调，不知道是不是来自童话故乡的丹麦人都特别具有想象力。

从 1992 年开始，一个名为女子明星与男子元老的对抗赛开始举办，两支队伍各有 5 名选手参赛，女棋手是按照当时的技术等级分和年度突出表现新人进行邀请，男棋手则是年龄在 50 岁以上，曾经进入过世界冠军候选人赛（也就是世界前八名）的选手。每次比赛都会选择不同的国家举办，接下来的棋局发生在 1994 年的摩纳哥。

1.e4 g6 2.d4 Bg7 3.Nc3 c6 4.Nf3 d6 5.h3

与这些经验丰富的前辈对抗，最聪明的开局选择就是走常规大路货，千万不要琢磨选个冷僻开局变化骗对手上当。要知道，这些在 20 世纪五六十年代就能跻身世界八强的棋手，尽管伴随着年龄增长会出现棋力下降的情况，不过单从他们的棋龄大于自己年龄这一条，我就决定在开局上不能耍小聪明。

白棋选择了最为稳健的一路变化，之所以做出这样的决定，主要是因为拉尔森的棋风特点是不喜欢稳扎稳打的风格，总想着闹点儿事情那种。因此，何不以静制动，等着对手主动扑上来。除了白方挺进边兵的下法，白方还可以选择 5.Be2 Nf6 6.0‑0 0‑0 7.a4 Nbd7 8.a5 Qc7 9.Be3 Rb8 10.h3 b5 11.axb6 axb6 12.d5 Bb7 13.Nd4 Ra8 的下法，获得微小的先手。如果白方采取 5.Be3 Nf6 6.Qd2 b5 7.Bd3 Nbd7 8.Bh6 0‑0 9.Bxg7 Kxg7 10.e5 dxe5 11.dxe5 Ng4 12.Qg5 Nc5 13.Rd1 Qc7 14.0‑0 的下法，双方的王都选择了短易位，棋局发展事态平稳。

白方把象走到 a2‑g8 斜线上意义不大，经过 5.Bc4 Nf6 6.e5 dxe5 7.Nxe5 0‑0 8.0‑0 Nbd7 9.Bg5 Nb6 10.Bb3 a5 11.a4 Nbd5 12.Qf3

Be6 之后，形成一个大体均势的局面。

5...Nf6 6.a4 0 - 0

白方挺兵 a4 的主要目的是控制黑方冲兵 b5 制造后翼的反击，当然白方也可能继续采取兵 a5 推进的方式占据更大的后翼空间。对此，黑方一如既往进行出子是正确的应对方式，如果急于在后翼上采取 6...a5 的方式取得空间均衡，后面经过 7.Be2 0 - 0 8.0 - 0 Na6 9.Be3 Nb4 10.Nd2 d5 11.e5 Ne8 12.Na2 Nxa2 13.Rxa2 f6 14.f4 的变化，白方在王翼上拥有一定的主动权，而后翼上兵形相对固定，黑方折腾不出太多的花样来。

7.Be3 Nbd7 8.Be2 e5 9.dxe5

面对黑方中心兵的行动，我在临场采取了及时回应的态度，因为我不太喜欢 9.0 - 0 exd4（黑方如果马上采取 9...d5 中心反击的方式不太成熟，接下来 10.exd5 e4 11.Nd2 cxd5 12.Nb5! Ne8 13.c3 之后，白方随后的计划是挺兵 a5，并把后放在 b3 格的位置上。）10.Bxd4 Re8 11.Bd3 Nc5，白方的中心 e 兵成为黑棋进攻的目标。

9...dxe5

黑方也可以采取 9...Nxe5 的走法，接下来经过 10.Qd2 Qa5 11.0 - 0 Nxf3+（如果

11...Qb4 12.Nd4 Re8 13.b3 a6 14.a5 c5 15.Ra4 Nxe4 16.Nxe4 Qxd2 17.Nxd2 cxd4 18.Rxd4 的变化，白方获得一定的先手。）12.Bxf3 Qb4 13.Rab1，白方需要设法将黑方位于 b4 格的后驱赶到其他位置当中。

10.0 - 0 Qe7 11.Qd3！

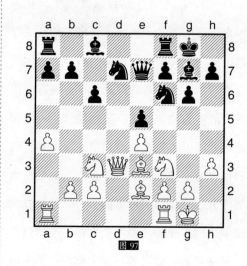

图 97

好棋！白方的目标是在开放 d 线上叠车，白后调整到才 c4 格更能发挥作用。

11...a5

黑方假如采取 11...Nc5 攻击白后的方式占据先手的话，经过 12.Qc4 Na6 13.Qb3 Be6 14.Bc4 Bxc4 15.Qxc4 Rfd8 16.Rfd1 之后，白方的子力位置更加主动一些。

12.Qc4 Re8?!

黑方把车走到 e8 意义不大，因为 e 线

既不是开放线，黑方的 e5 兵也无须加强
防护。现在黑方应该采取 12...Nh5 的下法，
将目标瞄准白方的王翼阵地，准备跃马到
f4 格，并续以后到 f6 格加强支撑。对此，
白棋可能采取 13.Rfd1 Nf4 14.Bf1 Qf6 15.Bxf4
Qxf4 16.Rd2 的走法，用开放 d 线上的行动
来制约黑方王翼上制造出来的动静。

13.Rfd1 h6?!

黑方还是应该考虑采取 13...Nh5 在王翼
上行动的反击计划，经过 14.Rd2 Nf4 15.Rad1
Nf8 16.Bc5 Qf6 17.Qb3 之后，白方获得的优势
并不明显。

14.Nd2 Nh7?

坏棋！黑方的马已经失去了从 h5 格调
动到更加积极主动位置的可能，那么黑棋
就不需要再去调整此马的位置。此时，黑
方应该采取 14...Qb4，在后翼上给白方阵地
制造压力的走法。

15.Qb3 Ng5

黑方的马走到了一个看似很主动的
位置，但是由于黑方在王翼上并未发动实
质性的进攻，因此黑方的马放在 g5 格意
义不大。现在，黑方恐怕还是应该考虑采
取 15...Qb4 将棋局子力简化的走法，经过
16.Bc4 Re7 17.Na2 Qxb3 18.Nxb3，白方残局

略占优势。

16.Nc4

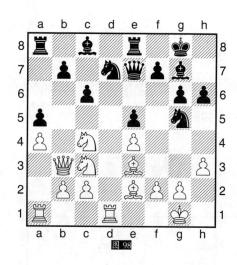

图 98

黑方的 b6 格和 d6 格都成为白方位于
c4 马瞄准入侵的位置，黑方的子力调动受
到极大的制约。

16...Nc5??

在被动形势下，棋手首先需要做的一
件事情就是耐心防守，而不是采取不成熟
的反击。现在，黑方应该采取 16...Ne6 的下
法，经过 17.Nd6 Nd4 18.Bxd4 exd4（如果
18...Qxd6 19.Be3 Qb4 20.Bc4 Qxb3 21.Bxb3
Nf8 22.Rd2 的变化，白方也能获得理想的
局面。）19.Nxe8 Qxe8 20.Nb1 Qxe4 21.Bd3
Qe7 22.Nd2，白方的子力源源不断向后翼
进军。

17.Qa3 Nce6

假如黑方采取 17...Nge6 的方式调动子
力，经过 18.Bg4 Nd4 19.Bxc8 Raxc8 20.Rd2
之后，黑方后翼及中心开放 d 线上的问题
也没有得到彻底解决。

18.Qxe7 Rxe7 19.Nb6 Rb8 20.Bg4 Re8
21.Bxg5!

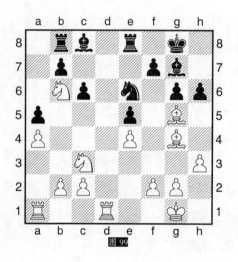

图 99

双方的后已经兑换掉，标志着残局序
幕拉开。现在，白方思考棋局脉络的主要
思路应该围绕如何将黑方子力闷在"窝"
里，以象换马的局面处理方式正好能够达
到巩固白方 g4 象的目的，从而达到加强在
h3-c8 斜线上的牵制力量。

21...hxg5 22.Nb1！

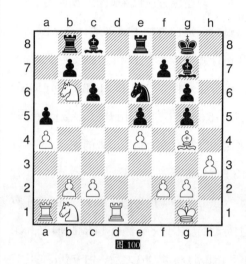

图 100

白方的子力调动目标明确，就是尽快
将另外一个马调动到 c4 格发挥作用。马退
回到原位 b1 格的调动方式看起来有点消极，
但却是朝着正确目标行进的最佳途径。

22...Bf8 23.Nd2 Bc5 24.Ndc4 Bxb6
25.Nxb6 Kf8 26.Rd2 Ke7 27.Rad1 Rf8
28.Nxc8+ Rfxc8 29.Rd7+ Kf6 30.Bxe6
fxe6 31.g4

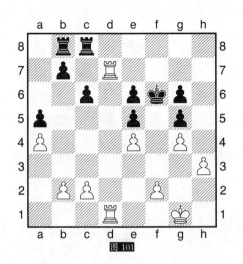

图 101

对局至此，拉尔森潇洒停钟认输。因为接下来白棋 R1d3–f3 将杀黑王的行动无法阻挡。白胜。

谢军—约谢里阿妮

1997 年弈于荷兰格罗宁根女子国际象棋世界冠军候选人赛

开局编号：B32

1997 年的世界冠军候选人赛是我重新争夺世界棋后宝座，力争卷土重来的关键战役。在候选人赛中，棋手必须进入前两名才有资格晋级下一阶段挑战者赛的竞争。

此次候选人赛中，由于另外一名俄罗斯选手表现出色，已经提前锁定一个出现席位，最后一轮比赛前的形势是齐布尔丹尼泽、约谢里阿妮和我三人均有机会出线，但由于另外二人都来自格鲁吉亚，就变成了自己单打独斗，另外两人结成盟军的状况。只要约谢里阿妮成功在这局棋中得分，哪怕只是和棋，即便不能达到令她本人出线，却可以帮助她的同胞齐布尔丹尼泽晋级。

可以说，候选人赛最后一轮比赛自己的处境并不愉快。孤军作战，最后一轮比赛，我只能全力求胜。

1.e4 c5 2.Nf3 Nc6 3.d4 cxd4 4.Nxd4 e5

对手采取了一种相对少见的偏门开局，在我的印象里，约谢里阿妮的开局武器库中很少出现这个变化。不过，自己一点不敢大意，因为我知道对手经验丰富，关键之战采取这个开局变化，一定是有备而来。约谢里阿妮和我是老对手了，虽然在 1993 年的世界冠军对抗赛中我以悬殊的比分取胜，但我知道那并不是双方棋手真实实力的体现。

5.Nb5 d6 6.c4 Be7 7.N1c3 a6 8.Na3 Be6

约谢里阿妮采取可以导致复杂局面的开局，却又没有挑选其中最为尖锐的变化，这完全符合她本人的棋风特点。对手希望避开我的开局准备，在一个相对复杂又不要完全混战的局面中与我进行此局的较量。

黑方另外一种更为"野蛮"的下法是 8...f5，直接在中心上开启反击行动，保持子力密切接触状态。经过 9.exf5 Bxf5 10.Bd3（在 10.g3 Nf6 11.Bg2 Rc8 12.0 - 0 0 - 0 13.Be3 Kh8 14.Rc1 Ng4 15.Nd5 Bg5 16.Nc2 的变化中，棋局将形成一个复杂的局面。）10...Be6 11.0 - 0 Nf6 12.Nc2 Qd7 13.Bg5 0 - 0 14.Bxf6 gxf6 15.Ne3 f5 16.Ned5 Bd8 17.Qh5 Qg7，棋局错综复杂难以把握，将是一场混战。

9.Bd3

快速出动王翼上的子力，尽快把王走到安全的棋盘侧翼上。现在，白方也可以考虑采取 9.Nc2 Bg5 10.Bd3 Bxc1 11.Rxc1 Nf6 12.0 - 0 0 - 0 13.Qd2 Rc8 14.Rfd1 的下法，形成复杂局面。

9...Nf6

黑方错过了 9...Bg5! 的机会。

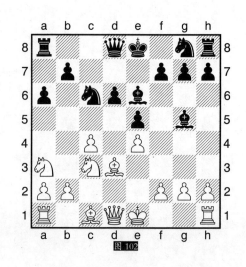

图 102

因为黑方的中心 d6 和 e5 兵都处于黑格，所以在这个兵形当中，显然白方的黑格象要强于黑方。从兵形特点上分析，对手应该抓住机会，采取兑换黑格象的下法。接下来，经过 10.Nc2（在 10.0 - 0 Bxc1 11.Rxc1 Nge7 12.Nd5 0 - 0 13.Nc2 Rc8 的变化中，黑方也能顺利获得坚固局面。）10...Bxc1 11.Rxc1 Nf6，黑方成功兑换掉黑格象，虽然白方能够占据一定的空间优势，但是黑方阵营牢固，除了中心 d6 兵之外，白方难以找到其他进攻目标。

10.0 - 0 0 - 0 11.Nc2 Rc8

现在，双方子力位置所带来的不同作用明显表现出来，白方空间占优，在中心 d 线能够找到明确的进攻目标，显然整体上获得了一定的主动。而黑棋,在空间和子力活力方面,显然要略逊于白棋,因此在制订局面行动计划方面,就需要以防范白棋进攻作为首要任务,其次才是寻求机会制造反击。

如果,黑方采取子力调动的方式来推进局面的下法,经过 11...Nd7 12.b3 Nc5 13.Be2 f5 14.exf5 Bxf5 15.Nd5 Bf6 16.Bb2 Bg5 17.Nce3 Bg6 18.b4 Ne6 19.Bg4 Ned4 20.Rc1 之后,白方显然占据一定的空间优势,棋局形势略占主动。

12.Nd5 Nd7 13.b4

白方开始在后翼上寻求更大的空间,以期在未来能够制造实质性的进攻机会。

13...Bg5

黑方的象终于走到 c1-h6 斜线,这个象的活力不会受到 d6、e5 兵的制约。不过,我们必须看到,相比较于前面直接采取 9...Bg5 兑象的下法,黑方显然花费了更多的步数,才达到这一目标。

14.a3

白方另外一种下法就是将自己的黑格象暂时从 c1-h6 避让开,采取 14.Bb2 Nb6 15.Qe2 f5 16.Rad1 的下法,白象处于 a1-h8 斜线能够起到很好的牵制作用,令黑方无法打开这条斜线,也就难以彻底解决中心 d6 落后兵受攻的问题。

14...g6

在 14...Bxc1 15.Rxc1 Qg5 16.Qe2 的变化中,白方将子力集结于中心线路,未来将瞄准黑方半开放线上的 d 兵组织进攻。

15.Kh1?!

临场,我找不到更好的计划,便决定采取等待的策略处理棋局。然而,白王并非走到更靠近棋盘边线的位置就比其他位置安全。白王走到 h1 格,不仅花费了一步棋的时间,所带来的另一个现实问题是王在这里还不如停留在 g1 格。由此可见,一步漫无目的的着法,可能浪费的不仅仅是这步棋本身,可能还会给棋局带来更多的麻烦。

15...Bxc1 16.Rxc1 Ne7 17.Qd2 f5 18.Nce3

如果白方采取 18.exf5 Bxd5(黑方没有必要采取 18...gxf5 的下法,那样一来白方可以通过 19.f4 e4 20.Be2 的下法固定中心兵形,顺势明确中心行动的进攻目标。)19.cxd5 Nxf5 的下法,黑方棋子借势走到积极的位置,白棋难以限制黑方王翼的行动计划。

18...f4 19.Nxe7+ Qxe7 20.Nd5 Qh4

看似白方的子力占据了棋盘中心，但是很现实的一个问题是白棋并没有占据中心的线路。也就是说，白棋的子力调动没有形成集团作战，黑方完全可以通过 20...Bxd5 21.exd5（在 21.cxd5 Nf6 的变化中，黑方也能获得满意的局面。）21...f3 22.g3 e4 23.Rfe1 Nf6 24.Bf1 Ng4 的走法，随着白方的兵吃子走到 d5 格，d 线呈现封闭状态，这样一来白方在中心线路上的行动便失去了进攻目标。但与此同时，黑棋在王翼上的脚步并没有停止，依旧存在很现实的攻王机会。

21.f3 Kh8 22.Kg1

白方不得不承认前面走王到 h1 格是一个错误，赶紧让王离开棋盘角格。

22...Rc6 23.Qb2 Qg5

棋手临场计划的制订，有些时候无法做到根据棋局特点和自己棋风的需要去做决定，例如这局棋当中约谢里阿妮走出的强力组织王翼攻势的下法，就与她的棋风及此时的局面需求有些脱节。以约谢里阿妮擅长局面作战的风格，如果不是在求胜欲望的驱使，现在她也许会选择 23...Kg8 24.Rf2 Rfc8 的下法，尽量保持棋局变化的多样性。

约谢里阿妮选择了王翼行动，这样的下法多少有些冒险，当然也可能给黑方带来更多的进攻机会。

24.Rf2 h5

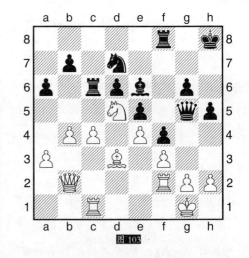

图 103

黑方王翼 h 兵挺进，看似气势汹汹，但其实难成气候。不仅如此，由于黑方王前缺少兵的掩护，在未来战斗的过程中，黑王安全问题将成为隐患。黑方明智的下法不是攻王，而是采取瞄准白方后翼，稳妥集结分散的棋子形成合力。

黑方挺兵 h5 是一个错误的计划。

25.Rfc2 Rfc8 26.a4 a5?

本身，约谢里阿妮就不是一个喜欢攻王的棋手，她更擅长局面棋中慢慢与对手周旋。此外，黑方挺兵 h5 之后，并未见到明显的后续手段，这也造成我的对手突然间枪口一转，把行动目标瞄准到后翼。

现在，黑方应该采取 26...h4 27.a5 h3 28.Kh1 的下法，黑方王翼行动目的主要是为了牵制白方后翼的行动，鉴于白棋在后翼上已经占据了明显的空间优势，所以黑方需要在王翼上有所动作。

27.c5!

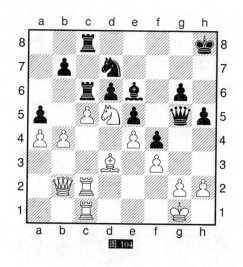

图 104

显然，约谢里阿妮没有想到我会采取弃兵的下法。黑棋原本的如意算盘是棋局沿着 27.bxa5 Nc5 的道路发展，那样一来黑马就能占据 c5 格，白方的棋子将被闷在自己的阵地当中。

白方挺兵 c5 在后翼上行动抢先一步，剥夺了黑马占据 c5 格的机会。

27...dxc5

黑方无奈必须接受白棋送到 c5 格的"礼物"，在 27...axb4 28.cxd6 Rxc2 29.Rxc2 Rxc2 30.Qxc2 Qd8 31.Qc7 的变化中，白方顺利实现入侵，夺取胜势局面。

28.bxa5

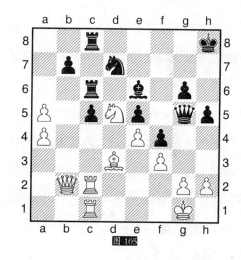

图 105

黑方王翼上的行动尚处于无声无息的状态，白方后翼上已经实现突破，棋局优劣已见分晓。

28...Bxd5 29.exd5 Rd6 30.Qxb7 Qd8 31.Qb2 Rxd5

假如黑方采取 31...Qxa5 的下法，白方可以通过 32.Bb5 Kh7 33.Bc6 的走法获得优势局面。

32.Be4

距离第一时限结束的 40 回合还有好几步棋要走，而此时双方所剩的时间都不太多了,在这样的情景下,我决定采取重点在后翼行动,仰仗 a 线通路兵的下法。现在,白方最强的下法是 32.Bxg6 c4 33.Be4 Rxa5 34.Bf5,黑方王前阵地形如虚设,白方取得胜势局面。

32...Rd6 33.Bb7?

白方应该采取 33.Rd2 Nf6 34.Rxd6 Qxd6 35.Bb7! Rd8 36.a6 的下法,子力位置协调组合,才能实施后翼吃兵的走法。

33...Rb8 34.Qb5 Nf6 35.Rf1 Rd1 36.a6

白方可以通过 36.Rc1 Rxc1 37.Rxc1 Qd4+ 38.Kh1 的下法获得明显优势,但是 a 兵距离升变目标已经不过咫尺之遥,当然对我很有吸引力。

36...Qd4+ 37.Kh1??

走完这步棋之后,第六感觉告诉我什么地方出现了重大问题。现在,白方唯一的下法是 37.Rcf2,经过 34...Rxf1+ 38.Qxf1 c4 39.Kh1 之后,白方仍能保持优势局面。

意识到自己犯了严重的错误,但是在表情上不敢有一点变化,我竭尽全力思考,争取能够找到弥补错误的办法。时间过得真慢呀,对手明明赛钟上所剩时间已经不多,但是此时却开始抱头思考……

37...c4??

约谢里阿妮没有发现正确的着法,假如现在不是临近第一时限结束,双方赛时紧张,相信对手一定能够发现此时黑方的制胜着法。此时,黑方可以采取 37...Qxa4 的走法取得胜势局面,由于白棋底线上存在被闷将杀的隐患,只能看着黑后为所欲为横冲直撞。

38.Rc1

走完这步棋之后,自己不由自主长舒了一口气。约谢里阿妮没有走出正确的着法,白方被战术打击的警报解除,眼前的棋局形势已经呈现胜势,黑方无法阻止白方朝着胜利前进。

38...Rxf1+ 39.Rxf1 Qd3

在 39...Re8 40.Qa5 Qa7 41.Qc7 的变化中,白方将顺利取得胜势局面。

40.Qb1 Qd4 41.Rd1 Qe3 42.Qxg6 Rf8 43.Qh6+ Kg8 44.a7! Qxa7 45.Rd7!!

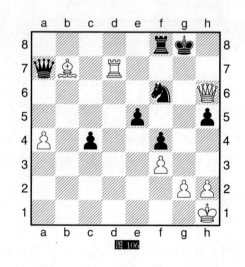

图 106

棋局至此，我已经心明眼亮把所有的变化都计算清楚了，对手也意识到败势无法挽回，白方胜券在握。

45...Nxd7 46.Bd5+ Rf7 47.Qg6+ Kh8 48.Bxf7

黑方无法阻止白方下一步绝杀的威胁，约谢里阿妮停钟认输。

对局结束，两个人却迟迟没有离开座位，我用手中的笔朝着棋盘的 a4 格指了一下，约谢里阿妮耸耸肩，两人都无奈摇头苦笑起来。

应该说，我幸运地获得了候选人赛的出线权，但是自己整个人的思绪仍然无法完全从棋局过程所犯错误的"惊吓"状态当中解脱出来。真是太危险了，自己为什么会在关键棋局犯下如此低级的错误呢？久久不能释怀，唯一能做的就是吃一堑长一智，在以后的比赛对局中不要再次犯下类似的错误。

不管是处于哪一个水平阶段的棋手，谁都希望自己能在比赛对局中将最佳水准发挥出来。但是，真正能做到的，又能有几位呢？大概，这就是国际象棋的魅力吧……

图书在版编目(CIP)数据

成长永无止境：棋后谢军的完美征途 / 谢军著. — 桂林：漓江出版社，2015.7
ISBN 978-7-5407-7597-1

Ⅰ.①成… Ⅱ.①谢… Ⅲ.①谢军–自传 Ⅳ.①K825.47

中国版本图书馆CIP数据核字（2015）第150431号

成长永无止境：棋后谢军的完美征途

作　　者：谢　军
策划统筹：符红霞
责任编辑：张　芳　谷　磊
装帧设计：黄　菲
责任监印：唐慧群

出版发行：漓江出版社
社　　址：广西桂林市南环路22号
邮　　编：541002
发行电话：0773-2583322　　010-85891026
传　　真：0773-2582200　　010-85892186
邮购热线：0773-2583322
电子信箱：ljcbs@163.com　　http://www.Lijiangbook.com
印　　制：北京盛源印刷有限公司
开　　本：960×710　　1/16　　印　　张：21.25　　字　　数：300千字
版　　次：2015年9月第1版
印　　次：2015年9月第1次印刷
书　　号：ISBN 978-7-5407-7597-1
定　　价：49.00元